ZIVIL COURAGE 2.0

VORKÄMPFER FÜR EINE GERECHTE ZUKUNFT

Ravensburger Buchverlag

INHALT

VORWORT

Dieses Buch handelt von Menschen, die in einer bestimmten Phase ihres Lebens sich entschieden haben, nicht nur zu reden, sondern etwas zu tun. Man könnte sie „Leuchttürme der Gesellschaft" nennen, auch Vorbilder oder besser noch Vorkämpfer. In jedem Fall wollen sie sich mit dem Zustand der Welt, so wie diese sich zu Beginn des 21. Jahrhunderts darstellt, nicht abfinden. Es sind Menschen aus der Mitte der Gesellschaft, mit Ängsten und auch Fehlern, die etwas verändern wollen. Ihr Beispiel sollte unserer Meinung nach Schule machen.

Denn sie stehen in einer Tradition von Idealisten, die mit ihrem Einsatz für Menschlichkeit und Freiheit ebenfalls leuchtende Vorbilder waren: Albert Schweitzer (1875–1965) beispielsweise, der Theologe und Arzt, der in den afrikanischen Urwald ging, um Kranken zu helfen. Oder Martin Luther King jun. (1929–1968), der Pastor und Bürgerrechtler aus Alabama, der mit seinem *I Have a Dream* die Vision einer Gesellschaft ohne Rassenschranken aufzeigte.

Menschen mit Mut

Um Visionen und Träume geht es auch in diesem Buch. Aber vor allem geht es darum, konkret etwas zu tun, den Willen zu haben, lieb gewonnene und bequeme Gewohnheiten abzustreifen, in einen anderen Modus zu schalten und etwas Sinnvolles anzupacken, was nicht nur einem selbst, sondern auch anderen zugutekommt.

Die von uns vorgestellten Personen sind keine Popstars, Showgrößen oder Fußballprofis. Das sind – von Ausnahmen abgesehen – die falschen Vorbilder, auch wenn die Presse sie täglich hochjubelt. Nein, es geht um Menschen, die mit Mut, Ausdauer und Furchtlosigkeit gegen Armut, Ausbeutung und Umweltzerstörung vorgehen. Es sind Akteure, die an der Basis Projekte und Hilfsaktionen vorantreiben und für Menschenrechte sowie das Recht auf Zukunft eintreten.

Einige dieser Vorkämpfer sind längst international bekannt: Edward Snowden etwa, Malala Yousafzai, Muhammad Yunus, Jean Ziegler und Rupert Neudeck. Andere Namen sind eher einem begrenzten Kreis von Menschen vertraut: Die iranische Künstlerin Parastou Forouhar etwa, die indische Aktivistin Vandana Shiva, die kubanische Bloggerin Yoani Sánchez und die deutsch-türkische Rechtsanwältin und Frauenrechtlerin Seyran Ateş. Bei unseren Gesprächen und Recherchen haben wir festgestellt – sie alle haben eine erstaunliche Botschaft: Es lohnt sich zu kämpfen! Natürlich nicht materiell, in der Anhäufung von Reichtümern. Aber der Gewinn in Form von Genugtuung, Sinnstiftung für das eigene Leben und auch Dankbarkeit ist geradezu überwältigend.

Was geht mich das an?

Und das gilt trotz der Gefahren, Rückschläge und Verzweiflung, die mit dem Einsatz für eine andere Welt untrennbar verbunden sind. Was haben diese Vorkämpfer jungen Menschen zu sagen? Vor allem dies: dass Ohnmacht und Resignation schlechte Ratgeber sind. Klar, die tägliche Flut schrecklicher Nachrichten über Morde, Massaker, Krieg und Zerstörung wirkt erdrückend und verleitet zum Wegsehen.

Aber der Zustand der Erde betrifft uns alle. Und es ist vielleicht weniger denn je möglich, sich der Verantwortung zu entziehen. *„Wir wussten es nicht besser"* – diese Antwort werden uns unsere Enkel nicht abkaufen. Gerade die Jugendlichen haben das Recht, ihre Zukunft einzufordern. Denn viel steht auf dem Spiel: Tatsächlich ist unser Planet in einer beklagenswerten Verfassung. Jedem der sieben Kapitel dieses Buches geht eine Lagebeschreibung voran, die das Ausmaß der Bedrohung durch Krieg, Fanatismus, Geldgier, Rücksichtslosigkeit, Ausbeutung und Ausplünderung der Natur jeweils deutlich macht.

Dagegen stehen die Lebensgeschichten und Porträts der Vorkämpfer. Ihre Auswahl ist weder repräsentativ noch umfassend. Das Buch will Gegenkräfte und Gegenbewegungen aufzeigen, um zu unterstreichen, dass es selbst in völlig ausweglos erscheinenden Situationen noch möglich ist, etwas zu tun.

Natürlich handelt es sich bei den Vorkämpfern um eine Minderheit. Selbstverständlich hat niemand von ihnen ein Patentrezept für die Lösung der großen Menschheitsprobleme. Die gleiche Energie, die zur Unterdrückung, Vernichtung und Zerstörung aufgewendet wird, kann genutzt werden, die Welt für alle menschlich und bewohnbar zu machen. Das ist unsere Chance – und zugleich der Auftrag zum Mitdenken, Mitfühlen und Handeln, also etwas zu unternehmen, damit Zukunft wieder Hoffnung bedeutet.

Hermann Vinke und Kira Vinke, April 2015

BIG DATA: ÜBERWACHEN – KONTROLLIEREN – STEUERN
CHANCEN UND RISIKEN DER DIGITALEN REVOLUTION

Ihre Namen haben sich tief in das Gedächtnis der Menschen eingeprägt: Rockefeller, Morgan, Vanderbilt, Carnegie – diese Industriemagnaten der Vereinigten Staaten sammelten im 19. und 20. Jahrhundert sagenhafte Reichtümer an und übten damit zugleich großen Einfluss auf die Politik aus. Die „Rockefeller des 21. Jahrhunderts" heißen Bill Gates, Mark Zuckerberg, Jeff Bezos und Larry Page. Die Gründer und Pioniere von *Microsoft, Facebook, Amazon* und *Google* handeln nicht mit Öl und bauen auch keine Eisenbahnen. Vielmehr verdienen sie ihr Geld mit einem unsichtbaren Produkt. Weil sie ihre Geschäfte so erfolgreich und gewinnbringend betreiben, gelten sie als die neuen „Chefs der Menschheit" – mächtiger als die meisten Staatschefs dieser Erde. Ihr Kapital: digitale Daten. Abgesehen von Bill Gates, der sich aus seinem Unternehmen zurückgezogen hat und mit seiner Frau Melinda jährlich Milliarden Dollar zur Bekämpfung tropischer Krankheiten in Afrika und Asien ausgibt, bauen Zuckerberg, Bezos und Page weiter an ihren länderübergreifenden Imperien, die *soziale Medien* oder nur *Big Data* genannt werden. Hinter dem vielzitierten Schlagwort *Big Data* verbirgt sich der Umgang mit dem weltweit rapiden Datenzuwachs durch das Internet, digitale Kommunikation und soziale Netzwerke.

Die digitale Revolution

Die *digitale Revolution* steht zwar erst am Anfang, lässt aber bereits heute erkennen, dass sie nicht nur die Technik, sondern auch fast alle Lebensbereiche der Menschheit radikal verändern wird – ähnlich wie die Industrielle Revolution 200 Jahre zuvor. Die Erfindung des Mikrochips, die Einführung der Automatisierung in der Produktion und der Aufbau eines globalen Kommunikationsnetzes sind die Basis der digitalen Revolution.

Die Chancen dieser tiefgreifenden Veränderung sind riesig. Sie erfasst Forschung, Technik, Arbeitsprozesse, Kommunikation und Information und ermöglicht bahnbrechende Fortschritte. Doch auch die Risiken sind erheblich: Sie liegen vor allem im Umgang mit den Datenmengen, das heißt, im Missbrauch von Daten bis hin zum „Identitätsklau".

Das Ausspionieren, Überwachen und Kontrollieren von Millionen von Menschen gehört zur Horrorvision der digitalen Revolution. Die technischen Voraussetzungen sind dafür bereits gegeben. Für die meisten Experten steht fest: Was technisch möglich ist, wird auch gemacht!

Wer *Big Data* beherrscht und kontrolliert, besitzt zwangsläufig eine ungeheure Machtfülle, die sich vielfältig nutzen lässt – kommerziell, politisch und gesellschaftlich. Auf den Datenautobahnen geht es zu wie einst im Wilden Westen der USA. Die Großen stürmen voran, räumen Konkurrenten aus dem Weg, indem sie diese aufkaufen oder einfach ins Abseits drängen. Aus dem rabiaten Wettbewerb sind einige wenige Giganten hervorgegangen, die sich den Markt teilen.

Während das Zusammenleben der Menschen durch ein dichtes Geflecht von Gesetzen, Bestimmungen und Verordnungen geregelt ist, herrscht im weltumspannenden Netz die absolute, große Freiheit. Keine Regierung, keine internationale Organisation hat bisher ernsthaft versucht, den Netzgiganten Fesseln anzulegen und ihre Macht beim Umgang mit unseren Daten zu begrenzen. Die Digitalisierung von Inhalten ist einfach und grenzüberschreitend machbar. Vielleicht liegt es daran, dass die Internetnutzer, also fast jeder von uns, den Konzernen den Aufstieg so leicht gemacht haben. Die meisten vertrauen *Facebook* und Co. leichtfertig ihre Daten an, ohne die Folgen zu bedenken. So ermöglichen sie den Internetkonzernen, Schleppnetze auszulegen und ihre Datenbanken mit wertvollen Informationen immer weiter aufzustocken.

Tauschgeschäft

Zwischen Nutzern und Konzernen findet eine Art Tauschgeschäft statt, das auf den ersten Blick äußerst attraktiv erscheint: Der Nutzer liefert seine Daten und kommuniziert dafür kostenfrei im Netz. Was mit den Informationen geschieht, welchen Wert sie für andere haben, das erfährt der Kunde nicht. Kritiker sprechen in diesem Zusammenhang von *„Schmuggel"* und *„Daten-Piraterie"*.

„Die hässliche Wahrheit hier ist, dass ohne unsere Kenntnis oder unsere Einverständniserklärung vieles an Big Data aus unserem Leben abgeschöpft wird", erklärte die amerikanische Professorin Shoshana Zuboff im September 2014 in ihrem Vortrag in Potsdam. Zuboff, die sich seit langem mit den Folgen der Digitalisierung beschäftigt, spricht von einem *„Überwachungskapitalismus"*, dem sie den Kampf ansagt. *„Diese Datenmengen sind die Frucht eines reichen Feldes von Überwachungspraktiken, die konstruiert sind, um für uns unsichtbar und unerkennbar zu bleiben, während wir uns durch die virtuelle und reale Welt bewegen."*

Demonstration gegen die Überwachung durch den NSA | 2014

Personalisierte Angebote

Eine Heerschar von Lobbyisten ist in den europäischen Haupt-
städten, vor allem in Brüssel unterwegs, um zu verhindern, dass
auf nationaler und europäischer Ebene der Daten-Dschungel gelich-
tet und ein Grundrecht zum Datenschutz verankert wird. Einiges
über den Umgang der Netzkonzerne mit ihren Datenschätzen ist
bekannt – zum Beispiel, der Werbewirtschaft möglichst exakte Informationen über individuelles Konsumverhalten für personalisierte
Werbung an die Hand zu geben.

Die Internetkonzerne sind in der Lage, aufgrund des Nutzerver-
haltens im Netz Persönlichkeitsprofile zu erstellen, die weit über
die Angaben zu Alter, Geschlecht, Beruf, Hobbys usw. hinausgehen.
Im Angebot sind: Einkommen, Vermögen, Krankheiten, Freunde,
charakterliche Stärken und Schwächen, Psyche, Temperament,
Beziehungsprobleme, persönliche Vorlieben, Angewohnheiten, Vor-
strafen, die günstigste Tageszeit für eine Kaufentscheidung, Kar-
riere- und Lebensplanung, Hindernisse einer beruflichen Entwicklung und manches mehr.

Wer solche Informationen abgreift, verwertet und auf den Markt
gibt, leistet einer kommerziellen Rasterfahndung Vorschub und
schafft den „gläsernen Menschen". Was erst allmählich ins Bewusstsein dringt – jede E-Mail, jede SMS, jedes Telefongespräch, ob
Handy oder Festnetz, unterliegt einem System von Kontrolle, Überwachung und Auswertung. Der Einzelne gerät somit in das Faden-
kreuz von Interessenverbänden, ohne dass er davon Kenntnis hat.

Seine Privatsphäre, das heißt, der Schutz seiner persönlichen
Daten, ist in Gefahr. Seine Entscheidungsfreiheit wird eingeschränkt
oder eines Tages ganz zunichte gemacht. Auch das bedeutet *Big
Data*.

Digitale Überwachung

Die Daten stellen in gewisser Weise eine neue Währung dar bzw.
eine ständig sprudelnde Einnahmequelle. Ein weiterer, womöglich
noch wichtigerer Aspekt der digitalen Revolution betrifft die scheinbar unbegrenzten Möglichkeiten der Überwachung durch nationale

Geheimdienste. Darauf hat im Sommer 2013 Edward Snowden, der frühere Mitarbeiter der amerikanischen Geheimdienste *CIA* und *NSA*, die Weltöffentlichkeit aufmerksam gemacht.

Snowden, der Enthüller, der *Whistleblower*, wie die Amerikaner sagen, hat uns mit seinen Enthüllungen über das System globaler staatlicher Überwachung aufgerüttelt. Demzufolge hat die NSA ein System aufgebaut, das weltweit Daten des Telefon- und E-Mail-Verkehrs speichert und analysiert. Das geschieht offenbar in einem weitgehend rechtsfreien, vom US-Kongress nicht kontrollierten Raum und umfasst Staaten wie Iran, Russland und China ebenso wie befreundete Länder, darunter die Bundesrepublik Deutschland, Frankreich und Brasilien. An der Überwachung wirken Internetkonzerne wie *Facebook* und *Google* mit. Dazu seien sie gesetzlich verpflichtet, heißt es zur Begründung.

Kritiker von *Big Data* wie Jaron Lanier, Evgeny Morozov und Shoshana Zuboff wenden sich nicht pauschal gegen die neue Welt der Daten. Sie kritisieren aber die Kontrollwut der Geheimdienste unter dem Deckmantel der Terrorbekämpfung und die Machtkonzentration in den Händen einiger Konzernlenker des Internets.

Ein „Recht *auf Vergessen*", also das Löschen unliebsamer Einträge und diskriminierender Suchbegriffe im Netz, genügt ihnen nicht. Sie verlangen eine individuelle und demokratische Kontrolle darüber, was mit den Daten geschieht – kurz: ein Grundrecht auf Datenschutz.

Wie ein solches Grundrecht auf Datenschutz aussehen könnte, haben im Dezember 2013 Nobelpreisträger und Schriftsteller in ihrem Aufruf *Die Demokratie verteidigen im digitalen Zeitalter* aufgezeigt.

EDWARD SNOWDEN – VERRÄTER ODER HELD?

1983	Geburt in Elisabeth City (North Carolina, USA)
1999 – 2001 / 2004 – 2005	Studium der Informatik
2005	Techniker für IT-Sicherheit beim Geheimdienst CIA
2013	Systemadministrator in einem NSA-Büro; Veröffentlichung und Weitergabe geheimer Informationen; Flucht nach Hongkong, seit August 2013 in Russland
2014	Nominierung für den Friedensnobelpreis
2014	Alternativer Nobelpreis

Ein freiberuflicher IT-Techniker fordert die einzig verbliebene Supermacht der Welt heraus – das Land, das sich immer noch als Speerspitze von Freiheit und Demokratie versteht und das von Edward Snowden angeklagt wird, genau diese Werte mit Füßen zu treten.

Für die einen ist Snowden ein Verräter, wenn nicht gar ein Verbrecher, der seinem Land einen gewaltigen Schaden zugefügt hat und deswegen hinter Gitter gehört. Für die anderen – und das wird die Mehrheit sein – ist er ein Held, einer, der höchste Auszeichnungen verdient, sogar den Friedensnobelpreis, weil er das illegale, unkontrollierte Sammeln persönlicher Daten durch die amerikanischen und britischen Geheimdienste endlich öffentlich gemacht hat. Und weil durch seinen mutigen Einsatz die Verletzung der Privatsphäre von Menschen in einem nie dagewesenen Ausmaß bekannt geworden ist.

Nur in einer Hinsicht dürften beide Seiten weitgehend übereinstimmen: Der ehemalige Mitarbeiter amerikanischer Geheimdienste hat auf dem Gebiet der Informationstechnologie Geschichte geschrieben und mit seinen Enthüllungen über globale Überwachungs- und Spionagesysteme zur Kontrolle elektronischer Kommunikation dem digitalen Zeitalter den denkbar stärksten Anstoß gegeben.

Die Lebensgeschichte dieses jungen Mannes hat alle Elemente eines Agenten-Thrillers, der allerdings nicht am Schreibtisch erfunden wurde, sondern in unserer Gegenwart spielt. Dabei passt die Hauptfigur so gar nicht in die Schablonen des Geheimdienstmilieus.

Die Bilder von Edward Snowden, die inzwischen nicht nur Zeitungsseiten in aller Welt füllen, sondern auch Bücher und Dokumentarfilme, zeigen einen jungen Mann von kleiner Statur und blässlichem Aussehen, mit einer eckigen Brille und einem Dreitagebart. Seine Stimme klingt alles andere als scharf oder hinterhältig, sondern ruhig und sachlich, und bei dem, was er zu sagen hat, macht er wenig Aufhebens von sich selbst.

Als er im März 2014 aus seinem Moskauer Exil zu einem Ideenfestival im kanadischen Vancouver zugeschaltet und gefragt wird, was er denn nun eigentlich sei, ein Verräter, Held oder Whistleblower, antwortet Snowden: *„Was ich bin, spielt keine Rolle. Was zählt, sind Fragen: Welche Regierung wollen wir? Welches Verhältnis zwischen den Menschen und der Gesellschaft?"*

Der Whistleblower

Whistleblower – das ist im amerikanischen Sprachgebrauch jemand, der aus Gewissensgründen einen politischen Skandal aufdeckt. Zweifelsohne ist Edward Snowden ein Enthüller, ein Aufklärer der digitalen Neuzeit. Bevor er sich dazu durchrang, mit seinem hochbrisanten Wissen über weltweite Überwachungs- und Spionagepraktiken der USA an die Öffentlichkeit zu gehen, war er allerdings eher ein Patriot, einer, der – wie Millionen junger Amerikaner – seinem Land dienen wollte.

Der Sohn eines Beamten der US-Küstenwache und einer leitenden Mitarbeiterin eines Bezirksgerichts im Bundesstaat Maryland studierte zwei Jahre Informatik. Vorher hatte er die Highschool vorzeitig abgebrochen.

Snowden sagt per
Videokonferenz vor dem
Europarat aus I 2014

2003 meldete Snowden sich freiwillig zur US-Armee, um im Irak-Krieg zu kämpfen. Während der Ausbildung in einer Spezialeinheit brach er sich bei einer Übung jedoch beide Beine und musste auf den Fronteinsatz im Nahen Osten verzichten. Das Studium der Informatik, das er dann an der Universität von Maryland fortsetzte, empfand er allerdings bald als wenig aufregend und beendete es. Was die Dozenten und Professoren dort lehrten, beherrschte er längst. Das Internet war seine Welt. Mit seinem kühlen Verstand und seiner außergewöhnlichen Intelligenz konnte ihn auf diesem Gebiet kaum jemand übertreffen.

Mitarbeiter der CIA

In dieser neuen Welt wollte Snowden etwas Praktisches leisten, das möglichst auch seinem Land zugutekommen sollte. So heuerte er 2005 als IT-Experte beim Geheimdienst Central Intelligence Agency (CIA) an, der händeringend ehrgeizige Talente wie ihn suchte. Seine Vorgesetzten schätzten seine ausgeprägten technischen Begabungen und beauftragten ihn, Sicherheitslücken im Netzbetrieb ausfindig zu machen und zu schließen. Bereits zwei Jahre später schickte ihn die CIA für drei Jahre nach Genf, ausgestattet mit dem Status eines Diplomaten.

Die Schweizer Metropole, Sitz mehrerer Organisationen der Vereinten Nationen, bot dem jungen Agenten ein vielseitiges Betätigungsfeld. Erstmals bearbeitete er umfangreiches, als streng geheim eingestuftes Material und gewann eine Vorstellung von den Methoden der CIA – Täuschung und Erpressung eingeschlossen. Und er begriff, in welchem Ausmaß der US-Geheimdienst Länder und Kontinente ausforschte. Wobei das Internet dabei längst eine viel bedeutendere Rolle spielte als Agenten vor Ort.

Ernüchtert kehrte Edward Snowden 2010 in die USA zurück. Der Amtsantritt von Präsident Barack Obama zwei Jahre zuvor bestärkte ihn allerdings in der Hoffnung, der neue Chef des Weißen Hauses werde die CIA an die Kette legen und Übergriffe abstellen. Der aufstrebende Informatiker wurde Angestellter der *Dell Corporation*, eines PC-Herstellers und Anbieters für IT-Dienstleistungen, in erster Linie für die National Security Agency (NSA).

Die NSA ist der zweitmächtigste Geheimdienst der USA, der sich darauf spezialisiert hat, rund um den Globus Telefonate zu registrieren und Internetverbindungen auszukundschaften. Das geschieht in enger Zusammenarbeit mit den Geheimdiensten befreundeter Staaten, vorrangig mit dem britischen Nachrichtendienst, der ebenfalls Fernmeldeaufklärung betreibt und Drehkreuze an den Datenautobahnen anzapft.

Cyberwar

Snowdens neuer Arbeitgeber bot das Aushängeschild für eine hochkarätige Agententätigkeit. *Dell* versetzte ihn an eine amerikanische Militärbasis in Japan, wo er sich ungestört neue Bereiche erschloss, etwa die Kriegführung im Netz, also *Cyberwar*. Später bekannte er, in Echtzeit beobachtet zu haben, wie Drohnen potenzielle Zielpersonen überwachten, um sie gegebenenfalls zu töten.

„Ich sah, wie die NSA die Internetaktivitäten von Menschen ausspähte, noch während sie auf der Tastatur tippten." Dabei sei ihm bewusst geworden, dass die USA mit ihren Überwachungsmethoden die Privatsphäre massiv verletzten.

Nach eigenen Angaben wurde Snowden nach und nach zu einem Cyber-Spion und Hacker ausgebildet. Seine Aufgabe bestand darin, militärische und zivile Netzsysteme anderer Länder zu unterwandern, geheime Informationen abzugreifen und Attacken im Internet vorzubereiten. Als Ausbilder für Spionage gegen die Volksrepublik China war er in der NSA kein kleines Licht mehr, sondern ein Spezialist mit besonderen Aufgaben in der Welt der Datenströme.

Seine nächste Station hieß Hawaii, die Inselgruppe im Pazifik mit ihrer hohen Dichte an militärischen Einrichtungen der USA. Sein direkter Arbeitgeber dort war ein Unternehmen mit dem in Militärkreisen vertrauten Namen *Booz Allen Hamilton*. Es gehört, ähnlich wie *Dell*, zu einem kleinen Kreis von exklusiven Firmen, die für das

Pentagon und andere US-Ministerien tätig sind und nicht selten
für diese die Drecksarbeit erledigen. Im Irak unterhielten sie zum
Beispiel Foltergefängnisse.

So etwas geschieht meistens abseits von politischer und par-
lamentarischer Kontrolle und außer Sichtweite der Medien, es sei
denn, ein *Whistleblower* bringt Fälle von Folter und anderen Menschenrechtsverletzungen wie das *Waterboarding*, also das simulierte
Ertränken von Häftlingen, an die Öffentlichkeit.

Eine gigantische Spionagemaschinerie

Je tiefer Snowden in den Kosmos der NSA eindrang, desto klarer
wurde ihm, dass der Geheimdienst im Netz keineswegs nur die
Spuren von weltweit gesuchten Terroristen verfolgte, was nach den
verheerenden Anschlägen islamistischer Fanatiker auf das World
Trade Center in New York am 11. September 2001 nachvollziehbar
und gerechtfertigt schien.

Der selbstgestellte Auftrag ging allerdings weit darüber hinaus.
Ein Heer von IT-Spezialisten hatte nämlich eine gigantische Maschi-
nerie in Gang gesetzt, um Kommunikationsnetze zu unterwandern,
internationale Organisationen zu beeinflussen und Politiker weltweit
auszuspionieren.

Telefonnetze, Internetserver, Nachrichtensatelliten, Untersee-
kabel – alles wurde mit Hilfe immer neuer Programme angezapft, die
gewonnenen Daten gespeichert und für eine Weiterverwertung auf-
bereitet. Der Berg an Informationen wurde immer größer und so
wuchs auch der NSA-Apparat, der etwa 30 000 festangestellte
Mitarbeiter hat und über Privatfirmen eine ähnlich hohe Zahl von
Personen beschäftigt.

Die Enthüllungen Snowdens lassen letztlich wohl nur einen
Schluss zu: Der NSA und damit den USA geht es um nichts weniger,
als so viele Menschen wie möglich in aller Welt zu überwachen und
zu kontrollieren, und zwar unabhängig davon, ob es sich um die
Bevölkerung befreundeter Länder oder feindlicher Staaten handelt.
Und das alles unter dem Vorwand der nationalen Sicherheit der Vereinigten Staaten.

Zauberstab der Macht

Aus den gesammelten Daten lassen sich politische Einstellungen, persönliche Veranlagungen, Verbraucherverhalten, Strategien für Industrieunternehmen, auch kriminelle Machenschaften und einiges mehr filtern und letztlich auch steuern. Zu Ende gedacht, bedeutet dies: Die NSA gibt der Politik und der Wirtschaft eine Art Zauberstab der Macht in die Hand, der Kontrolle und Manipulation Tür und Tor öffnet.

Diese Erkenntnis alarmierte Snowden. Sein innerer Kompass rebellierte. Ein solch maßloses, durch keine Instanz kontrolliertes Unterfangen widersprach allen Prinzipien von Freiheit und Demokratie, für die die USA seit ihrer Gründung eingetreten waren.

Kontrollwahn

Mit seiner Kritik am Kontroll- und Überwachungswahn der NSA wandte der Informatiker sich zunächst an Vorgesetzte und Instanzen innerhalb des Geheimdienstes – nach eigenem Bekunden mehrfach und immer wieder. Mit seinen Beschwerden über den Missbrauch eines freien Mediums durch eine staatliche Behörde stieß er jedoch auf taube Ohren.

Und so reifte in Snowden eine Entscheidung, deren Tragweite ihm, wie er später sagte, von Anfang an bewusst war: Er beschloss, seine vielversprechende Karriere als Spezialist des US-Geheimdienstes aufzugeben und – was für sein weiteres Leben noch erheblich riskanter war – die streng vertraulichen Ausspähprogramme des US-Geheimdienstes NSA an die Öffentlichkeit zu bringen.

Ganz im Stil einer Geheimoperation ging er daran, das „Beweismaterial", mit dem er seinen Schritt begründen wollte, zu sichern. Wie es heißt, lud er 1,7 Millionen Dateien aus den Rechnern der NSA auf USB-Sticks, zog davon gleich mehrere Kopien und versteckte sie. Schon dieser Vorgang bedeutete ein hohes Risiko, denn laut Gesetz machte Snowden sich damit des Diebstahls und eines schweren Vertrauensbruchs schuldig. Ob er sich später vor Gericht auf den *„übergesetzlichen Notstand"*, das heißt auf die Abwehr einer akuten Gefahr für die Bevölkerung, würde berufen können, war völlig ungewiss.

Von Honolulu nach Hongkong

Um möglichst alle Risiken einer Aufdeckung und Verhaftung auszuschließen, ging der Informatiker weiter generalstabsmäßig vor. Bei seinem Arbeitgeber meldete er sich krank; er leide an Epilepsie und könne „für ein paar Wochen" nicht zum Dienst erscheinen. Am 20. Mai 2013 flog Edward Snowden von Honolulu nach Hongkong, im Gepäck das brisante Geheimmaterial, das wenige Wochen später die Welt in Aufruhr versetzen sollte.

Für den jungen Mann begann damit ein neuer Lebensabschnitt. Fortan war er ein Flüchtling, der per Haftbefehl gesucht wurde und dem Dutzende von Agenten jener Geheimdienste auf der Spur waren, deren Skrupellosigkeit ihm bestens vertraut war. Snowden hatte nicht nur Freundin, Familie, Wohnung und sein Heimatland verlassen. Jetzt war seine Existenz, letztlich auch sein Leben in Gefahr.

Sarah Harrison

Sarah Harrison

Ohne fremde Hilfe war weder seine persönliche Sicherheit noch die geplante Veröffentlichung der kopierten Dateien garantiert. Allerdings durfte der Flüchtling natürlich nur solche Personen in seine Pläne einweihen, auf die er sich ganz und gar verlassen konnte und die ebenfalls bereit waren, als mögliche Mittäter ein persönliches Risiko auf sich zu nehmen. So trat als erste Helferin die britische Journalistin Sarah Harrison in sein Leben.

Sie verfügte bereits über Erfahrungen im Umgang mit einem anderen prominenten „digitalen Dissidenten". Harrison war die engste und wichtigste Beraterin von Julian Assange, dem Gründer von *Wikileaks*, der vertrauliche Dokumente u. a. über die Kriegführung der USA in Irak an die Öffentlichkeit gebracht hatte. Assanges Flucht vor amerikanischen und britischen Verfolgern geriet zu einem wochenlangen Spießrutenlaufen und endete schließlich in London in der Botschaft von Ecuador, wo ihm 2012 vorläufig Asyl gewährt wurde.

Die Wahrheit zu verbreiten, ist kein Verbrechen. Es sind unsere Daten, unsere Informationen, es ist unsere Geschichte. Wir müssen darum kämpfen, dass all das uns gehört.

SARAH HARRISON | NOVEMBER 2013

Dieses Drama hatte Sarah Harrison unmittelbar miterlebt. Sie kannte sich also aus mit Fluchtplänen, Asylanträgen und Hilfsaktionen jedweder Art, als sie im Januar 2013 in Hongkong eintraf, um Edward Snowden zu helfen.

„Vier Monate lang war sie seine Beschützerin und zugleich die Verbindungsperson der beiden einflussreichsten digitalen Dissidenten der Gegenwart: Edward Snowden und Julian Assange", heißt es in einer Reportage der *Süddeutschen Zeitung* unter der Überschrift *Eine Frau, die sich traut.*

Laura Poitras und Glenn Greenwald

Für sein Vorhaben, die Geheimdokumente zu veröffentlichen, zog Snowden zwei weitere Personen ins Vertrauen: die Filmemacherin und Regisseurin Laura Poitras sowie den Journalisten, Blogger und Rechtsanwalt Glenn Greenwald. In ihrem Film *My Country My Country* hatte sich Laura Poitras 2006 kritisch mit dem Irak-Krieg auseinandergesetzt. Fotos aus dem irakischen Gefängnis Abu Ghraib, wo Gefangene von US-Personal gefoltert wurden, verarbeitete sie zu einer Dokumentation über die

Laura Poitras

Leiden einer irakischen Familie im Krieg. Seitdem galt sie als terror-verdächtig, das heißt, sie war Schikanen, Verhören und Drohungen ausgesetzt.

Glenn Greenwald war vor allem durch seine Kritik an den Anti-Terror-Maßnahmen der USA nach den Anschlägen vom 11. September 2001 in New York bekannt geworden. In seinem Buch *How would a patriot act?* (Wie würde ein Patriot handeln?) nahm

Glen Greenwald

er das Heimatschutzgesetz *(Patriot Act)* aufs Korn, das Grundrechte einschränkt und weitreichende Kontrollen der Bürger ermöglicht.

Edward Snowden hatte bereits von Hawaii aus versucht, Greenwald auf sich aufmerksam zu machen. Unter dem Pseudonym *Citizenfour* schickte er ihm E-Mails, die der Journalist zunächst un-beantwortet ließ.

Es kam häufiger vor, dass jemand ihm vermeint-lich wichtiges Material anbot, was sich dann als harmlos herausstellte. Denkbar schien auch, dass die Unterlagen gefälscht waren, und er im Fall einer Veröffentlichung seinen Ruf ruinieren würde.

Vermutlich hätte Greenwald <u>die</u> Enthüllungsgeschichte seines Lebens verpasst, wenn Laura Poitras, die er kannte und der er vertraute, ihn nicht gedrängt hätte, dem geheimnisvollen Verfasser der E-Mails zu antworten.

Komplizierte Verschlüsselung

Snowden, der seine Anonymität vorerst wahrte, stattete sein Gegen-über mit einem komplizierten Verschlüsselungsprogramm aus, be-vor er ihm einzelne Dateien zur Ansicht schickte. Als Glenn Green-wald die ersten Dateien gelesen hatte, waren seine Zweifel beseitigt.

„Ich bekam Herzklopfen", schreibt er in seinem Buch *Die globale Überwachung. Der Fall Snowden, die amerikanischen Geheimdienste und die Folgen. „Hier hatte ich es in aller Klarheit: eine streng vertrau-liche Mitteilung der NSA, einer der verschwiegensten Nachrichten-dienste des mächtigsten Staates der Welt."*

Vor lauter Aufregung musste der Journalist die Lektüre mehrfach unterbrechen. Sein Entschluss, unverzüglich nach Hongkong zu reisen, stand sofort fest. Die britische Zeitung *The Guardian*, für die er als Kolumnist tätig war, wollte er in seine Pläne miteinbeziehen.

Während des Fluges nach Hongkong lud Greenwald vom USB-Stick, den Laura Poitras mitgebracht hatte, weitere Dokumente auf seinen Laptop.

In einer Datei offenbarte Snowden erstmals seine Identität und beschrieb seine Lage: *„Mir ist klar, dass ich durch mein Handeln schmerzliche Konsequenzen zu tragen haben werde und dass die Rückgabe dieser Informationen an die Öffentlichkeit mein Ende bedeutet. Aber wenn nur für einen Augenblick offen gelegt wird, welches Konglomerat aus geheimen Absprachen, willkürlich gewährter Straffreiheit und überbordender Exekutivbefugnisse die Welt, die ich liebe, beherrscht, dann bin ich zufrieden."*

Ziemlich dünn und blass

Für die erste Begegnung mit dem *Whistleblower* in Hongkong waren vorab Vorsichtsmaßnahmen bis ins letzte Detail abgesprochen worden. Nicht allein die Tatsache, dass Snowden in einem Fünf-Sterne-Hotel mitten in einem quirligen Geschäftsviertel abgestiegen war, verwunderte Glenn Greenwald und Laura Poitras. Auch das Aussehen des 29-Jährigen überraschte die beiden. Sie hatten alles andere als einen schmächtigen jungen Mann erwartet, der noch deutlich jünger aussah, außerdem *„ziemlich dünn und blass – und wie wir alle drei in diesem Moment – sichtlich angespannt und zurückhaltend."*

Wieder befielen Greenwald Zweifel. Sollte dieser Mann in seinen Jeans und dem verwaschenen T-Shirt wirklich der Kronzeuge für eine die Welt erschütternde Enthüllungsstory sein? Snowden nahm die beiden mit auf sein Zimmer, dichtete die Tür von innen mit Kissen ab und bat seine Besucher, die Akkus aus ihren Handys zu entfernen und die Telefone in die Minibar zu legen. US-Stellen könnten sonst die Mobiltelefone per Fernsteuerung einschalten und in einen Abhörmodus versetzen.

Alan Rusbridger
Chefredakteur des *Guardian*, geb. 1953, war verantwortlich für die Veröffentlichung der Snowden-Dokumente. Zwei britische Geheimdienstleute zwangen die Zeitung, im Keller des Verlags Festplatten mit geheimen Unterlagen zu zertrümmern, obwohl die Redaktion vorher klargestellt hatte, es befänden sich weitere Kopien in einem sicheren Gewahrsam im Ausland. Er wurde vor einen Ausschuss des britischen Parlaments geladen. Als er nach der Zukunft des *Guardian* gefragt wurde, antwortete Rusbridger: *„Wir berichten einfach weiter."* Rusbridger erhielt 2014 den Alternativen Nobelpreis.

Gezielte Befragung

Fünf Stunden dauerte das erste Interview. Der Eindruck, den Greenwald schon beim Chatten gewonnen hatte, verdichtete sich bei seinem Interview: *„Snowden war hochintelligent und rational, er dachte überaus methodisch. Seine Antworten waren präzise, klar und überzeugend ..."*

Es folgten weitere Treffen und ein zweites Interview vor der Kamera. Damit stand die Basis für eine Serie von Berichten über die Überwachungsmethoden der NSA. Laura Poitras schnitt ihr Material für ein kompaktes Video zusammen, das ins Netz gestellt wurde. Und Glenn Greenwald schrieb seine Beiträge. Für beide entwickelte sich der zehntägige Aufenthalt in Hongkong zur bis dahin extremsten und außergewöhnlichsten Erfahrung ihres Lebens.

Der Mut des „Guardian"

Die Zeitung *The Guardian* brachte nach schwierigen rechtlichen Klärungen – u. a. wurde die US-Regierung vorab informiert – den Mut auf, das brisante, streng vertrauliche Material tatsächlich zu veröffentlichen. Der erste Artikel erschien unter der Überschrift *„NSA sammelt täglich Millionen von Telefondaten von Verizon-Kunden."* *Verizon* ist eine amerikanische Telefongesellschaft.

Schon der erste Bericht Greenwalds schlug wie eine Bombe ein und enthob damit Snowden der Sorge, seine Enthüllungen könnten in der täglichen Nachrichtenflut untergehen und keine Beachtung finden. Das krasse Gegenteil war der Fall. Und mit jedem weiteren Beitrag stieg der Pegel der Aufmerksamkeit, weil der Skandal schnell ein internationales Ausmaß erreichte. Denn die NSA hatte zum Beispiel auch die Telefondaten von Millionen von Bundesbürgern gespeichert und, wie sich in der Folge herausstellte, selbst das Handy der deutschen Bundeskanzlerin Angela Merkel und anderer befreundeter Staatschefs, wie der brasilianischen Präsidentin Dilma Rousseff, ausspioniert.

Die Quelle

Mit jedem neuen Detail, mit jeder weiteren Enthüllungsstory im *Guardian* und dann auch in der *Washington Post* und in der *New York Times* rückte die Frage in den Vordergrund, aus welcher Quelle die Informationen stammten.

Edward Snowden hatte sich von Anfang an vorgenommen, seine Identität preiszugeben. Die Frage war nur, wann. Denn die Bekanntgabe seines Namens würde seinen Aufenthalt in Hongkong unmittelbar gefährden und Ausweisung, Auslieferung oder gar Verhaftung nach sich ziehen. Dieser Schritt sollte aus seiner Sicht erst dann erfolgen, wenn die Weltöffentlichkeit zur Kenntnis genommen hatte, dass die Enthüllungen echt waren und er damit ein öffentliches Anliegen verfolgte.

Mit allem, was er entschied, folgte Snowden einer klaren Strategie. Es ging ihm nicht darum, einzelne Personen öffentlich vorzuführen oder ihnen zu schaden. Vielmehr wollte er die Struktur hinter dem globalen Kontroll- und Überwachungswahn offenlegen. Greenwald empfand Snowdens Mut als *„geradezu ansteckend"*.

In seinem Buch schreibt er in diesem Zusammenhang: *„Ich fühlte mich verpflichtet, die Story in demselben Geist zu erzählen, der Snowden zu seinem Tun veranlasst hatte: furchtlos und auf der Überzeugung gründend, dass man tun muss, was man für richtig hält ..."*

Eine ungeahnte Dimension

Die Berichte über den NSA-Skandal ließen eine Dimension erkennen, die selbst IT-Experten nicht für möglich gehalten hätten. Der US-Geheimdienst hatte nicht nur Zugriff auf die Daten einer Telefongesellschaft in den USA, sondern arbeitete auch mit anderen Anbie-

Daniel Ellsberg und Bradley Manning

Daniel Ellsberg, geb. 1931, hatte 1971 die geheimen Pentagon-Papiere publik gemacht. Daraus ging hervor, in welchem Ausmaß US-Regierungen die Öffentlichkeit über den Verlauf des Vietnam-Krieges getäuscht hatten. Bradley Manning, geb. 1987, hat als Soldat vertrauliche Dokumente über den Irak-Krieg an *Wikileaks* weitergeleitet und wurde zu einer Freiheitsstrafe von 35 Jahren verurteilt. Die Videos dokumentierten über 300 Fälle von Folter und zahlreiche Übergriffe von US-Einheiten auf die irakische Zivilbevölkerung.

tern eng zusammen. Aus den Dokumenten ging ferner hervor, dass die großen Internetfirmen wie *Facebook, Google, Apple, Youtube* und *Skype* dem Geheimdienst ebenfalls Zugang zu ihren Datenarsenalen ermöglichten. Damit waren weltweit Milliarden von Menschen betroffen.

„*Edward Snowden: Der Whistleblower hinter den Enthüllungen der NSA-Überwachung*" – Diese Schlagzeile im *Guardian* machte Snowden über Nacht weltbekannt. Die Leser erfuhren seine Lebensgeschichte, die Motive seines Handelns und dass dieser Mann als einer der wichtigsten *Whistleblower* Amerikas in die Geschichte eingehen und in einem Atemzug mit Daniel Ellsberg und Bradley Manning genannt werden würde.

Flucht aus dem Hotel

Die Preisgabe von Snowdens Namen lockte zahlreiche Reporter auf seine Spur. Jetzt war es nur noch eine Frage von Tagen oder Stunden, bis sie seinen Aufenthaltsort und sein Hotel ausfindig machen würden. Wie Snowden über *Wikileaks* erfuhr, drohten außerdem diplomatische Spannungen zwischen den USA und der Volksrepublik China, die die staatliche Oberhoheit über die ehemalige Kronkolonie Hongkong hat. Fluchtartig verließ Snowden über einen Hinterausgang das Hotel. Zwei chinesische Menschenrechtsanwälte lotsten ihn in ein Versteck, wo er für einige Tage abgeschirmt werden konnte. Mit der Hilfe von Sarah Harrison suchte Snowden nach Asylmöglichkeiten im Ausland. In Hongkong konnte er nicht bleiben – so viel stand fest.

Die amerikanische Bundespolizei erstattete am 14. Juni 2013 Anzeige gegen Snowden. Ihm wurde Diebstahl von Regierungseigentum, widerrechtliche Weitergabe geheimer Informationen und Spionage zur Last gelegt. Jede dieser Anschuldigungen konnte eine Freiheitsstrafe von bis zu zehn Jahren nach sich ziehen.

Russland statt Ecuador

Am 23. Juni 2013 konnte Snowden Hongkong an Bord einer russischen Linienmaschine verlassen. Zunächst hieß es, die Regierung von Ecuador habe ihm Asyl gewährt und Moskau sei nur eine Zwischenstation auf dem Weg dorthin. Entsprechende Papiere habe das Londoner Konsulat des südamerikanischen Landes ausgestellt.

Snowdens Pressekonferenz in Moskau | 2013

Vermutlich unter dem heftigen Druck der USA, die mit Handelssanktionen drohten, machte die ecuadorianische Regierung einen Rückzieher und erklärte die Einreisedokumente für ungültig.

So kam es, dass Edward Snowden im Terminal E des Moskauer Flughafens *Scheremetjewo* strandete. Insgesamt 39 Tage musste er dort ausharren. So lange dauerte das Tauziehen zwischen den USA und Russland um den Flüchtling.

Es endete damit, dass der russische Präsident Wladimir Putin ihm zunächst für ein Jahr Asyl gewährte. Der Präsident nannte eine Bedingung: *„Er muss mit seiner Arbeit aufhören, die darauf gerichtet ist, unseren amerikanischen Partnern Schaden zuzufügen – so merkwürdig sich das aus meinem Mund auch anhören mag."*

Tatsächlich war es mehr als eine Ironie der Geschichte, dass ein Flüchtling, der seine Existenz für die Freiheit des Internets riskierte, ausgerechnet im autoritär regierten Russland mit seinen weitgehend gleichgeschalteten Medien ein Bleiberecht erhielt. Aber Snowden blieb kaum eine andere Wahl, wenn er nicht für Jahrzehnte hinter Gefängnismauern verschwinden wollte.

Peinlich und blamabel

Schon vor dieser Klärung hatte der Fall Snowden heftige diplomatische Probleme ausgelöst. Der bolivianische Präsident Evo Morales musste am 2. Juli 2013 auf seiner Rückreise von Moskau nach La Paz einen unfreiwilligen Stopp in Wien einlegen. Auf ein Gerücht hin, wonach Snowden sich an Bord dieser Maschine befinde, hatte die US-Regierung die Landung in Wien durchgesetzt und darüber hinaus Staaten wie Frankreich, Italien, Spanien und Portugal veranlasst, dem Flugzeug die Überflugrechte zu entziehen. Über zwölf Stunden musste ein wütender Morales ausharren. Der Vorfall erwies sich nicht nur für die USA als peinlich und blamabel, sondern auch für die europäischen Länder, die als willfährige, übereifrige Erfüllungsgehilfen der westlichen Supermacht dastanden.

Auch die deutsche Bundesregierung zeigte wenig Rückgrat, als bekannt wurde, dass die NSA selbst das Handy der Bundeskanzlerin ausspionierte. Die offiziellen Proteste gegen diesen Vorgang, den kaum jemand für möglich gehalten hatte, klangen eher verhalten.

Dann stellte sich auch noch heraus, dass der US-Geheimdienst CIA einen Mitarbeiter des Bundesnachrichtendienstes, einen Bundeswehrangehörigen und vermutlich noch weitere Personen als Spione angeheuert hatte. Erst jetzt war das Maß voll. Der Geheimdienstchef der US-Botschaft in Berlin wurde aufgefordert, Deutschland zu verlassen. Das hatte es bis dahin noch nicht gegeben.

Asyl für Snowden. Plakataktion vor dem Berliner Reichstag | 2013

Aus dem Traum von Sicherheit wird ein Albtraum von Unsicherheit, aus Ängstlichkeit wird Angst, aus Angst Wahn.

HERIBERT PRANTL, PUBLIZIST | 7. JUNI 2014

Hans-Christian Ströbele in Moskau

Um Edward Snowden wurde es unterdessen ruhiger. Er war irgendwo in der Umgebung von Moskau abgetaucht. Erst Ende Oktober 2013 rückte er dann plötzlich wieder in die Schlagzeilen, als er Besucher aus Deutschland empfing: den Grünen-Politiker Hans-Christian Ströbele und zwei Journalisten.

Ströbele hatte den Kontakt Wochen vorher behutsam eingefädelt und sich mehrfach dafür eingesetzt, Snowden in Deutschland Asyl zu gewähren und ihn vor einem Untersuchungsausschuss auftreten zu lassen.

So spektakulär die Begegnung war – der Weg für Snowdens Übersiedlung nach Deutschland wurde dadurch nicht geebnet. Denn die Bundesregierung hätte ihn nach eigenen Angaben sofort festnehmen und an die Vereinigten Staaten ausliefern müssen – es sei denn, Edward Snowden wäre als politischer Flüchtling anerkannt worden. Einem Amerikaner Asyl zu geben, um ihn vor einer Strafverfolgung in seinem Heimatland zu bewahren, das traute sich Angela Merkel, die „mächtigste Frau der Welt", mit Rücksicht auf die Beziehungen zu den USA jedoch nicht. Damit bleibt Snowden für alle Beteiligten der Prüfstein, wenn es um Zivilcourage, Mut und entschlossenes Handeln geht.

JARON LANIER – WEM GEHÖRT DIE ZUKUNFT?

1960	Geburt in New York (USA)
1973	Studium der Mathematik und Informatik
1980–1983	Erfinder von Videospielen
1984–1990	Gründer und CEO von VPL Research
1996–2001	Studien an verschiedenen Instituten
seit 2002	Mitarbeit bei diversen Forschungs- institutionen und Unternehmen
seit 2006	Mitarbeit bei Microsoft
2014	Friedenspreis des Deutschen Buchhandels

Der kräftig gebaute Mann mit den langen Rastazöpfen passt so gar nicht zur nüchternen Welt der Zahlen, Daten und Algorithmen. Wenn er spricht, bleiben die weit über die Schulter herabfallenden Dreadlocks in Bewegung. Manchmal nimmt Jaron Lanier, bevor er das Wort ergreift oder nachdem er gesprochen hat, eine indische Laute oder ein laotisches Holzblasinstrument zur Hand, um sein Thema musikalisch zu vertiefen – wie er es im Oktober 2014 nach der Entgegennahme des Friedenspreises des Deutschen Buchhandels in der Frankfurter Paulskirche tat.

Sein Thema – ja, das ist die Welt der Zahlen, Daten und Algorithmen, die neuen Sprachen der Programmierer, Netzentwickler und IT-Spezialisten. Lanier hat seine geistigen Wurzeln im Silicon Valley, jenem Tal südlich von San Francisco, das als Wiege des IT-Zeitalters gilt. In mancher Hinsicht hat er daran mitgewirkt, der digitalen Revolution zum Durchbruch zu verhelfen, bis er schließlich zum *„Gewissen der digitalen Welt"* wurde, wie eine deutsche Zeitung schrieb.

Heute tritt er als einer der schärfsten Kritiker der Machtkonzentration bei Industrie und Geheimdiensten an die Öffentlichkeit, deren Allmachtsfantasien er scharf verurteilt. *„Innerhalb der winzigen Elite der Milliardäre, die die Cloud-Computer betreiben, herrscht der* *laute, zuversichtliche Glaube, dass die Technologie sie eines Tages unsterblich machen wird. Google zum Beispiel finanziert eine große Organisation mit dem Ziel, ,den Tod zu überwinden'."*

In Wirklichkeit seien Computer nichts anderes als *„Raumwärmer, die Muster erzeugen"*. Das Durchsickern der gesammelten Daten in die Computer nationaler Geheimdienste bezeichnete Lanier als eine der Nebenwirkungen der algorithmischen Überwachungswirtschaft. *„Das meiste, was wir heute darüber wissen, verdanken wir Edward Snowdens Enthüllungen."*

Virtuelle Realität

Der vielseitig begabte Lanier – er ist Informatiker, Erfinder, Musiker, Komponist von Symphonien, Konzerten, Ballett- und Filmmusiken, Künstler und Autor – hörte bereits mit 13 Jahren Vorlesungen in Mathematik und Informatik an der New Mexico State University. Abschlüsse an der Highschool oder an einer Universität interessierten ihn nicht. Stattdessen schrieb er Soundtracks für Videospiele und entwickelte bald eigene Spielsysteme.

PC-Spiele fesselten ihn jedoch nicht sehr lange. Stattdessen widmete Lanier sich verstärkt der *virtuellen Realität*. Er erkannte früh, dass durch das Erfassen und Auswerten von Nutzerdaten „digitale Zwillinge" oder „Avatare" entstehen, deren Interessen, Wünsche, Gedanken, Einstellungen leicht nachzuverfolgen sind. Jeder Mensch wird dadurch zum berechenbaren und manipulierbaren Zielobjekt für unterschiedliche Interessengruppen: Unternehmen, Werbeindustrie, Krankenkassen, Versicherungen, Geheimdienste.

„Den Leuten ist überhaupt nicht klar, welche Gefahr von Big Data ausgeht. Big Data bedeutet, dass Computer weltweit Informationen über uns sammeln und daraus fragwürdige Statistiken erstellen. Mit einem Ziel: Um Vorhersagen darüber zu machen, wie man den meisten Profit aus uns schlägt, wie man jemanden am besten manipuliert." Wie kaum ein anderer hat Lanier den Kosmos des Internets gedanklich durchdrungen und die Machtzentren der Netzkonzerne analysiert. Das Nachrichtenmagazin *Time* zählt ihn zu den 100 einflussreichsten Persönlichkeiten der Gegenwart.

Laniers 2014 erschienenes Buch trägt den Titel *Wem gehört die Zukunft? Du bist nicht der Kunde der Internetkonzerne. Du bist ihr Produkt.* Seine Antwort auf die Frage, wem die Zukunft gehört, ist einfach: Uns nicht. Sie gehört den Unternehmen mit dem größten Rechner, etwa *Facebook* und *Google*, die von den Nutzern freiwillig und ohne Entgelt mit Daten gefüttert werden. *„Manchmal frage ich mich, ob wir unsere Demokratie an Technologie-Firmen outgesourct haben, damit wir nicht selbst zur Rechenschaft gezogen werden können. Wir geben unsere Macht und unsere Verantwortung einfach ab."*

So entstehen riesige Datenbanken, die miteinander verknüpft werden. Lanier weist auf die damit verbundene Gefahr für den Einzelnen wie für die Gesellschaft hin: *„Wenn wir eine Überwachungsökonomie aufbauen – und genau das tun Unternehmen wie* Google und Amazon *gegenwärtig – dann sind wir nur noch um Haaresbreite von einem Überwachungsstaat entfernt."*

Ein politisches Signal

In seiner Frankfurter Dankesrede erinnerte der Preisträger an das Leid seiner Eltern im Dritten Reich. Die Mutter, eine Künstlerin, überlebte die KZ-Haft in Österreich und konnte in die USA ausreisen. Viele ihrer Angehörigen und auch Verwandte seines Vaters seien im KZ umgekommen oder ermordet worden. Das Internet sei wie kein anderes Medium in der Lage, die Mentalität von Rudeln zu erzeugen, deren extremste Folgen man während der NS-Zeit erlebt habe. *„In dieser Hinsicht verstärkt die Nazi-Zeit meine Sorge, dass das Internet als überlegene Plattform für plötzliche Massengewaltausbrüche von Rudeln oder Clans dienen könnte."*

Jaron Laniers Mut, sich mit seiner Kritik den mächtigen Netzkonzernen in den Weg zu stellen, war für den Börsenverein des Deutschen Buchhandels Anlass, ihn im Oktober 2014 in der Frankfurter Paulskirche mit dem Friedenspreis auszuzeichnen. Zum ersten Mal erhielt ein Vertreter des digitalen Zeitalters den angesehenen Preis. Die hohe Auszeichnung für den Verfechter des *„digitalen Humanismus"* war vor dem Hintergrund des NSA-Skandals ein klares politisches Signal.

EVGENY MOROZOV – DAS TREIBEN DER TECHNOKRATEN IM NETZ

1984	Geburt in Salihorsk (Weißrussland)
2006–2008	Director of New Media, Transitions Online
2008–2012	Studien an verschiedenen Universitäten und Instituten

Unter den Kritikern von Big Data ist der gebürtige Weißrusse Evgeny Morozov der radikalste. Der in den USA lebende Publizist beschäftigt sich mit den politischen und sozialen Auswirkungen von Technologie, mit dem Zugang zu Informationen und deren Manipulation: *„Ich will Konsumenten haben, die sich jedes Mal in Bürger verwandeln, wenn sie Daten preisgeben müssen."*

2011 erschien sein Buch *Net Delusion*, in dem er vor dem Internet als Überwachungssystem warnte, 2014 folgte *Smarte neue Welt. Digitale Technik und die Freiheit des Menschen.*

Das Internetzeitalter gilt als epochaler Einschnitt. Die digitale Revolution hat Politik, Wirtschaft und Kultur verändert. Das Leben und die Lebensläufe von Internetnutzern sind durch die Eingabe von persönlichen Daten transparent und jederzeit abrufbar. Evgeny Morozov hinterfragt diese neue Welt kritisch. Ist sie wirklich besser, sicherer, lebenswerter? Diese Fragen können seiner Meinung nach nicht durch Internetstudien beantwortet werden, weil sie nicht objektiv sind.

„Leute, die bezahlt werden, das Internet zu studieren, bekommen im Grunde ihr Geld nur, um dessen Logik, Vokabular und Weltsicht zu perpetuieren. Es ist lächerlich, das Internet erklären zu wollen. Was erklärt werden müsste, ist das beständige Bedürfnis, das Internet zu erklären, als wäre es eine theologische Kraft mit Bedeutung. Eine

selbsternannte Priesterklasse hat sich formiert, um das Wesen und die Auswirkungen des Internet zu erklären." Morozovs Attacken gelten den Konzernen, die die Welt der Daten beherrschen.

Aus seiner Kritik am Internet spricht Enttäuschung darüber, wie es sich entwickelt hat. Morozov gehörte am Anfang zu den Optimisten, die einen Schub in Richtung Demokratisierung und Teilhabe erwarteten, nicht zuletzt für sein Heimatland: *„Ich habe eine Menge utopischer und optimistischer Artikel geschrieben, wie die neuen Medien die politische Lage in Weißrussland verändern würden."*

Mit einem Stipendium der Stiftung des US-Milliardärs George Soros studierte Morozov an der American University in der bulgarischen Hauptstadt Sofia Computerwissenschaften. Ursprünglich dachte er an eine lukrative Tätigkeit als Berater einer Consultingfirma oder als Investmentbanker, bis er in Prag für *Transitions Online* tätig wurde, eine Nichtregierungsorganisation, die mit Fördergeldern aus dem Westen journalistische Standards in Ostmitteleuropa verankern und dabei die Chancen des Internets nutzen will. Mit Elan erkundete er in Weißrussland, Moldau, in Ländern Zentralasiens und des Nahen Osten die Vernetzung oppositioneller Gruppen im Einsatz gegen diktatorische Regime. Seine Ernüchterung wuchs, als er begriff, dass einige wenige Unternehmen Strukturen und Standards im Internet bestimmten und jede Änderung verweigerten.

Weitere Stipendien führten ihn in die USA, zunächst nach New York, dann an die Stanford-Universität und nach Harvard. Über seine berufliche Ausrichtung hatte er inzwischen Klarheit gewonnen: *„Ich wollte lieber schreiben und denken. Ich wollte eine breitere, historische Perspektive einnehmen. Mit der Zeit habe ich herausgefunden, dass wir viel zu wenig wissen, wie unser Denken über die Digitalität und das entsprechende Vokabular sich entwickelt haben."*

Ahnungslose Versuchskaninchen

In einem Artikel setzt sich Morozov kritisch mit der These auseinander, alle Probleme der Gesellschaft könnten mit *„Informationen"* gelöst werden, die durch wissenschaftliche Experimente und Studien gewonnen werden.

„Solche Studien erfreuen sich wachsender Beliebtheit bei Sozial-
wissenschaftlern und bei Diensten wie Facebook, die mit vielen Millio-
nen Nutzern und ihren guten Möglichkeiten, genau zu steuern, was
einzelne Nutzer zu sehen bekommen, ideale Versuchsfelder voller
ahnungsloser Versuchskaninchen darstellen (wobei die Versuchs-
kaninchen wir selbst sind)."

Morozov drängt darauf, differenziert über das „digitale Univer-
sum" nachzudenken und darüber, wie Demokratie, Kreativität und
Selbstbestimmung gerettet werden können.

Probleme im Voraus lösen

Zu den Enthüllungen von Edward Snowden über den US-Geheimdienst NSA vertritt Morozov die Auffassung, die NSA sei Teil eines
noch größeren Projektes. Durch Voraussagen und Analysen versuche die Administration, künftige Probleme so früh in den Griff zu
bekommen, dass sie rechtzeitig verhindert werden könnten. *„Dank*
der neuen technologischen Infrastruktur werden Probleme im Voraus
gelöst, und zwar mittels Anreizen, die neue Verhaltensweisen hervor-
rufen. Für einen Technokraten ist das eine perfekte Sache. Nicht so für
einen Demokraten, der sich denkende Bürger wünscht, die zwischen
richtig und falsch zu unterscheiden wissen und fähig sind, sich an der
Verbesserung eines Systems zu beteiligen."

Die *Stasi* hat in der DDR das Gleiche versucht, indem sie es darauf anlegte, durch Bespitzelung tief in die Köpfe potenzieller
SED-Gegner einzudringen, um sie rechtzeitig an Aktionen hindern
zu können. Bekanntlich ist sie damit gescheitert, weil sie an ihren
Datenmengen erstickte.

Seine Kritik am Internet und an den großen Netzkonzernen will
Morozov verschärfen, falls sich an den enormen Problemen nichts
ändere. Er sei ja noch jung, sagt er, und habe auch nichts zu verlieren. Wenn es künftig um mehr demokratische Kontrolle im Zeitalter
der Digitalisierung geht, ist mit Evgeny Morozov zu rechnen.

SHOSHANA ZUBOFF – KAMPFANSAGE AN BIG DATA

1951	Geburt in den USA
1981–2009	Professorin an der Harvard Business School
2015	Buch *Master or Slave: The Fight for the Soul of Our Information Civilization*

Shoshana Zuboff, die 1981 als eine der ersten Frauen eine Professur an der Harvard Business School erhielt, hat *Big Data* den Kampf erklärt. Sie spricht von einem *„Überwachungskapitalismus"*, der mit aller Macht bekämpft werden müsse. Die Wissenschaftlerin, die sich in zahlreichen Publikationen mit der sich verändernden Gesellschaft im digitalen Zeitalter befasst, zieht eine Parallele zum Zeitalter industrieller Massenproduktion Anfang des 20. Jahrhunderts: Gewerkschafter kämpften damals gegen Hungerlöhne, Frauen für Gleichberechtigung und Wahlrecht – alles gegen den erbitterten Widerstand der Herrschenden.

Große Schmuggelware

Wie schon vor hundert Jahren stehe die Welt wieder vor einer tiefgreifenden Veränderung, die mit dem Begriff Big Data nur unzureichend erfasst werde. Treffender sei die Bezeichnung *„große Schmuggelware"* oder *„große Piratenbeute"*, meint Shoshana Zuboff, denn: *„Wir haben nie gesagt, dass die Unternehmen diese Daten von uns nehmen dürfen. Sie haben sie einfach als etwas deklariert, das sie nehmen durften – indem sie es genommen haben."* Nutzer seien auf diese Weise zu unbezahlten Arbeitskräften geworden. Die Überwachungspraktiken stellten tiefe Verletzungen dar – materielle, psychische, soziale und politische – *„die wir erst jetzt verstehen lernen, vor allem wegen des geheimen Ablaufs dieser Operationen."*

Das ganze Ausmaß, in dem Daten abgeschöpft und genutzt werden, dringt nach Zuboff erst langsam ins Bewusstsein der Menschen: *„Sie (die Informationen) werden eingefangen, in Daten umgewandelt (übersetzt in maschinenlesbare Codes), abstrahiert, aggregiert, verpackt, verkauft und analysiert. Darunter fällt alles von Facebook-Likes über Google-Suchen und Twitter-Nachrichten bis zu E-Mails, Texten, Fotos, Liedern und Videos, Aufenthaltsorten, Bewegungen und Einkäufen, jedem Klick, jedem Tippfehler, jedem Seitenaufruf und mehr."*

Marktwert einer Überwachungsmacht

Im Gefolge der Internetunternehmen ist eine nie dagewesene Konzentration von Macht über Informationen entstanden – durch Zulieferer und Zwischenhändler, spektakuläre Börsengänge und Anhäufung riesiger Geldmengen in den Depots weniger Konzerne. Den Anstieg der Werbeeinnahmen von *Google* beziffert Zuboff mit 21 Milliarden Dollar im Jahr 2008 und über 50 Milliarden Dollar in 2013. Der Marktwert des Unternehmens hat 2014 die Marke von 400 Milliarden Dollar erreicht.

Die Frage, was gegen eine solche geballte Markt- und Überwachungsmacht auszurichten sei, versucht die Wissenschaftlerin anhand von Beispielen zu beantworten. Datenschutzklagen, Verbote zum Absaugen persönlicher Daten aus privaten Computern und Programme zur Verschlüsselung seien notwendig und unerlässlich, reichten jedoch nicht aus, den Zug aufzuhalten.

Als ein Beispiel für einen erfolgreichen Widerstand nennt sie die Enthüllungen des ehemaligen US-Geheimdienstspezialisten Edward Snowden. *„Das vorige Jahr brachte uns Edward Snowden, der unter großen persönlichen Opfern eine neue Realität behauptete, indem er den Anspruch stellte, dass unsere Welt eine solche sei, in der die von ihm öffentlich gemachten Informationen gemeinsames Wissen werden sollten. Im gleichen Sinne hat auch Wikileaks gehandelt."*

Eindringlich warnt Zuboff davor, die im Reich der Daten entstandenen Machtblöcke widerspruchslos hinzunehmen. *„Ich behaupte,*

Märkten darf im Bereich der Informationsökonomie nicht das Monopol überlassen werden, das Gleichgewicht herzustellen. Der Glaube daran kostet an der Wall Street vielleicht nur Geld und Pensionen; im Bereich der Informationsökonomie, die im Begriff ist, sich zu einer Planwirtschaft weniger Spieler zu verwandeln, kostet sie buchstäblich die Autonomie des Einzelnen.

FRANK SCHIRRMACHER, PUBLIZIST | 26. APRIL 2013

dass es feige ist, die gegenwärtigen Fakten zu akzeptieren, als ob sie zwangsläufig so sein müssten, wie sie sind." Stattdessen spricht sie sich dafür aus, dem *„Überwachungskapitalismus"* mutig entgegenzutreten.

Eine besondere Warnung richtet Shoshana Zuboff an die Adresse von IT-Propheten, die meinen, die Demokratie passe nicht mehr zum neuen Zeitalter der Digitalisierung. *„Der tatsächliche Weg in die Leibeigenschaft beginnt mit der Überzeugung, dass die Deklarationen der Demokratie, wie wir sie geerbt haben, für eine digitale Zukunft nicht länger relevant seien. Sie sind unseren Seelen eingeschrieben, und wenn wir sie zurücklassen, dann geben wir den besten Teil von uns selbst auf."*

Hoffnung setzt die Ökonomin auf Gegenkräfte in Deutschland und Europa, vor allem auf die Medien, die eine ernsthafte Debatte über die digitalen Machtverhältnisse führen. Als wichtigsten Wortführer nennt sie den 2014 verstorbenen Herausgeber der *Frankfurter Allgemeinen Zeitung*, Frank Schirrmacher. Sein Erbe gelte es zu bewahren, um *„die digitale Zukunft als Heimat der Menschheit zurückzugewinnen"*.

Die Demokratie verteidigen im digitalen Zeitalter

Aufruf von fünf Nobelpreisträgern und über 500 Schriftstellern gegen Massenüberwachung

Eine der tragenden Säulen der Demokratie ist die Unverletzlichkeit des Individuums. Doch die Würde des Menschen geht über seine Körpergrenze hinaus. Alle Menschen haben das Recht, in ihren Gedanken und Privaträumen, in ihren Briefen und Gesprächen frei und unbeobachtet zu bleiben.

Dieses existenzielle Menschenrecht ist inzwischen null und nichtig, weil Staaten und Konzerne die technologischen Entwicklungen zum Zwecke der Überwachung massiv missbrauchen.

Ein Mensch unter Beobachtung ist niemals frei; eine Gesellschaft unter ständiger Beobachtung ist keine Demokratie mehr. Deshalb müssen unsere demokratischen Grundrechte in der virtuellen Welt ebenso durchgesetzt werden wie in der realen.

Überwachung verletzt die Privatsphäre sowie die Gedanken- und Meinungsfreiheit. Massenhafte Überwachung behandelt jeden einzelnen Bürger als Verdächtigen. Sie zerstört unsere historischen Errungenschaften, die Unschuldsvermutung.

Überwachung durchleuchtet den Einzelnen, während die Staaten und Konzerne im Geheimen operieren. Wie wir gesehen haben, wird diese Macht systematisch missbraucht.

Überwachung ist Diebstahl. Denn diese Daten sind kein öffentliches Eigentum: Sie gehören uns. Wenn sie benutzt werden, um unser Verhalten vorherzusagen, wird uns noch etwas anderes gestohlen: der freie Wille, der unabdingbar ist für die Freiheit in der Demokratie.

WIR FORDERN DAHER, dass jeder Bürger das Recht haben muss, mitzuentscheiden, in welchem Ausmaß seine persönlichen Daten gesammelt, gespeichert und verarbeitet werden und von wem; dass er das Recht hat zu erfahren, wo und zu welchem Zweck seine Daten gesammelt werden; und dass er sie löschen lassen kann, falls sie illegal gesammelt und gespeichert wurden.

WIR RUFEN ALLE STAATEN UND KONZERNE AUF, diese Rechte zu verteidigen.

WIR RUFEN DIE VEREINTEN NATIONEN AUF, die zentrale Bedeutung der Bürgerrechte im digitalen Zeitalter anzuerkennen und eine verbindliche Internationale Konvention der digitalen Rechte zu verabschieden.

WIR RUFEN ALLE REGIERUNGEN AUF, diese Konvention anzuerkennen und einzuhalten.

YOANI SÁNCHEZ – KUBAS BEKANNTESTE BLOGGERIN

1975	Geburt in Havanna
1995	Studium der Kunst und Geisteswissenschaft
2007	Blog *Generación Y*
2014	Onlinezeitung *14ymedio*

Ihre Reise durch Lateinamerika und Europa im Jahre 2013 glich einem Triumphzug – und einem Spießrutenlauf. Yoani Sánchez, Journalistin, Aktivistin und Kubas bekannteste Bloggerin, hatte aufgrund der neuen Reisebestimmungen ihr Land endlich verlassen dürfen, nachdem ihr zuvor 20 Mal die Ausreise verboten worden war. Nun konnte sie einige der Auszeichnungen für ihren Kampf um Presse- und Meinungsfreiheit auf Kuba persönlich entgegennehmen, darunter der Journalistenpreis der spanischen Zeitung *El País* und eine Auszeichnung der Organisation *Reporter ohne Grenzen*.

Für ihren Mut erntete die Regimekritikerin immer wieder lobende Worte. Zugleich blieben ihr während der Reise Anhänger des kubanischen Regimes auf den Fersen. Sie gilt in ihrem Land als *„Handlangerin der USA"*. Als sie im Frühjahr 2013 in Berlin auftrat, sagte Sánchez nach einem Besuch des ehemaligen Stasi-Gefängnisses Hohenschönhausen: *„Für euch ist so etwas Geschichte. Für uns der Alltag von heute."* Auf die Anschuldigungen ihrer Gegner, eine CIA-Agentin zu sein, reagierte die Kubanerin gelassen: *„Ich bin daran gewöhnt, dass sie mich beschimpfen."*

Dabei gehören Sánchez und ihr Mann Reinaldo Escobar eher zu den gemäßigten Kritikern des Castro-Regimes. Ihr 2007 gestarteter Blog *Generación Y* beschreibt den kubanischen Alltag, die Mangelwirtschaft, den Verfall der Häuser, die Warteschlangen.

Internetaktivitäten auf Kuba sind mühsam. So schrieb Sánchez ihre Texte auf einem Laptop und suchte ein Internetcafé in einem der Touristenhotels in Havanna auf, um den Inhalt abzusetzen.

Im Ausland wurde ihr Name immer bekannter, zumal die Bloggerin auch als Kolumnistin für ausländische Zeitungen tätig wurde. Sánchez' Anhänger im weltweiten Netz übersetzten ihre Beiträge in andere Sprachen, sodass ihr Leserkreis stetig wuchs.

Cybersöldnerin

Um ihre wachsende Popularität zu unterbinden, startete die offizielle Propaganda über die staatlichen Medien eine Kampagne gegen sie. Im Fernsehen wurde Sánchez vorgeworfen, Teil eines von den USA geführten Cyberkrieges gegen Kuba zu sein. *Granma*, das Parteiorgan der Kommunistischen Partei, nannte sie eine *„Cybersöldnerin"*. Darauf reagierte die Bloggerin mit dem Satz: „Granma *hat mir eine Attacke gewidmet. Den Ausschnitt hebe ich mir für meine Enkel auf."*

Yoani Sánchez räumt ein, dass Präsident Raúl Castro, der 2008 von seinem Bruder Fidel die Macht übernahm, Reformen eingeleitet hat. Die Kontrolle über das öffentliche Leben und die staatliche Zensur hätten Risse bekommen. Aber das Tempo der Veränderung sei viel zu langsam. *„Wir leben in einem Land, das Information braucht, in einem Land, in dem wir desinformiert wurden"*, schrieb Sánchez in einer spanischen Zeitung. Deshalb startete sie im Mai 2014 die Online-Zeitung *14ymedio*. Der Titel verweist auf ihr Apartment im 14. Stock eines Hochhauses am Platz der Revolution in Havanna, wo die erste privat organisierte und unabhängige Internetzeitung entsteht. Ihr Mann Reinaldo Escobar ist Chefredakteur.

Auch bei diesem Projekt tat die Regierung alles, um es gleich zu Beginn zum Scheitern zu bringen. Aber sie hatte nicht mit der Zähigkeit und dem Ideenreichtum der Bloggerin gerechnet. Das Onlineblatt behauptete sich. Und wenn eines Tages das von Venezuela zugesagte Glasfaserkabel Kuba erreicht, wird Sánchez vielleicht noch mehr Verstärkung durch weitere kubanische Blogger bekommen. Sie ebnete ihnen den Weg.

DER LANGE KAMPF UM FREIHEIT UND MENSCHENWÜRDE
ÜBER EINZELKÄMPFER UND MASSENBEWEGUNGEN

Den Auftakt des 21. Jahrhunderts haben sich die Mächtigen in aller Welt wahrscheinlich anders vorgestellt. Demonstrationen, Rebellionen, Revolutionen – in Ländern wie Ägypten wurden fest zementierte Diktaturen durch den Druck der Bevölkerung zerschlagen.

In Myanmar in Asien muss das Militärregime die Macht mit der Opposition teilen. Ihre Anführerin Aung San Suu Kyi, die jahrelang unter Hausarrest stand, verfolgt und drangsaliert wurde, stieg zur *„Ikone der Demokratie und Freiheit"* auf.

Auch in anderen Regionen der Welt waren Diktatoren, obwohl von Militär und Geheimdienst gestützt und in manchen Fällen vom Westen finanziell ausgehalten, gezwungen, das Feld zu räumen. Neben Myanmar, Tunesien und Ägypten gibt es zahlreiche andere Schauplätze mit Protesten und Rebellionen; darunter Russland, Ukraine, China, Hongkong, Iran, Türkei, Jemen, Kongo, Chile und Brasilien.

Auch in Europa gingen Zehntausende auf die Straßen – in Griechenland, Spanien, auch in Deutschland, jedoch aus unterschiedlichen Motiven, etwa wegen der massiven Jugendarbeitslosigkeit oder der Benachteiligung von Minderheiten.

Kampf für eine bessere Zukunft

Die weltweiten Protestbewegungen gehen allerdings nicht, wie noch in den 1960er Jahren, in erster Linie von den USA oder Westeuropa aus, sondern vor allem von Ländern und Regionen in Asien, im Nahen Osten und in Südamerika.

Ursachen und Auslöser von Reformbewegungen sind von Land zu Land, von Kontinent zu Kontinent verschieden. Aber es gibt etwas, das sie miteinander verbindet – die Überzeugung, dass die Herrschenden in Politik, Wirtschaft und Gesellschaft Grenzen überschritten haben, und dass die Kluft zwischen Arm und Reich ein unerträgliches Ausmaß angenommen hat. Millionen von Menschen werden systematisch um ein freies, menschenwürdiges Leben betrogen.

Eine Generation hauptsächlich junger Menschen, die mit Demonstrationen, Protestcamps, Sitzblockaden, Streiks, Massenkundgebungen und Barrikaden für Freiheit und eine gerechte Zukunft kämpft, nimmt für ihren Protest Verfolgung, Haft und Folter in Kauf. Nicht wenige riskieren im Einsatz für eine bessere Zukunft sogar ihr Leben. Das gilt auch für Einzelkämpfer, die sich für bestimmte Rechte stark machen, etwa für die Selbstbestimmung von Frauen. So fordert die deutsch-türkische Anwältin und Frauenrechtlerin Seyran Ateş für den Islam eine sexuelle Revolution, damit Frauen über ihr Leben frei entscheiden können.

Berivan Elif Kilic, Frauenrechtlerin, Bürgermeisterin der türkisch-kurdischen Kleinstadt Kocaköy. Mit 15 Jahren zwangsverheiratet, mit 16 Mutter. Von ihrem Mann wurde sie verprügelt und ließ sich scheiden. Kandidatin der kurdischen *Partei für Frieden und Demokratie (BDP)*. Teilt sich ihr Amt mit einem ehemaligen Imam. Sie geht erfolgreich gegen Kinderehen an. *„Mir glauben die Leute, denn ich habe mein Wissen nicht aus Büchern. Ich bin selbst verprügelt worden."*

Chinas Wirtschaftswunder

In manchen Ländern entlud sich der innere Spannungszustand besonders heftig. Das gilt für die Volksrepublik China. Das Riesenreich der Mitte erlebte einen gewaltigen wirtschaftlichen Aufschwung. Der Kapitalismus chinesischer Prägung durchpflügte das Land wie ein mächtiger Wirbelsturm. Rasante Wachstumsraten, ein gigantischer Bauboom und eine Vielzahl neuer Fabriken katapultierten die Volksrepublik auf Platz zwei der Weltwirtschaft.

Dabei entstand eine neue Mittelschicht, die sich Urlaub, Autos, Haushaltsgeräte und Hobbys leisten kann. Wohn- und Bürotürme wuchsen in den zumeist dunstverhangenen chinesischen Himmel. Im Rekordtempo stampften Arbeiter ganze Städte aus dem Boden. Ähnlich wie Japan in den 1960er und 1970er Jahren erlebte die Volksrepublik schon vor der Jahrhundertwende ein viel bestauntes Wirtschaftswunder.

Unter dem Strich kommt der Segen der ungeahnten wirtschaftlichen Blüte allerdings doch nur einem kleinen Teil der Bevölkerung zugute. Die Masse – inzwischen sind es 1,3 Milliarden Chinesen – ächzt unter den Folgen des Wirtschaftswunders. Tatsächlich lässt der Blick auf die Kehrseite dieses Wunders dessen Glanz leicht verblassen.

Der chinesischen Bevölkerung ist nicht verborgen geblieben, dass Funktionäre der KP sich schamlos bereichern, und zwar auf allen Ebenen. In den Dörfern und Städten setzen diese nicht selten mit Hilfe von Schlägerbanden ihre Interessen durch, etwa wenn es darum geht, Ackerland in Bauland zu verwandeln. In den Provinzen Guizhou und Yunnan wollte sich im Oktober 2014 ein Logistikkonzern mit Hilfe von Kriminellen Ackerland aneignen, gegen den Widerstand der Bauern. Am Ende gab es Tote und Verletzte.

Occupy Central in Hongkong

Der Zorn der Bevölkerung über die massenhafte Korruption, die Ausbeutung der Beschäftigten und die Verweigerung von Freiheit und Grundrechten wächst. Das zeigen die vielen Demonstrationen und Aufstände, die im Spätsommer 2014 auch auf die ehemalige britische Kronkolonie Hongkong übergriffen. Gegen die Ankündigung, das Stadtoberhaupt von Hongkong 2017 erstmals

Ai Weiwei, chinesischer Künstler und Bürgerrechtler, einer der mutigsten Kritiker der kommunistischen Führung. Lebte als Kind mit seinem Vater in der Verbannung. Verarbeitet Verfolgung, Haft und Hausarrest zu Objekten. Die Ausstellung *Ai Weiwei Evidence*, die 2014 im Berliner Gropiusbau gezeigt wurde, betreute er wegen Ausreiseverbots von Peking aus. Über die chinesische KP sagt er: „*Die Partei ist nicht wirklich mächtig. Wir sehen nur eine Hülle der Macht.*"

Aufstand in Hongkong | 2014

direkt wählen zu lassen, allerdings nur aus einem Kreis handverlesener und Peking genehmer Kandidaten, gingen Zehntausende auf die Straße.

Studenten führten die Demokratiebewegung in Hongkong an. Der Ruf *„Occupy Central!"* hallte durch die Straßen der Metropole, deren Hauptverkehrswege wochenlang blockiert waren. Mit Regenschirmen schützten sich die Demonstranten gegen Tränengasattacken der Polizei und gaben damit ihrer Protestbewegung ein Markenzeichen: *Umbrella*.

Eine junge Chinesin, die fast von Anfang an dabei war, erläutert, weshalb die Bevölkerung aufgebracht ist: *„Viele Einwohner Hongkongs haben das Gefühl, dass die Volksrepublik China die 1984 im Abkommen mit Großbritannien eingegangenen Verpflichtungen nicht einhält und England uns im Stich lässt. Die Vereinbarung sah vor: ein Land – zwei Systeme (one country – two systems). Hongkong will politisch nicht von China abhängig sein. Wir wollen unsere Regierung selbst bestimmen. Wir wollen echte Demokratie, nicht etwas, das kommunistisch ist und nur den Namen Demokratie benutzt."* Die chinesische Regierung setzt auf Zeit und sitzt – vorerst jedenfalls – am längeren Hebel.

Nicht nur in Hongkong, sondern in der gesamten Volksrepublik hat der politische und soziale Sprengstoff bereits ein beträchtliches Ausmaß erreicht. Vieles kommt zusammen: Eine gigantische Umweltzerstörung, schadstoffbelastete Lebensmittel, die Unterdrückung von Minderheiten wie der Tibeter und Uiguren, ferner die Hoheitsansprüche der Volksrepublik auf Inseln im Japanischen und Südchinesischen Meer. Die kommunistische Führung in Peking ist offensichtlich entschlossen, den Weg zur mächtigsten Nation mit allen Mitteln durchzuboxen. Fraglich bleibt allerdings, ob die Chinesen mehrheitlich diesen Weg mitgehen werden. Die Zahl der Regimegegner wächst von Jahr zu Jahr, und – es ist ein vielfältiger Protest im Riesenreich der Mitte.

Russlands Größe

Ähnlich wie China möchte auch Russland seine Stellung in der Welt verändern. Allerdings legt der russische Präsident Wladimir Putin keinen Wert auf eine kommunistische Fassade seiner Herrschaft. Ihm geht es um seine persönliche Macht und die Größe Russlands; das sind für ihn zwei Seiten einer Medaille. Seinem Land möchte der Staatschef wieder jene Weltgeltung verschaffen, die einst die Sowjetunion besaß, die halb Europa, den Kaukasus und Zentralasien beherrscht hatte. In Russland gehören, wie anderswo auch, Macht und Geld eng zusammen.

Nach dem Verbot der Kommunistischen Partei der Sowjetunion im Jahr 1990 war die bis dahin staatlich gelenkte Volkswirtschaft dem Zugriff mächtiger *Apparatschiks*, der ehemaligen Parteikader, ausgesetzt. Sie rissen ganze Industriezweige an sich: Stahlwerke, Chemie- und Aluminiumfabriken, vor allem aber Anlagen zur Öl- und Gasgewinnung. So geriet die Wirtschaft unter die Kontrolle von *Oligarchen*, die quasi über Nacht zu Milliardären wurden. Die Welt staunte: Der Übergang vom Staatseigentum zum Bonzen-Reichtum verlief nahtlos.

Gegen die Scheindemokratie

Inzwischen ist jedoch eine neue Generation herangewachsen, die ein modernes Russland verlangt und Putins Scheindemokratie bekämpft – das Ausschalten regierungskritischer Medien, die Wahlfälschungen, der Reichtum der Wenigen und das armselige Leben der Vielen auf dem Land. Mit einer Reihe von Gesetzen versuchte Präsident Putin, seinen Kritikern das Wasser ab-

Nadeschda Tolokonnikowa | Moskau 2012

Pussy Riot

Mit dem Gesetz gegen Beleidigung religiöser Werte ist es Putin gelungen, die orthodoxe Kirche noch enger an sich zu binden. Welche Folgen es haben kann, die Kirche zu provozieren, bekam die Punkgruppe Pussy Riot zu spüren. Die Aktionskünstlerinnen hatten in der Moskauer Christ-Erlöser-Kathedrale zum Punkgebet aufgerufen und die Hilfe der Mutter Gottes erfleht, um Russland von Putin zu erlösen. Die Aktivistinnen, Maria Aljochina und Nadeschda Tolokonnikowa, wurden wegen Rowdytums aus religiösem Hass mit zwei Jahren Lagerhaft bestraft.

Aleksej Nawalny, einer der Wortführer des Protests, Blogger und Anwalt, nannte Putins Partei *Einiges Russland, die „Partei der Betrüger und Diebe"*. Nawalny ist der Star aller Putin-Gegner. Er kann die Massen begeistern und mitreißen. Durch seinen Blog gibt er der Protestbewegung immer wieder neuen Schwung. Bekannte Autoren und Schriftsteller wie Ljudmila Ulitzkaja und Boris Akunin sowie Künstler und Rockstars unterstützen die Opposition gegen Putin, den autoritären Herrscher im Kreml.

zugraben. Das sogenannte Agentengesetz trifft Organisationen, die aus dem Ausland mit Geld unterstützt werden. Sie sollen sich als *„ausländische Agenten"* registrieren lassen. Das Demonstrationsrecht und die Rechte von Homosexuellen wurden eingeschränkt. Gleichgeschlechtliche Menschen werden in Russland fast wie Freiwild behandelt.

Erst mit seiner Politik der Aggression gegenüber dem Nachbarland Ukraine gelang es dem Präsidenten 2014, innenpolitisch zu punkten und die Protestbewegung weitgehend ins Abseits zu drängen. Durch die völkerrechtswidrige Angliederung der ukrainischen Halbinsel Krim und das Anzetteln eines Bürgerkrieges in der Ostukraine stieg seine Beliebtheitskurve. Gleichzeitig startete der Kreml eine seit dem Ende des Kommunismus nie dagewesene Propagandaschlacht gegen die ukrainische Regierung und den Westen. Russland auf dem Weg in eine neue politische Eiszeit? Die Proteste werden wieder aufflammen, spätestens dann, wenn der Kreml für Putins Großmachtpolitik zahlen muss.

Türkei: Gezi-Park und Taksim-Platz

Die Türkei erlebte im Frühsommer 2013 eine Welle von Demonstrationen und Unruhen. Ausgangspunkt war der Gezi-Park im Zentrum von Istanbul. Der Baumbestand sollte gefällt werden, der Park einem Einkaufszentrum weichen. Beim Gezi-Park handelte es sich um eine der letzten freien Flächen in Istanbul, die vom Bauboom der letzten Jahre verschont geblieben war, der zuvor ganze Altstadtviertel ausgelöscht hatte. Sie mussten Bürotürmen und Wohnblöcken weichen, deren Mieten ein Normalverdiener nicht bezahlen kann. Die allgemeine Bauwut nahm auf die Bevölkerung nicht die geringste Rücksicht. Ohne Offenlegung der Pläne, ohne Mitsprache der Einwohner wurden Dutzende von Bauprojekten beschlossen und umgesetzt.

Die Architektin Selva Gürdogan, die in Istanbul lebt, sprach von *Occupy Gezi* und erklärte in einem Interview: *„Die Stadt gehört den Baufirmen. Das ist typisch für die Türkei. Die Bauindustrie ist die größte Kraft unserer Wirtschaft. Abreißen und Aufbauen, das ist ihre Devise."*

Und so kam es, dass der Gezi-Park und der angrenzende Taksim-Platz, wo wochenlang demonstriert wurde, weltweit bekannt wurden. Mut und Ausdauer der Demonstranten, ihr friedlicher und fantasievoller Protest fanden Nachahmer im ganzen Land. Und für alle sichtbar geriet ein Mann ins Zentrum der Kritik, der bis dahin im westlichen Ausland als ein gemäßigter Islamist gegolten hatte und dessen Politik für die Unruheregion im Nahen Osten als Vorbild angesehen wurde: Recep Tayyip Erdogan, türkischer Ministerpräsident, Vorsitzender der mächtigen *Partei für Gerechtigkeit und Entwicklung (AKP)*, und seit 2014 Präsident des Landes.

Erdogan ist der Motor der Bauindustrie, der immer neue milliardenschwere Projekte anschiebt und dabei seiner sunnitischen Glaubensrichtung, etwa beim Bau von Moscheen, Vorteile verschafft. Im Herbst 2014 bezog Erdogan seinen feudalen Präsidentenpalast mit 1000 Zimmern, der widerrechtlich in einem Naturschutzgebiet errichtet worden war. Der Prunkbau unterstreicht die wachsende Entfremdung zwischen dem Staatschef und einem Teil der Bevölkerung.

Die Demonstranten des Gezi-Parks hatte der Premierminister wahlweise als Plünderer, Trunkenbolde und Terroristen beschimpft, ausländischen Medien falsche Berichterstattung vorgeworfen.

Die Schriftstellerin Ayse Kulin antwortete in einem Zeitungsaufsatz: *„Hinter dieser Erhebung stehen keine Verschwörer und keine geheimen Mächte. Dies ist nur die Stimme der Menschen dieses Landes, die genug haben von Unterdrückung und willkürlichen Entscheidungen."*

Gewaltsame Räumung

Die Machtprobe auf dem inzwischen weltberühmten Taksim-Platz dauerte bis Mitte Juli 2013. Morgens in aller Frühe ließ Erdogan seine Spezialkräfte aufmarschieren – ausgerüstet mit einem Arsenal von Plastikpatronen, Tränengasgranaten und Pfefferspray. Mit Brachialgewalt zerstörten sie zunächst die Zelte im Gezi-Park, dann räumten sie den Taksim-Platz. Mit Plastikgeschossen verfolgten die Sicherheitskräfte flüchtige Demonstranten, sogar bis in die Lobby eines angrenzenden Hotels, wo Tränengasgranaten einschlugen. Durch das massive Eingreifen der Polizei nahm der friedliche Protest ein gewaltsames Ende.

Das Imperium schlägt zurück – so lautete die Schlagzeile einer deutschen Tageszeitung. *„Unser Nationalparfüm ist das Pfefferspray"*, zitierte ein anderes Blatt eine Demonstrantin. Die Gewalt des Staates schlug tiefe Wunden: fünf Tote, fast 800 Verletzte.

Ein anderer Krieg veränderte 2014 die politische Tagesordnung der Türkei. Der Vormarsch radikaler Islamisten in Nordirak und Syrien stellte den Präsidenten des NATO-Mitglieds Türkei vor eine unlösbare Aufgabe: Erdogan hatte die sunnitischen Islamisten lange gewähren lassen. Den Kurden, die in der syrischen Grenzstadt Kobane sowie in Nordirak erbittert gegen eine Übermacht der *„Gotteskrieger"* kämpften, wollte er keine staatliche Eigenständigkeit zugestehen. Und zugleich verlangte er den Sturz des syrischen Präsidenten Baschar al-Assad. Aus dieser Gemengelage fand Erdogan keinen Ausweg.

Tahrirplatz Kairo | 2011

Arabischer Frühling

Am 17. Dezember 2010 griff der tunesische Gemüsehändler Mohamed Bouazizi zum äußersten Mittel des Protestes gegen Armut, Ausbeutung und Unterdrückung und zündete sich selbst an. Sein Freitod wirkte wie ein Fanal. Überall kam es zu Massenprotesten, nicht nur in Tunesien, sondern auch in einer ganzen Reihe von anderen Ländern des Nahen Ostens und Nordafrikas. Der Aufschrei nach Freiheit und einem Leben in Würde fegte mehrere Staatschefs hinweg und weckte Hoffnungen, die weit über die Region hinausgingen. *Arabellion* oder *Arabischer Frühling* – solche und ähnliche Begriffe markierten den Wandel, der sich vor der Weltöffentlichkeit vollzog. Eine Jugend, überwiegend gut ausgebildet, aber ohne jede Aussicht auf Beschäftigung, fasste zum ersten Mal Vertrauen in die eigene Zukunft und gab zugleich den Städten ein neues Gesicht. Graue Fassaden verwandelten sich über Nacht in farbenfrohe Leinwände. Sprayer und Straßenmaler verkündeten mit ihrer Kunst politische Parolen gegen korrupte Diktatoren und machthungrige Generäle.

Die Machthaber stürzten wie Dominosteine. In Tunesien musste Staatschef Ben Ali nach wochenlangen Straßenschlachten ins Exil gehen. In Ägypten verlor Hosni Mubarak nach 30-jähriger Herrschaft die Macht. In Libyen dauerte der Machtkampf von Februar bis Oktober 2011 und forderte über 30 000 Tote. Alleinherrscher Muammar al-Gaddafi gab erst auf, als die USA, Großbritannien und Frankreich seinen Truppen mit harten Luftschlägen zusetzten. Im Jemen zwangen Demonstranten nach langen Unruhen und Auseinandersetzungen Staatschef Ali Abdullah Salih zum Machtverzicht.

Ronny Edry
Israelischer Designer, rief die Facebook-Seite *Israel loves Iran* ins Leben, die sich gegen Hasspropaganda und Kriegshetze richtet. Unter ein Foto, das ihn zusammen mit seiner kleinen Tochter zeigt, schrieb er: „*Iraner, wir werden euer Land niemals bombardieren – wir lieben euch.*" Damit startete er ein Netzwerk mit Zehntausenden von Sympathisanten, auch aus Iran. Gleichzeitig wirbt die Seite für ein Friedensabkommen mit den Palästinensern.

Die Weltöffentlichkeit erreichen

Durch die schnelle Verbreitung von Informationen änderten sich die Dynamik und das Gesicht des Protestes. In Tunesien, Ausgangspunkt für die Revolten des *Arabischen Frühlings*, hatten junge Aktivisten die Demonstrationen mit ihren Smartphones aufgezeichnet und bei *Facebook* und anderen sozialen Netzwerken eingestellt. So umgingen sie die vom tunesischen

Politische Kommunikation über soziale Medien | 2011

Staat kontrollierten Medien. Die Videos wurden von Medien wie
Al Jazeera verbreitet und damit Teil der internationalen Berichterstattung. Dadurch sah sich der tunesische Präsident Ben Ali ge-
nötigt, sich in einer Fernsehansprache zu den Protesten zu äußern
und persönlich nach Sidi Bouzid zu reisen, wo die Proteste ihren
Anfang genommen hatten.

*„Social Media waren für uns über die Jahre unerlässlich, um uns zu
mobilisieren"*, sagt der ägyptische Blogger Basem Fathy. Die sozialen Netzwerke gaben den Demonstranten die Möglichkeit, ihre
Kundgebungen schnell zu organisieren, sich intern abzustimmen
und die Weltöffentlichkeit zu informieren.

Allerdings zeigt die Entwicklung dieser Länder, dass der Sturz
eines Alleinherrschers noch keineswegs die Garantie für mehr
Rechte und soziale Verbesserungen bedeutet. Der Weg zur Demokratie ist mit Rückschlägen verbunden. Arbeitslosigkeit, Streiks und
Wirtschaftskrise machen den Menschen zu schaffen.

Außerdem wurde deutlich, dass die Protestbewegung aus ganz
unterschiedlichen Strömungen bestand.

So schlug der mit vielen Hoffnungen begonnene *Arabische Früh-
ling* bald um, als islamistische Parteien und Gruppierungen an die
Macht drängten, um ihre religiösen Überzeugungen in Politik um-
zusetzen. Die meisten Demonstranten waren jedoch nicht auf die
Straße gegangen, um in einer Gesellschaft nach den Regeln des
Koran und der *Scharia*, der islamischen Gesetzeslehre, zu leben.

In Ägypten beendete das Militär die Regierung der *Moslemischen
Bruderschaft*, die durch Wahlen an die Macht gekommen war. Daraufhin setzte eine neue Welle gewalttätiger Unruhen ein.

Krieg gegen das eigene Volk

Wie in den anderen Ländern des Nahen und Mittleren Ostens standen auch in Syrien friedliche Proteste am Anfang der Auseinandersetzung. Im Frühjahr 2011 gingen in Damaskus und anderen Städten
Menschen auf die Straße und verlangten soziale und politische
Reformen. Die hohe Arbeitslosigkeit, eine rasante Inflation, Misswirtschaft und Missernten machten der Bevölkerung seit Jahren

zu schaffen. Der syrische Präsident Baschar al-Assad versuchte, der Protestbewegung den Wind aus den Segeln zu nehmen, indem er Änderungen am politischen System versprach und Tausende von politischen Gefangenen freiließ. Sogar eine Reform der Verfassung stellte er in Aussicht. Die regierende Baath-Partei verlor, zumindest auf dem Papier, ihre führende Stellung. Allerdings wurden gleichzeitig die Rechte des Präsidenten gestärkt.

Dieses Entgegenkommen reichte jedoch nicht, um die Opposition zufriedenzustellen und einen Dialog herbeizuführen. Einzelne Gruppen rüsteten zum bewaffneten Kampf, und aus dem friedlichen Protest entwickelte sich im Laufe des Jahres 2012 innerhalb weniger Monate ein Bürgerkrieg, in dem die Fronten zwischen religiösen und ethnischen Gruppen immer undurchschaubarer wurden, nicht zuletzt auch deshalb, weil von außen massiv in den bewaffneten Kampf eingegriffen wurde.

In Syrien leben Araber, Kurden, Turkmenen und Palästinenser. Schiiten, Alawiten und Sunniten bilden die drei muslimischen Glaubensrichtungen. Die Sunniten stellen mit etwa 70 Prozent die Mehrheit. Allerdings versteht sich das Regime der Baath-Partei als ein weltliches System mit traditionellen Verbindungen zu den Alawiten. Syrische Christen mit ihrer auf den Apostel Paulus zurückreichenden Geschichte kämpfen mit friedlichen Mitteln um ihre Existenz, spielen politisch keine bedeutende Rolle und drohen im Bürgerkrieg zerrieben zu werden.

Azaz (Syrien) nach der Bombardierung | 2013

AUNG SAN SUU KYI – MYANMARS UNBEUGSAME FREIHEITSKÄMPFERIN

1945	Geburt in Rangun (Britisch-Birma)
1967	Abschluss des Studiums der Philosophie, Politik und Wirtschaft in Oxford
1969–1971	UN-Sekretariat in New York
1988	Rückkehr nach Birma
1990	Hausarrest
1991	Friedensnobelpreis
2012	Oppositionsführerin im Parlament

Am Rednerpult im Foyer des Willy-Brandt-Hauses in Berlin steht an diesem Apriltag des Jahres 2014 Aung San Suu Kyi und redet den dort versammelten Deutschen ins Gewissen.

„Sie müssen ein sehr wachsames Auge auf das haben, was gerade passiert", sagt die 68-Jährige und meint ihr Land Myanmar, das sie wahlweise auch Birma nennt. Birma oder Burma, so lautet die frühere Bezeichnung für die ehemalige britische Kolonie in Südostasien.

Soeben hat Aung San Suu Kyi den *Internationalen Willy-Brandt-Preis* entgegen genommen – neben dem Friedensnobelpreis von 1991 und anderen Auszeichnungen eine weitere Würdigung ihres gewaltlosen Widerstandes gegen die seit 1962 andauernde Militärherrschaft in Myanmar. Erstmals seit langer Zeit steht die Freiheitskämpferin nicht mehr unter Hausarrest und darf sich endlich wieder frei bewegen.

Inzwischen haben die Generäle zwar ihre Uniformen ausgezogen, politische Gefangene freigelassen und das Land geöffnet, aber die Militärs halten die Macht noch immer in den Händen. Deshalb betont die Preisträgerin: *„Birma ist noch kein demokratisches Land, wir haben nur die Chance bekommen, ein demokratisches Land zu werden."*

Weiße Blüten im schwarzen Haar

Die zierliche Frau mit den weißen Blüten im schwarzen Haar spricht auf Englisch. Anders als ihre Vorredner braucht sie kein Manuskript. In ihrer Dankesrede schwingt vieles von dem mit, was mit ihrer Vergangenheit, Gegenwart und möglichen Zukunft zu tun hat. Und eines wird schon nach wenigen Sätzen deutlich: Diese Frau ist trotz jahrelanger Verfolgung ungebrochen und hat ein klares Ziel vor Augen. Auch wenn sie es nicht ausdrücklich ausspricht: Aung San Suu Kyi will Präsidentin ihres Landes werden und damit endlich das Erbe ihres 1947 ermordeten Vaters, des Generals Aung San, antreten.

Deutsche Waffen nach Birma

„Der späte Besuch der alten Dame" – so überschreibt eine große deutsche Tageszeitung ihren Bericht über die Deutschland-Reise der *Lady*, wie sie in ihrem Land genannt wird. Tatsächlich hatte Aung San Suu Kyi zunächst gezögert und vorher andere europäische Länder besucht, Großbritannien etwa und die Schweiz, bevor sie nach Deutschland reiste.

Der Grund lag vermutlich im Verhalten früherer Bundesregierungen, die zwar die Boykottmaßnahmen der Europäischen Union gegen das Militärregime in Birma mitgetragen hatten, aber gleichzeitig diplomatische Beziehungen aufrechterhielten. Zudem gelangten Waffen aus deutscher Produktion in die Hände der birmanischen Armee, die Hunderte von oppositionellen Demonstranten erschoss.

Andererseits bietet die jüngste deutsche Geschichte und die Friedliche Revolution von 1989 der Freiheitskämpferin aus Myanmar Anknüpfungspunkte.

Unweit von ihrem Rednerpult steht im Foyer der SPD-Zentrale die markante, fast lebensgroße Skulptur von Willy Brandt (1913–1992). Auch er ein Widerstandskämpfer und Träger des Friedensnobelpreises.

Rede in Berlin | 2014

Wie sie musste Brandt einen langen, steinigen Weg zurücklegen, bevor er als Bundeskanzler an die Spitze der Bundesrepublik treten konnte und mit seiner Entspannungspolitik die Grundlagen für die spätere Wiedervereinigung Deutschlands legte.

Das Vermächtnis des Vaters

Die Lebensgeschichte von Aung San Suu Kyi ist von Beginn an eng mit der tragischen Geschichte ihrer Heimat verwoben. Ihr Vater, General Aung San, wird noch heute als Nationalheld verehrt. An der Spitze der *Birmanischen Unabhängigkeits-Armee* hatte er das Joch der britischen Kolonialherrschaft abgeschüttelt und galt als Führer des Landes, bis er 1947 ermordet wurde.

Zwei Jahre zuvor war seine Tochter geboren worden, deren Leben nicht zuletzt durch das Vermächtnis des ermordeten Vaters bestimmt wurde. Ihre Mutter Ma Khin Kyi vertrat als erste Botschafterin den Staat Birma im Nachbarland Indien, wo die Tochter aufwuchs und ihren Highschool-Abschluss machte.

Von Neu-Delhi wechselte die junge Frau nach England, um an der Universität Oxford Philosophie, Politik und Wirtschaft zu studieren. Für einige Jahre arbeitete sie nach dem Bachelor-Examen im Sekretariat der Vereinten Nationen in New York. Nach Feierabend und an den Wochenenden betreute sie in einem Krankenhaus freiwillig Patienten.

1972 heiratete sie den britischen Wissenschaftler Michael Aris. Aris, der Vater ihrer zwei Söhne, lehrte an der Universität Oxford Asienkunde mit dem Schwerpunkt Tibet. In dieser Zeit begann Aung San Suu Kyi, sich in Aufsätzen und Büchern eingehend mit der Geschichte ihres Heimatlandes zu beschäftigen, vor allem mit der Rolle ihres Vaters in der Zeit des Unabhängigkeitskampfes.

Ein tiefer Einschnitt

Die Rückkehr nach Birma im Jahre 1988 wurde zu einer scharfen Zäsur. Eigentlich war sie gekommen, um ihrer kranken Mutter beizustehen. Doch plötzlich geriet Aung San Suu Kyi mitten in den

Strudel eines blutigen Aufstandes. Mit einem Schlag wurde ihr klar, dass sie nicht einfach nach England zurückkehren konnte. Ihr Platz war in Birma, und ihr selbstgestellter Auftrag lautete, dort mit jeder Faser für Freiheit und Demokratie einzutreten.

Aung San Suu Kyi hielt ihre erste öffentliche Rede im August 1988 in Rangun vor der berühmten Shwedagon-Pagode. Die vergoldete Pagode ist das religiöse Zentrum des Buddhismus, ein heiliger Ort und Quelle geistiger Erneuerung.

Die Ansprache richtete sich gegen die Militärdiktatur und gipfelte im Aufruf zu einer demokratischen Entwicklung in Birma. Ganz im Sinne des indischen Freiheitskämpfers Mahatma Gandhi (1869–1948) sprach sie sich für Gewaltfreiheit und zivilen Ungehorsam aus. Der Weg zur Demokratie führe über eine friedliche Revolution, betonte sie. Einen Monat später entstand die *Nationale Liga für Demokratie*, deren Vorsitz sie übernahm.

Gleichsam über Nacht stellte sich den Generälen eine Gegnerin in den Weg, mit der sie nicht gerechnet hatten: Ausgerechnet eine Frau, dazu mit einem Namen, der in Birma noch immer einen besonderen Klang besaß. Die Machthaber reagierten nervös. Je stärker die Proteste gegen das Militärregime wurden, desto härter schlugen sie zu. Es gab Tote und Verletzte. Der Aufstand endete blutig, und die Gefängnisse füllten sich mit Regimegegnern.

Das Gesicht der Freiheit

Doch je massiver der Druck von oben wurde, desto mehr Anhänger gewann die neue Partei. Mit Aung San Suu Kyi erhielt die Demokratiebewegung ein Gesicht, das Gesicht der Freiheit.

Um ihren Einfluss auf die Bevölkerung zu unterbinden, stellte das Regime die Politikerin 1989 erstmals unter Hausarrest. Studenten, die sich um Aung San Suu Kyi scharten, wurden verhaftet.

Ihre Anführerin trat daraufhin in den Hungerstreik und fastete so lange, bis die jungen Leute wieder auf freien Fuß kamen. Die Parlamentswahl im Jahr 1990 gewann die *Nationale Liga für Demokratie* mit klarer Mehrheit und – verlor sie gleichzeitig. Denn kaum lag das Ergebnis vor, wurde es vom Militär kassiert.

Hausarrest bedeutete, dass Aung San Suu Kyi zu einem stummen Protest verurteilt war. Für die birmanische Freiheitsbewegung und ihre Anführerin begannen lange Jahre der Verfolgung und Unterdrückung. In den Gefängnissen schmorten über 2000 politische Häftlinge. Dort waren Folter und Mord an der Tagesordnung.

Die Militärs trauten sich nicht, Aung San Suu Kyi umzubringen. Ihre Taktik, sie zu zermürben und seelisch zugrunde zu richten, ging allerdings nicht auf. Durch tägliches Meditieren, einen streng geregelten Tagesablauf und eiserne Disziplin hielt sie allen Anfeindungen stand und nahm überdies bittere persönliche Opfer, etwa die Trennung von ihrer Familie, auf sich.

Der Friedensnobelpreis

Inzwischen war die Weltöffentlichkeit auf die tapfere Freiheitskämpferin in Birma aufmerksam geworden, was einen zusätzlichen Schutz für sie bedeutete. 1991 erkannte das norwegische Nobelkomitee Aung San Suu Kyi den Friedensnobelpreis zu. Und liebend gern hätte das Militärregime sie zur Entgegennahme der hohen Auszeichnung nach Oslo reisen lassen, um ihr anschließend die Rückkehr nach Birma zu verweigern. Doch die Preisträgerin verzichtete auf ihre Teilnahme, sodass ihre beiden Söhne in ihrem Namen den Friedensnobelpreis in Empfang nahmen.

Eine weitere Entscheidung dürfte ihr noch schwerer gefallen sein und sie fast übermenschliche Kraft gekostet haben. Als Michael Aris in der zweiten Hälfte der 1990er Jahre an Krebs erkrankte, stand sie immer wieder vor der Frage, ob sie die Möglichkeit zur Ausreise doch wahrnehmen solle, um ihren vom Tode gezeichneten Mann noch einmal zu sehen.

Dies hätte mit hoher Wahrscheinlichkeit das Ende ihres politischen Kampfes bedeutet, denn ihr wäre sicher die Wiedereinreise nach Birma verweigert worden.

Friedensnobelpreis-Verleihung | 1991

Die Anführerin der demokratischen Opposition entschied gegen sich und ihre nächsten Angehörigen und blieb in Rangun. Ihr Mann starb im März 1999 in Oxford.

In den folgenden Jahren verschärfte das Regime seinen Kurs gegen die Politikerin. Haft und Hausarrest wechselten ständig. Einzelne Versuche, das von Sicherheitskräften umstellte Wohnhaus zu verlassen, endeten wiederum mit Festnahmen und Verhören.

Die Weltöffentlichkeit verfolgte ihr Schicksal mit wachsender Betroffenheit. Die irische Rockband *U2* widmete ihr das Lied *Walk on* aus dem Album *All that you can't leave behind*. Die Auszeichnungen häuften sich, darunter die Freiheitsmedaille, die höchste zivile Auszeichnung der USA, die ihr der amerikanische Präsident Bill Clinton verlieh. Doch das Militär ließ sich davon nicht beeindrucken.

Aufstand der Mönche

Im September 2007 versuchten Tausende von buddhistischen Mönchen zu ihrem Haus vorzudringen. Auf den massiven Andrang reagierten die Sicherheitskräfte zunächst hilflos. Sie sahen zu, wie die Frau das Gebäude verließ und sich erstmals seit vier Jahren wieder in der Öffentlichkeit zeigte.

Doch dann knüppelte die Polizei die Mönche nieder. Vermutlich um die Wogen des Protestes etwas zu glätten, ging das Militär anschließend einen Schritt auf die Freiheitskämpferin zu und machte ihr ein Gesprächsangebot, falls sie von ihrem *„Kurs der Konfrontation, Verwüstung und Sanktionen"* abrücke.

Nach einer Reihe von Kontakten zu den Militärs, die immerhin Änderungen an der Verfassung und eine Volksabstimmung in Aussicht stellten, schalteten die Machthaber 2009 wieder auf stur. Weil ein Amerikaner sich Zugang zu ihrem Haus verschafft hatte, wurde Aung San Suu Kyi der

Aufstand der Mönche in Myanmar | 2007

Win Tin

Ein Weggefährte

Der Journalist und Dichter Win Tin gehörte zu den engen Weggefährten von Aung San Suu Kyi. Mit ihr gründete er 1988 die *Nationale Liga für Demokratie*. Weil er das Regime kritisierte, wurde er zu einer langen Freiheitsstrafe verurteilt. Insgesamt 19 Jahre saß Win Tin im Gefängnis, davon die meiste Zeit in Einzelhaft. Nach seiner Freilassung lehnte er jede Annäherung an die Militärs ab und geriet damit auch in Konflikt zur Parteivorsitzenden. 2014 starb der unbeugsame Regimegegner im Alter von 84 Jahren.

Prozess gemacht. Das Urteil – drei Jahre Arbeitslager – wurde jedoch auf Befehl des Staatschefs umgewandelt in einen weiteren Hausarrest von 18 Monaten.

Nach dem Gerichtsverfahren, das die Willkürherrschaft über Birma vor aller Welt bloßstellte, begann erneut ein Tauziehen zwischen Militärregierung und Opposition. Es endete damit, dass Aung San Suu Kyi zur Parlamentswahl im November 2010 nicht zugelassen wurde.

Erst bei Nachwahlen im Frühjahr 2012 zog sie mit 33 Mitgliedern ihrer Partei in das Parlament ein. Vor der Vereidigung musste die Oppositionsführerin sich entscheiden, ob sie auf die Verfassung den Eid ablegen sollte. Denn diese verweigerte ihr eine Kandidatur für das Präsidentenamt und räumte dem Militär ein Viertel aller Sitze ein.

Generäle als Gesprächspartner

Sie zögerte und willigte schließlich ein. Sie wollte die Generäle, die sie im Interesse des Landes als Gesprächspartner akzeptiert hatte, nicht unnötig verprellen. Schließlich lag die Macht noch immer in den Gewehrläufen der Armee.

Die *Nationale Liga für Demokratie* hielt im Frühjahr 2013 zum ersten Mal in ihrer 25-jährigen Geschichte einen Parteitag ab und bestätigte Aung San Suu Kyi einstimmig im Amt der Vorsitzenden. Ihr zum Teil harter Führungsstil wird ihr von manchen Gegnern als autoritär vorgeworfen. Doch zu diesem Zeitpunkt hatte die *„Ikone der birmanischen Demokratie"* schon viel erreicht. Für viele ihrer Anhänger, die lange Jahre inhaftiert gewesen waren, hatten sich die Gefängnistore geöffnet.

Staatliche Zensur fand nicht mehr statt. Journalisten und Verleger testeten die neue Freiheit und stampften neue Blätter aus dem Boden. Nach einem halben Jahrhundert der Knechtschaft war der Hunger nach ungefilterter Information riesengroß.

Das Bild der Lady ist überall

„Das Bild der Lady ist überall", heißt es in einer Reportage aus Birma. Der eigentliche Durchbruch steht allerdings noch aus. Denn die ehemaligen Generäle, die neuen Machthaber in Zivil, haben die Fäden noch nicht aus der Hand gegeben. Ihre Zugeständnisse beruhen ohnehin nicht auf Nachgiebigkeit oder besseren Einsichten.

Sie hatten das einst fruchtbare Land heruntergewirtschaftet und suchten nach Auswegen aus der wirtschaftlichen Krise. Etwa 70 Prozent der Landbevölkerung lebt in Armut. Die meisten Jugendlichen haben keinen Job. Ethnische und religiöse Konflikte mit moslemischen Minderheiten sind ungelöst.

Garantin für Freiheit und Demokratie

Myanmar ist das letzte noch gänzlich unterentwickelte Land Südostasiens, ein Agrarstaat mit reichen Bodenschätzen: Öl, Erze, Edelsteine, Tropenhölzer und Reis. Nachbarstaaten wie die Volksrepublik China, Südkorea, Japan, aber auch die USA und Europa sind auf dem Sprung, um diese Schätze zu heben und einen wirtschaftlichen Tiger zu wecken. Genauer gesagt – es sind die internationalen Konzerne mit ihren Milliarden, die sich vor Ort an die Arbeit machen. Aung San Suu Kyi befürchtet, dass Myanmars Reichtum in die Taschen ausländischer Großaktionäre und früherer Militärs fließt – ähnlich wie in anderen Regionen der Welt. Sie ist Garantin für Freiheit und Demokratie, auch wenn sie gelegentlich zum Ärger ihrer Anhänger Kompromisse eingeht. Und bei aller Bewunderung, die sie weltweit erntet, bleibt sie ein Mensch mit Sorgen und Ängsten.

Im Willy-Brandt-Haus in Berlin sagt die Frau mit den weißen Blüten im Haar gewissermaßen wie zum Trost: *„Es ist nicht so, dass ich keine Angst habe. Ich habe nur gelernt, damit umzugehen."*

SEYRAN ATEŞ – AUFSTEHEN UND DIE STIMME ERHEBEN

1963	Geburt in Istanbul (Türkei)
1969	Ausreise nach Berlin
1984	Mordanschlag
1997	Rechtsanwältin
2007	Bundesverdienstkreuz am Bande
2014	Bundesverdienstkreuz 1. Klasse

Ihr Lieblingsrestaurant in Berlin ist ein „Italiener", der von einem Türken betrieben wird. Dort hat sie ihren Stammplatz, eine Sitzecke mit Sofa und Sesseln. In dieser Umgebung fühlte Seyran Ateş sich auch in der Zeit zwischen 2006 und 2012 sicher, als sie sich weitgehend aus der Öffentlichkeit zurückgezogen hatte und kaum noch auf die Straße wagte, weil die Hassmails und Morddrohungen überhandnahmen. Inzwischen kann sich die Anwältin und Frauenrechtlerin wieder ziemlich frei und ohne Polizeischutz in der Öffentlichkeit bewegen, obwohl sie weiter vorsichtig sein muss.

Gerade kommt sie aus einem Scheidungsprozess. Ihre Mandantinnen sind zumeist türkischstämmige Frauen, die sich aus dem Bannkreis gewalttätiger Ehemänner befreien wollen. Solche Verfahren sind für sie schon deswegen riskant, weil die Wut der geschiedenen Männer sich häufig gegen sie als den Rechtsbeistand der Frauen richtet.

Kurdenköter

Seyran Ateş, 1963 in Istanbul geboren, hat gelernt, mit der Gefahr zu leben – und mit der Erinnerung an den schrecklichen Mordanschlag vom September 1984, als die Kugel eines rechtsextremen Fanatikers ihre Halsschlagader zerfetzte und sie fast verblutet wäre.

„Es war ein Wunder, dass ich überlebt habe", sagt sie. *„Es ist ein Wunder, dass ich hier sitze und seit nunmehr über dreißig Jahren für meine Ziele eintreten kann."*

Im Oktober 2014 sind es nicht nur die Rechte unterdrückter Frauen, für die Ateş sich einsetzt. Ihre Gedanken gehen nach Kobane, jene syrische Kleinstadt an der Grenze zur Türkei, wo Kurden einen verzweifelten Kampf gegen die islamistische Terrorgruppe *Islamischer Staat (IS)* bzw. *ISIS* führen: *„Mir blutet das Herz. Meine Mutter ist Türkin, mein Vater Kurde. Schon als Kind habe ich erfahren, was es bedeutet, als Kurde in der Türkei aufzuwachsen. Wenn ich die Bilder aus Kobane sehe, kommen die Erinnerungen wieder hoch, die Erinnerung daran, wie mein Vater als ‚Kurdenköter' beschimpft wurde."*

Nach einer Talkshow im ZDF, in der Seyran Ateş wenige Tage zuvor zum Vormarsch der Islamisten und dem Abwehrkampf der Kurden in Nordirak und Syrien Stellung genommen hatte, habe sie eine E-Mail bekommen: *„‚Kein Millimeter Blut wird fließen für die Kurdenköter', stand da drin. Dieses Schimpfwort hat sich in meinem Gedächtnis festgesetzt. Zurzeit sehe ich häufig türkisches Fernsehen. Wenn ich Erdogan, den türkischen Präsidenten, reden höre, dann weiß ich, dass dieser unglaubliche Hass gegenüber den Kurden noch längst nicht überwunden ist. Erdogan verweigert den Kurden die notwendige Hilfe, die sie dringend brauchen. Damit macht er deutlich, dass er keinen kurdischen Staat will. Lieber akzeptiert er die Islamisten, weil sie Sunniten sind."*

Der Islam braucht eine sexuelle Revolution

Die Islamisten haben in der Region ein Kalifat ausgerufen, einen islamischen Staat nach mittelalterlichem Vorbild. Welche Folgen hätte das für die Bevölkerung?

Seyran Ateş: *„Islamischer Staat bedeutet keine Demokratie, keine Freiheit, keine Bildung für Frauen, keine Gerechtigkeit zwischen den Geschlechtern, keine Reform des Islam. Diese Reform ist dringender denn je. Deswegen habe ich das Buch* Der Islam braucht eine sexuelle Revolution *geschrieben. Es geht u. a. um die freie, selbstbestimmte Ausübung der Sexualität. Aber sexuelle Revolution bedeutet mehr. Es* *bedeutet Aufklärung und Säkularisierung. Der Islam muss diesen Weg gehen, den Europa und die USA längst gegangen sind. Das heißt, religiöse Vorschriften und religiöse Moralwächter haben vor allem in den Schlafzimmern nichts zu suchen."*

Den Islamisten wirft die Anwältin vor, sie wollten zurück ins Mittelalter und heute so leben, wie Mohammed einst gelebt habe. *„Gleichzeitig benutzen sie alle sozialen Medien, die der Westen geschaffen hat. Wir haben es mit einem Kampf unterschiedlicher Zivilisationen zu tun, mit einem Religionskrieg zwischen entwickelten Ländern und Fundamentalisten."*

Und warum schließen sich gerade junge Menschen, auch junge Deutsche, dieser rückwärts gerichteten Bewegung an? *„Man muss zwischen dem Fußvolk, das zum Teil als Kanonenfutter dient, und den Rädelsführern unterscheiden. Die jungen Leute finden keinen Platz in der globalisierten Welt, sehen kaum Chancen, eine Karriere zu machen, und halten Ausschau: Wer bietet mir eine Aufgabe, Geld und Abenteuer? Die Anführer der Islamisten verklären die Vergangenheit und schwören ihre Anhänger auf den einen Gott ein, der belohnt und straft."*

Alles, was die Dschihadisten vertreten, steht in einem krassen Gegensatz zu dem, was Ateş für unverzichtbar hält und wofür sie sich seit Jahrzehnten einsetzt, auch und immer wieder unter Lebensgefahr. Ihr 2009 erschienenes Buch mit der Forderung nach einer sexuellen Revolution widmete sie den Menschen, *„die sterben mussten, weil sie selbstbestimmt und frei leben und lieben wollten"*.

Die Türkin Hatun Sürücü gehört dazu. Die junge Frau wurde von ihrem eigenen Bruder erschossen, nachdem sie ihm ins Gesicht gesagt hatte, dass sie selbst darüber entscheide, mit wem sie ins Bett gehe.

Paradiesische Kindheit

Ateş eigener Widerstand gegen Bevormundung, Gängelung und Unfreiheit begann schon sehr früh. Das heißt, zunächst erlebte sie eine unbeschwerte Kindheit in Istanbul, wo die Eltern sich ohne Erlaubnis auf einem städtischen Grundstück ein eigenes Häuschen errichteten. Zahlreiche Verwandte und Zuwanderer aus Anatolien und anderen armen Gegenden der Türkei kamen auf die gleiche Weise zu einer Bleibe in der Metropole am Bosporus.

„Bis zu meinem fünften Lebensjahr hatte ich eine wunderbare, fast paradiesische Kindheit. Ich will nichts verklären. Es gab kein fließendes Wasser, keine Elektrizität, und die Eltern waren arm. Aber das war nicht so wichtig. Ein Kind braucht Platz, die Natur und zum Beispiel Sand zum Spielen. Pädagogisch wertvolles Spielzeug, vielleicht noch aus Holz – das kannte ich nicht. Anhand der Natur konnte ich die Welt vermessen. Es gab Bäume, Maulbeerbäume etwa, und als Kind lernte ich abzuschätzen, ob ich es schaffe, nach oben zu klettern."

Vor allem braucht ein Kind die Liebe seiner Eltern und der Erwachsenen überhaupt, und die gab es zunächst reichhaltig. *„Also, die Türken umarmen und küssen sich bei fast jeder Gelegenheit, und Kinder werden besonders häufig geküsst. Wir lebten ja in einer Großfamilie. Die Verwandten wohnten gleich nebenan. Und ständig wurden wir Kinder geküsst, und manchmal wurde es mir schon zu viel, besonders bei einer Tante ..."*

Generationstrauma

Als Seyran fünf Jahre alt war, änderte sich ihr Leben schlagartig. 1968 ging die Mutter als Gastarbeiterin nach Berlin. Für den Vater gab es noch keine Einreiseerlaubnis. Deshalb musste sie zunächst allein gehen. Nach sechs Monaten holte die Mutter den Vater nach. Für das kleine Mädchen brach die Welt zusammen. Die Trennung machte ihr noch lange zu schaffen.

„Meine Mama ist gegangen. Das war für mich ein Trauma, das ich später aufarbeiten musste – in meiner Therapie, die ich später wegen des Attentats begonnen habe. Ich gehöre ja zur Generation von traumatisierten Gastarbeiterkindern, die von heute auf morgen verlassen wurden. Die Eltern haben damals gewiss nicht darüber nachgedacht, was das für unsere Psyche bedeutete. Heute weiß ich, dass auch ihnen die Trennung nicht leicht gefallen ist. Meine Mutter nannte man ,die weinende Frau'. Sie hat es ohne die Kinder nicht ausgehalten und hat immer geweint."

Eingesperrt

Der nächste Schock wartete auf Seyran, als sie 1969 zu ihren Eltern zog: Eine Einzimmerwohnung im zweiten Stock eines Häuserblocks in Berlin-Wedding für die siebenköpfige Familie.

„Meine Kindheit war vorbei. Diese Enge war fürchterlich. Und ich durfte nicht nach draußen. Meine Eltern hatten Angst, dass mir in der fremden Welt etwas zustoßen könnte. Autos rasten vorbei. In Istanbul gab es keine Straße vor unserem Haus. Das Schlimme war, meine beiden älteren Brüder durften sich frei bewegen. Aber ich als Mädchen war eingesperrt. Dagegen habe ich mich aufgelehnt. Ich glaube, bereits damals fing ich an, Frauenrechtlerin zu werden."

Die deutsche Sprache lernte Seyran erstaunlich schnell, sodass sie schon bald für die Eltern Briefe übersetzen und sie bei Behördengängen begleiten konnte. Das Schulpensum schaffte sie insgesamt ohne große Anstrengung. *„Der Weg zur Schule war mein Weg in die Freiheit. Ich lief der Sonne entgegen und strahlte. Auf dem Rückweg herrschte Dunkelheit, und ich war traurig."* Seyran zählte zu den Klassenbesten und war in der 9. und 10. Klasse sogar Schulsprecherin. Eine Lehrerin nannte sie *„schlau, neugierig und rebellisch"*.

Doppelleben

Ihr Dilemma – sie bewegte sich ständig zwischen verschiedenen Welten, führte ein Doppelleben. Sie wollte nicht nur gute Noten bekommen, sondern sehnte sich nach Anerkennung bei ihren Mitschülerinnen. Für die meisten blieb sie jedoch die *„kleine Türkin"*, die nach der Schule gleich nach Hause musste, statt mit anderen Mädchen rumzuhängen.

Zuhause regte sie sich darüber auf, wie über Deutsche geredet wurde. *„In meiner Umgebung wurde immer wieder von den ‚Ungläubigen' gesprochen. Mädchen und Frauen, wenn sie sich freizügig gaben, wurden schnell als Huren abgestempelt. Wenn Verwandte deutschfeindliche Sprüche klopften, habe ich widersprochen. Die Deutschen, die Türken – man kann nicht alle über einen Kamm scheren."*

Sie selbst war als Türkin nicht sofort erkennbar und hätte auch als Spanierin oder Südamerikanerin durchgehen können. *„Es kam* vor, dass junge türkische Männer versuchten, mich anzumachen. Gut, ich war eine junge hübsche Frau. Und wenn ich sie dann auf Türkisch abwies, waren sie ganz überrascht und sagten: ‚Oh, Schwester, wir wussten nicht, dass du eine Türkin bist.' Einmal verfolgte mich einer mit seinem Moped auf dem Weg zur Schule. Als es mir zu viel wurde, habe ich mich umgedreht und ihm auf Türkisch die wildesten Schimpfwörter an den Kopf geworfen. Da hat er sich schnell davongemacht."

Ich war die Vorkämpferin

In der elterlichen Wohnung sollte Seyran den Vater und den ältesten Bruder bedienen. Gab sie Widerworte, setzte es Schläge von den Eltern und auch vom ältesten Bruder. Als sie bereits mit neun Jahren ihre Periode hatte und sich ratsuchend an die Mutter wandte, weil sie nicht wusste, was mit ihr geschah, bekam sie eine Ohrfeige und den Hinweis, wo fortan die Binden zu finden seien. Der Schwimmunterricht wurde zur Tortur, weil sie nicht wusste, wie sie sich verhalten sollte. Auf Klassenfahrt durfte sie nicht gehen.

„Mein ältester Bruder wusste ja, was auf Klassenfahrten passiert. Er selbst war ein Frauenheld, machte ständig Mädchen an. Ich durfte an der Klassenfahrt nicht teilnehmen. Er hat es verboten. Aber meine fünf Jahre jüngere Schwester fuhr mit. Sie und ihr Klassenlehrer haben sich durchgesetzt. Sie durfte anziehen, was ihr gefiel. Ich nicht. Ich war die Vorkämpferin."

Der Entschluss, Eltern und Geschwister zu verlassen, um auf eigenen Beinen zu stehen, reifte mit jedem Konflikt. „Ich wollte ein freies, selbstbestimmtes Leben führen. Ich wollte selbst entscheiden, wann und wohin ich gehe, mit wem ich mir im Kino einen Film ansehe. Ich war 17. Zu meinem Freund konnte ich nicht. Der hätte Ärger bekommen, weil ich noch nicht volljährig war. Darum bin ich beim Kinder- und Jugenddienst untergekommen."

Türkische Familie in den 1960er Jahren

Endgültige Trennung

Der Vater machte sie ausfindig und überredete die Tochter zurückzukommen. Einige Wochen hielt sie es aus, dann trennte sie sich erneut von ihrer Familie, dieses Mal endgültig. Bis zu ihrem 18. Geburtstag versteckte sie sich bei einer Lehrerin, der sie sich anvertraut hatte und die später eine ihrer besten Freundinnen wurde. Dann zog Seyran Ateş in eine Wohngemeinschaft mit zwei Frauen, bald darauf zu ihrem Freund und später mit ihm in eine andere WG.

Aus diesem Schritt bezog die junge Frau neue Energie. *„In meinem Versteck und auch danach hatte ich große Angst. Der Film* Angst essen Seele auf *von Rainer Werner Fassbinder passte genau zu meinem Lebensgefühl. Aber ich wollte nicht, dass meine Seele aufgegessen wird, dass die Angst mich lähmt, und deshalb musste ich sie überwinden. Und es ging. Der Mut, der dazu gehört, half mir weiter."*

Trotz der vorausgegangenen Turbulenzen bestand Seyran Ateş ihr Abitur ohne große Mühe. Wegen ihrer Wissbegierde und Hartnäckigkeit meinte eine Lehrerin, sie habe das Zeug zu einer guten Journalistin. Doch die junge Frau hatte sich in den Kopf gesetzt, Rechtsanwältin zu werden. Sie wollte etwas ausfechten, und zwar in erster Linie für junge Frauen mit türkischen oder kurdischen Wurzeln, deren Probleme ihr nur allzu vertraut waren.

Mordanschlag und Nahtoderfahrung

Um ihr Jura-Studium zu finanzieren, arbeitete die 21-Jährige im Herbst 1984 im *Treff- und Informationsort* in Berlin-Kreuzberg. In Fällen häuslicher Gewalt konnten Migrantinnen sich dort Rat und Unterstützung holen. Während des Gesprächs mit einer Frau betrat ein Mann den Frauenladen, zog eine Pistole, erschoss die Besucherin und verletzte Ateş lebensgefährlich.

„Es war ein politischer Anschlag gegen die Einrichtung in Kreuzberg und damit gegen die Rechte von Frauen aus der Türkei. Die Botschaft: Frauen sollen nicht selbstständig handeln, sollen kein selbstbestimmtes freies Leben führen. Das Patriarchat stellt sich gegen die Gleichberechtigung. Ein türkischer Nationalist, Mitglied der Grauen Wölfe, *hat dieses Attentat verübt. Davon bin ich heute noch überzeugt.*

Die Polizei wollte jedoch nicht in diese Richtung ermitteln. Das Andere ist die Nahtoderfahrung. Das war ein ganz persönliches Erleben. Ich schwebte zwischen Leben und Tod, und es war, als ob ich mit einer höheren Macht, mit Gott spreche: ‚Will ich weiterleben? Gibt es einen Plan für mich?' Ich bin ein spiritueller Mensch und gleichzeitig sehr bodenständig. Dieses Nahtoderlebnis hat mir noch einmal bestätigt, dass ich keine Angst haben muss, dass ich aufstehen, meine Stimme erheben und weiter für die Rechte von Unterdrückten und die Menschenrechte kämpfen kann."

Das zweite große Trauma

Vier Jahre brauchte Ateş, um sich von den schweren körperlichen Verletzungen zu erholen. Die Kugel hatte die Arterie durchtrennt und steckte in der oberen Halswirbelsäule. Der linke Arm war gelähmt. Die Gefahr einer vollständigen Lähmung war akut.

„Es ist ein Wunder, dass ich überlebt habe. Allerdings musste ich mir dieses zweite Leben auch hart verdienen. Dank ständiger Gymnastik kann ich sogar den linken Arm wieder sehr gut bewegen. Das Ausheilen der seelischen Schäden hat dann noch einmal gedauert. 1988 meldete sich meine Seele zu Wort. Ich musste ein zweites großes Trauma überwinden, und zwar, dass man mir das Leben nehmen will. Das erste Trauma hatte ich als Kind erlebt, als meine Mutter mich verließ. Der Psychotherapeut, der mich behandelte, meinte, ohne das kindliche Trauma wäre es für mich viel leichter gewesen, das Attentat zu bearbeiten. So hat es zwei Jahre länger gedauert."

Der Prozess gegen den Attentäter entwickelte sich zu einer neuen seelischen Belastung. Obwohl Ateş ebenso wie andere Zeugen den mutmaßlichen Täter eindeutig wiedererkannten und eine ganze Reihe von Indizien auf ihn hinwiesen, wurde der Angeklagte freigesprochen, weil die Polizei bei ihren Ermittlungen mit dem Beweismaterial schlampig umgegangen war.

„Im Zweifel für den Angeklagten" – dieser Satz aus dem Mund des Richters hatte für Seyran Ateş fortan einen sehr bitteren Beigeschmack, auch wenn sie dieses rechtsstaatliche Prinzip natürlich nicht infrage stellt.

Es ist nicht die Religion, die Attentate verübt. Es sind Menschen, die das tun, Männer, die sich anmaßen, im Namen der Religion einen Krieg zu führen, und Frauen unterdrücken und töten.

SEYRAN ATEŞ

Der Mordanschlag selbst bedeutete einen schweren Rückschlag für alle Pläne und Ziele, die sie sich gesetzt hatte. An eine Fortsetzung des Jurastudiums war zunächst nicht zu denken. Erst nach einer längeren Unterbrechung ging sie wieder zur Freien Universität und bestand die beiden Staatsexamen, um schließlich am Hackeschen Markt eine eigene Anwaltskanzlei zu eröffnen. Aber damit waren ihre Probleme und Schwierigkeiten noch längst nicht überwunden. Lange musste sie in ihrem Beruf um Respekt und Anerkennung kämpfen.

Als Jura-Studentin hatte sie zuvor ihre politischen Aktivitäten wieder aufgenommen. Ateş beteiligte sich an Demonstrationen, Boykottaktionen und wirkte in der Hausbesetzer-Szene mit. Als Anwältin erlebte Ateş Frauen- und Ausländerfeindlichkeit auf eine neue Weise. Manche Richter, Staatsanwälte und Anwaltskollegen taten sich offenkundig schwer, sie als ebenbürtig anzusehen. Schriftsätze wurden immer wieder an „Herrn Ateş" gerichtet, obwohl der Briefkopf sie eindeutig als Frau auswies.

Dass Seyran Ateş sich im deutschen Recht bestens auskannte und vor Gericht überzeugend argumentierte, löste Erstaunen aus. Einer Frau, dazu noch aus der Türkei stammend, traute man das offenbar nicht zu. Nicht nur einmal wurde sie gefragt, wie sie mit dem deutschen Recht zurechtkäme. Schließlich stamme sie aus der Türkei, wo bekanntlich ein anderes Rechtssystem herrsche.

Unkenntnis, Überheblichkeit und Vorurteile sind ihr allerdings schon von Kind an vertraut. *„Im Wedding gab es Nachbarn, die riefen: ‚Ihr Scheißtürkenkinder! Geht zurück in eure Heimat!' Wir spürten: Diese Leute wollten uns nicht. Meine Eltern mussten viel Geld bezahlen, um ein zusätzliches Zimmer zu mieten, damit wir etwas mehr Platz hatten. Heute bin ich natürlich keine Ausländerin mehr. Ich bin Deutsche. Aber diese Tatsache schützt mich nicht vor Ausländerhass. Auch wenn man mich als eine integrierte, erfolgreiche Migrantin betrachtet, gibt es Deutsche, die sagen: ‚Auch jemanden wie dich wollen wir hier nicht haben.'"*

Allerdings betont Ateş gleichzeitig, dass viele Deutsche ihrer Familie und ihr geholfen hätten. Somit habe sie Deutschland viel zu verdanken. *„Die positiven Erfahrungen überwiegen. Sonst würde ich nicht mehr in Deutschland leben."*

Wilde Drohungen

Im Frühsommer 2006 passierte, wovor Seyran Ateş sich seit dem Attentat von 1984 stets gefürchtet hatte. Nach einem Scheidungstermin griff der Ex-Ehemann sie und ihre Mandantin auf offener Straße an. Er schlug auf die Frau ein und drohte auch Ateş mit Schlägen. Passanten schauten zu. In dieser Zeit häuften sich die Beleidigungen und Drohungen. Einzelne türkische Zeitungen heizten die Stimmung zusätzlich an.

Seyran Ateş sah schließlich keinen anderen Ausweg, als ihre Anwaltszulassung zurückzugeben und öffentliche Auftritte zu meiden. Wenn sie sich überhaupt noch zu Wort meldete, dann nur noch unter Polizeischutz.

Obwohl sie sich 2009 ganz zurückgezogen hatte und sich öffentlich gar nicht mehr äußerte, erhielt sie 2011 vor einem umstrittenen Deutschland-Besuch des damaligen Ministerpräsidenten Erdogan eine Nachricht mit folgendem Inhalt: *„Wenn du nicht den Mund hältst und nicht aufhörst, den Islam und die Türkei schlecht zu machen, schneiden wir dir die Zunge ab!"*

Verdienstkreuz für Ateş | 2014

Ob sie es wollte oder nicht – Seyran Ateş war eine öffentliche Person geworden. Neben den Versuchen, sie einzuschüchtern und zu bedrohen, fand sie für ihren Mut und ihre Unerschrockenheit wachsende Anerkennung. Mehr als ein Dutzend Auszeichnungen und Preise durfte sie entgegennehmen. Und sie schaffte es, auch dieses Mal ihre Angst zu überwinden und in Energie umzuwandeln.

Ateş nahm ihre Anwaltstätigkeit wieder auf, veröffentlichte weitere Bücher, ging auf Lesereisen und hielt Vorträge über Bildungs- und Integrationspolitik.

Tarzan-Deutsch reicht nicht

Die Rechte der Frauen stärken – das bleibt ihr Hauptanliegen. Zugleich möchte sie Vorurteile und Feindschaften abbauen, damit Integration, das heißt ein friedliches Zusammenleben von Deutschen und *„Deutschländern"*, wie sie die Migranten nennt, endlich gelingt.

Dafür sei die Sprache von entscheidender Bedeutung, sagt die Anwältin. Mit *„Tarzan-Deutsch"* nach dem Motto *„Du machen Arbeit, du bekommen Geld"* dürfe niemand mehr abgespeist werden.

„Wenn die sprachlichen Voraussetzungen gegeben sind, beginnt die Bildung. Dazu gehört auch die Kenntnis über die jeweils andere Seite. Wir müssen ehrlich miteinander umgehen und zugeben, dass es Vorbehalte, Empfindlichkeiten, Kränkungen und Feindseligkeiten auf beiden Seiten gibt."

Große Reise ins Feuer

Große Reise ins Feuer. Die Geschichte einer deutschen Türkin – unter diesem Titel erschien 2003 ihre Biografie. Ihre Reise dauert an.

Seyran Ateş denkt daran, den Anwaltsberuf in Zukunft endgültig aufzugeben und andere berufliche Wege zu gehen. Für ein Semester hat sie einen Lehrauftrag an einer Fachhochschule übernommen.

An Wissen und Erfahrungen mangelt es ihr gewiss nicht. Außerdem braucht sie mehr Zeit für ihre Tochter. Und manches hat sie bereits erreicht; zum Beispiel, dass über Zwangsehen, häusliche Gewalt und sogenannte Ehrenmorde offen diskutiert wird.

Das Kopftuch ist für mich Ausdruck der Unterdrückung und Unterwerfung der Frau. Solange das Kopftuch-Tragen vom Mann bestimmt wird, stehe ich an der Seite der Frauen, die das Kopftuch oder den Tschador ablegen wollen.

SEYRAN ATEŞ

Die Deutschen hätten teilweise verstanden, dass ihr Land ein Einwanderungsland wird, sagt sie, und dass man diese Einwanderung nicht verhindern könne, sondern im eigenen Interesse gestalten müsse. Die Aussöhnung mit ihrer Familie zählt Ateş ebenfalls zu ihren Erfolgen. Dabei hätten gerade auch ihre Eltern einen langen Weg zurückgelegt. Ihre Mutter lernte mit 50 Jahren noch Lesen und Schreiben.

Offene Moschee

Und dann sind da noch Projekte, die sie gern in Angriff nehmen möchte, auch wenn sie noch utopisch klingen. Etwa die Gründung einer freien, offenen, fortschrittlichen Moschee als Ort, wo Frauen und Männer gemeinsam beten und ein friedlicher Dialog möglich ist. Die Feindschaft zwischen Schiiten, Sunniten und Aleviten sei verhängnisvoll. Sie dürften den Fundamentalisten nicht die Deutungshoheit über den Islam überlassen.

Die Frage, ob der Islam einen Martin Luther brauche, der mit dem Ballast der Vergangenheit aufräume, und ob dieser islamische Luther auch eine Frau sein könne, vielleicht sogar sie selber, überrascht Seyran Ateş nicht.

Sie lächelt nur und sagt: *„Der Islam, also meine Religion, braucht viele Luther – ob männlich oder weiblich – das ist egal, damit unter anderem Kinderehen, Zwangsehen, familiäre Gewalt, der Jungfräulichkeitswahn, also dass die Frau bei der Eheschließung noch Jungfrau sein muss, dass dieses und manches mehr endlich überwunden wird."*

PARASTOU FOROUHAR – DIE KUNST DES WIDERSTANDES

1962	Geburt in Teheran
1984–1990	Kunststudium an der Universität Teheran
1992	Aufbaustudium an der Hochschule für Gestaltung in Offenbach
2005	Stipendium an der Villa Massimo, Rom

Einmal im Jahr begibt Parastou Forouhar sich bewusst in Gefahr, vielleicht sogar in Lebensgefahr. Am Todestag ihrer Eltern, die die Herrschaft der Ajatollahs abgelehnt hatten und am 21. November 1998 vom Geheimdienst bestialisch ermordet wurden, reist die in Offenbach lebende iranische Künstlerin alljährlich zum Gedenken nach Teheran.

Anfangs nahmen Tausende von Menschen an den jährlichen Gedenkfeiern für Dariush und Parvaneh Forouhar teil. Von Jahr zu Jahr verschärfte die iranische Regierung jedoch den Druck: Trauergäste wurden von Milizen verfolgt, mit Eisenstangen zusammengeschlagen und festgenommen, bis die Treffen schließlich ganz verboten wurden. Und Parastou Forouhar erhielt eine unmissverständliche Warnung: *„Ein tödlicher Überfall auf Ihre in Deutschland lebenden Söhne würde nur 500 Euro kosten"*, wurde ihr mitgeteilt.

Mehrfach wurde ihr der Reisepass entzogen, sodass sie für Wochen in Teheran ausharren musste. Ihren damals noch minderjährigen Söhnen in Deutschland konnte sie den wahren Grund für die verzögerte Rückkehr nicht verraten, um sie nicht zu beunruhigen. Erst nach vielen Gängen zu den Behörden in Teheran erhielt sie das Ausreisedokument zurück. Die staatlichen Schikanen hinderten sie jedoch nicht daran, im folgenden Jahr wieder in die iranische Hauptstadt zu reisen.

Widerstand durch Kunst

Das ist die eine Seite ihres Widerstandes gegen das Regime, das ihre Eltern ermorden ließ; die andere betrifft ihre künstlerische Arbeit. Sie zeichnet, verwendet harmlose Motive aus den Ornamenten und Mustern persischer Teppiche und Tapeten und verbindet sie mit grausamen Details.

Installationen mit bunten Luftballons oder ein schöner Schmetterling verwandeln sich bei näherem Hinsehen in Folterszenen. Für den Betrachter ist es der *„Moment, wo die Schönheit bricht und sich in Grausamkeit verwandelt"*, wie Forouhar einmal sagte. Ihre Kunst ist vielschichtig, anziehend und gleichzeitig verstörend. Die Iranerin, die in Teheran Kunst studierte, lebt seit 1991 in der Bundesrepublik. Ihre Werke wurden schon in vielen Städten, so in Berlin, London und New York, ausgestellt.

Neben ihrer künstlerischen Tätigkeit setzte sie alles daran, den Mord an ihren Eltern endlich aufzuklären, und stieß dabei in ihrem Heimatland auf ein Justizsystem, das auf ihre Anträge ausweichend und ablehnend reagierte. Schließlich kam es doch noch zum Prozess gegen die mutmaßlichen Täter.

Im Verfahren wurde Parastou Forouhar gefragt, ob sie für die Angeklagten die Todesstrafe verlange. Ihre Aussage hatte nach iranischem Recht für das Gericht ein besonderes Gewicht.

Sie antwortete: *„Unsere Motivation, die Ermittlungen voranzutreiben, entspringt keinem Rachegefühl, das den Tod der Handlanger des Verbrechens fordert. Wir hatten nach der Aufklärung von Verbrechen an politisch Andersdenkenden und einem rechtsstaatlichen Prozess verlangt."*

Parastou Forouhar ging es um die Hintermänner, hohe Beamte, die, wie sie sagt, die den Mord an ihren Eltern in Auftrag gegeben hätten. Doch deren Namen wurden nie bekannt. Das Gericht wertete ihre Ablehnung der Todesstrafe als „Vergebung", und die Angeklagten kamen mit einer zehnjährigen Haftstrafe davon.

Trotz solcher Erfahrungen wird die Künstlerin weiterhin alljährlich im November nach Teheran reisen, um auf diese Weise an ihre ermordeten Eltern zu erinnern. Im Interview mit Kira Vinke erklärt sie, warum.

IM GESPRÄCH MIT PARASTOU FOROUHAR

Frau Forouhar, in Kürze reisen Sie wieder nach Iran, zum Todestag Ihrer Eltern. Warum fliegen Sie trotz der Repressalien immer wieder hin?
PF – Der Iran ist das Land, an dem ich hänge. Seine Kultur ist ein Teil meiner Biografie, sie hat mich geformt. Dazu kommt die Erinnerung an meine Eltern und an alles, was mir lieb ist. Das möchte ich nicht wegen eines diktatorischen Regimes aufgeben. Ich möchte auf dem Recht auf mein Heimatland bestehen.

Lohnt sich der Protest?
PF – Ja, es lohnt sich auch. Denn der Protest gibt einem die eigene Menschlichkeit zurück. Man erobert sich ein Stück Freiheit von der Seite zurück, die einem das verweigern will. Indem ich auf meinem Recht zu protestieren beharre, beweise ich mich als freier Mensch.

Was bedeutet Freiheit für Sie?
PF – Freiheit ist für mich eine selbstbestimmte Art zu leben. Dass mir nicht eine Machtstruktur vorschreibt, was ich denken, sagen und anziehen soll und wie ich mich zu verhalten habe in der Gesellschaft, sondern dass ich selbst entscheide, dass ich souverän auftreten kann.

Was hat Sie zur Kunst geführt? Warum haben Sie Kunst studiert?
PF – Eigentlich kam ich zur Kunst, nachdem die Illusion über die Revolution in Iran des Jahres 1979 für mich geplatzt war. Es folgte eine Phase der Repression in meinem Land, in der viele verhaftet wurden. Die großen Ideale, die man mit der Revolution verbunden hatte – und die auch ich als ein junger Mensch von damals 16 Jahren mitgetragen habe – wurden zerstört. Die Hoffnungen auf eine demokratische Gesellschaft und den Aufbau gerechter und sozialer Strukturen wurden durch die Herrschaft der Islamisten zunichte gemacht. Bei vielen gab es dann eine Phase des inneren Rückzugs, auch bei mir, in der man sich neu besinnen wollte. Dabei habe ich die Kunst als ein Terrain entdeckt, in dem ich mich mit Fragestellungen auf eine andere Art und Weise als mit politischem Aktivismus auseinandersetzen konnte.

Hat sich Ihre Kunst durch die Ereignisse in Ihrem Leben verändert? Welche Rolle hat in diesem Zusammenhang die Ermordung Ihrer Eltern gespielt?

PF – Die Ermordung meiner Eltern hat mich sehr verändert. Das ist eine Zäsur in meinem Leben. Meine existenziellen Fragestellungen haben sich auf das politische Feld verlagert, und die Auseinandersetzung mit solchen Themen zeigt sich auch immer mehr in meiner Kunst.

Sie haben versucht, Ihren Weg des Widerstandes innerhalb des Systems zu gehen. Sie haben Anzeige erstattet und versucht, den Mord an Ihren Eltern durch die iranische Justiz aufklären zu lassen.

PF – Wenn man einen juristischen Weg geht wie in meinem Fall, kann man die Schwächen, die Widersprüche, manchmal auch die Heuchelei oder die Korruption innerhalb des Systems offenlegen und zugleich auf den eigenen Rechten und dem Recht auf Aufklärung beharren. Dabei tun sich immer wieder kleine Türen der Hoffnung auf, die man nutzen kann, um einen Schritt weiterzugehen.

Viele erhoffen sich Veränderungen durch Präsident Hassan Rohani, der seit 2013 regiert. Was erwarten Sie?

PF – Ich möchte nicht sagen, dass man keine Hoffnung haben soll. Aber meine Hoffnung zielt auf die Zivilgesellschaft in Iran. Wenn ich merke, dass in der Regierung mehr geredet wird als dass Taten folgen, und dass die westlichen Medien sich mit Versprechungen zufriedengeben und nicht hinschauen, ob diese realisiert werden, dann werde ich skeptisch. Meine Stimme soll den kritischen Part übernehmen und dazu auffordern, sich nicht auf schönen Worten auszuruhen.

Wie ist die Situation der Frauen in Iran? Bleiben die Frauen auf sich gestellt oder gibt es Unterstützung?

PF – Fundamentalisten, die die öffentliche Präsenz der Frauen einfach nicht dulden wollen, schleudern Säure in die Gesichter von Frauen. Dagegen gibt es große Proteste in Iran von Frauen und Männern. Das zeigt: Die Gesellschaft reagiert mit Entsetzen auf derartige Übergriffe. Leider haben die Machthaber in Iran solche Attacken nicht eindeutig verurteilt. Die Demonstrationen wurden mancherorts von Sicherheitskräften sogar gewaltsam aufgelöst.

Haben die Proteste von 2009, die niedergeschlagen wurden, etwas bewirkt?

PF – Hoffnung auf Veränderung gibt es. Denn diese Gesellschaft steckt voller Potenziale. Nach meinen Beobachtungen befinden wir uns noch in einer Zeit des Rückzugs, weil die Niederlage der Bewegung von 2009 tief im Bewusstsein der Gesellschaft sitzt. Viele Menschen mussten das Land verlassen. Es gab Verhaftungswellen. Leute wurden von der Uni geworfen. Aber eine Protestbewegung wie die gegen Säureattacken zeigt, dass die Gesellschaft immer wieder bereit ist, sich auch kritisch zu äußern. Auch kleine Schritte sollten in den westlichen Medien Aufmerksamkeit finden.

In Ihrem Buch „Das Land, in dem meine Eltern umgebracht wurden" beschreiben Sie eine Szene, in der Ihre deutschen Nachbarn um ihre Sicherheit fürchten, weil das Magazin „Der Spiegel" eine Reportage über Sie gebracht hatte. Sie haben dem Druck der Nachbarn nachgegeben und sind dort ausgezogen. Was sagt das über die deutsche Gesellschaft aus?

PF – Das ist leider ein dunkler Punkt. Es zeigt, wie selbstbezogen manchmal die Dinge betrachtet und nicht in einen großen menschlichen Zusammenhang gestellt werden. Wenn man nur sich selbst im Blick hat, wird man kurzsichtig. Leute bauen sich eine kleine Scheinwelt auf und denken, so funktioniert es. Aber es funktioniert nicht so. Wenn man den Anspruch hat, menschlich zu handeln, muss man dies auch trotz Angst und Skepsis tun.

Der Untertitel Ihres Buches lautet „Eine Liebeserklärung an den Iran". Was lieben Sie am Iran?

PF – Ich liebe die Kultur und meine Erinnerungen. Ich liebe zum Beispiel, wie die Menschen in Iran trotz aller Schwierigkeiten versuchen, ihre Menschlichkeit zu bewahren. Und ich liebe und bewundere das ständige Bemühen um ein selbstbestimmtes Leben, obwohl die Diktatur dem immer wieder gewaltsam entgegentritt. Die Beziehung, die ich zu diesem Land habe, ist wie der Titel meines Buches: auf der einen Seite der Mord an meinen Eltern und auf der anderen Seite die Liebeserklärung. Es ist eine zerrissene Beziehung, weil beide Seiten existieren – auf der einen Seite die Diktatur und auf der anderen die freiheitsliebenden Menschen in Iran. Ich versuche, mit dieser Zerrissenheit so umzugehen, dass ich mit meiner Kunst und meiner Kritik immer wieder Stellung beziehen kann.

„22. November" aus der Serie Papillon Collection (2009).
Forouhars ermordete Mutter hieß Parvaneh – „Schmetterling".

Auf den ersten Blick sieht man das schöne Muster und
denkt, ah, ich hab's verstanden. Und dann geht man näher
und merkt, nein, das ist ganz anders. Diesen zweiten
Blick herauszufordern, das ist für mich spannend.

PARASTOU FOROUHAR

3

AUSBRUCH AUS DEM TEUFELSKREIS DER ARMUT

MENSCHEN AUF DER SCHATTENSEITE DES LEBENS

Armut ist wie eine Peitsche, die Menschen dazu treibt, Dinge zu tun, die sie unter anderen Umständen nie tun würden. Armut treibt Mädchen, junge Frauen und Männer in die Prostitution. Manchmal sind es noch Kinder, die von ihren Eltern verkauft wurden oder für wenig Geld in Bordellen arbeiten müssen, um ihre Angehörigen zu ernähren.

Die Ursachen dafür, dass Menschen in Armut leben, sind vielfältig. In ganz seltenen Fällen ist ihre Not selbst verschuldet. Ausbeutung, Unterdrückung, Krieg, Vertreibung oder Naturkatastrophen bringen Not und Elend mit sich. Hunger, Krankheiten, verseuchte Gewässer, Zerstörung der Umwelt, Flüchtlingsströme, Kriminalität und Menschenhandel – das ist der Teufelskreis der Armut.

Armut gibt es überall. In Südamerika sind Metropolen wie Mexiko City in Mexiko, Rio de Janeiro in Brasilien oder Mumbai in Indien von riesigen Slumgebieten durchzogen. Auch in hochentwickelten Industrienationen wie den USA und Deutschland gibt es Armut: Ein beachtlicher Teil der Menschheit kennt nur die Schattenseiten des Lebens. Wer sich mit den Ursachen und Folgen von Armut beschäftigt, stößt unweigerlich auf Widersprüche: Die Kluft zwischen Armen und Reichen wird immer größer.

Trinkwasser wird am Dorfbrunnen geholt. |
Bangladesh 2014

Die Reichen werden noch reicher

Diejenigen, die Häuser, Grundstücke, Firmen oder Aktien ihr Eigen nennen, sitzen fast immer am längeren Hebel, um ihre Besitztümer zu verteidigen und sich abzuschirmen. Die reichsten 85 Menschen der Welt besitzen zusammen so viel wie die ärmere Hälfte der Menschheit, das sind 3,5 Milliarden Menschen. Das reichste 1 Prozent der Menschen wird bis 2016 mehr besitzen als die restlichen 99 Prozent.

Und obwohl es große Fortschritte im Bereich von Medizin und Technik gibt, nimmt die Armut auf der Erde weiter zu. Das gilt zum Beispiel für ein Land wie die Philippinen in Südostasien, das mit natürlichen Reichtümern ausgestattet ist und dennoch arm bleibt.

Die Philippinen – Armes reiches Land

Eigentlich stehen auf den Philippinen die Chancen für eine erfolgreiche Armutsbekämpfung gar nicht schlecht. Das Land ist fruchtbar und hat ertragreiche Flächen. Die Fischbestände in den Gewässern rund um die 7000 Inseln sind vielfältig. Demnach müssten die Einwohner genug zu essen haben. Doch viele Menschen gehen abends hungrig ins Bett und haben am nächsten Tag kaum Aussicht auf eine warme Mahlzeit.

Einige der Ursachen für die ungerechte Verteilung von Gütern und Vermögen liegen in der Geschichte der Philippinen. Das Land war drei Jahrhunderte lang eine spanische Kolonie. Erst 1945 erlangte es seine Unabhängigkeit. Doch der Einfluss der USA als Schutzmacht war übermächtig und förderte nicht die Eigenständigkeit des Landes.

Seit 1966 herrschte Präsident Ferdinand Marcos als Diktator über die Philippinen. Wie ein Operettenkönig lebte er in Saus und Braus, mit der verschwenderischen Imelda Marcos an seiner Seite. Erst der Volksaufstand von 1986 setzte der Diktatur ein Ende.

Der Raubbau an den Wäldern auf Mindanao und anderen Inseln zeigt, wie rücksichtlos seit langem wirtschaftliche Interessen durchgesetzt wurden. Die Regierung erklärte Bergregionen mit einer Steigung von mehr als 18 Grad kurzerhand zu Staatsbesitz und überließ diese Gebiete zwei Dutzend Unternehmen zum Abholzen. Die Profite aus dem Export der Stämme, u. a. nach Japan und Westeuropa, wanderten in die Taschen einiger Weniger.

Seit den 1970er Jahren wurden Wälder mit wertvollen Tropenhölzern systematisch zerstört. Dadurch änderte sich das Kleinklima. Die Stämme der *Ifugaos*, *Kalingas* und *Bontocs* verloren durch die rücksichtslose Ausbeutung der Natur ihre Lebensgrundlage. Zurück blieben die Alten, während junge Menschen in die Slums der Großstädte abwanderten.

Einfluss der Kirche

Die Probleme der Philippinen haben nicht nur mit dem Raubbau an der Natur, sondern auch mit dem Einfluss der katholischen Kirche zu tun. In dem einzigen katholischen Land Asiens wussten Bischöfe und Geistliche lange Zeit jede Form von Geburtenregelung und Familienplanung zu verhindern. Der soziale und wirtschaftliche Fortschritt dieses von der Natur reich gesegneten Landes wurde durch die hohe Geburtenrate immer wieder aufgezehrt.

Reisanbau auf den Philippinen

Junge Priester und Ordensleute wandten sich von der Amtskirche ab und gründeten christliche Basisgemeinden, um die Not der Menschen zu lindern und sie gegen Übergriffe des Staates und der Großgrundbesitzer zu schützen.

Die katholische Ordensschwester Mariani Dimarana, die zeitweise inhaftiert wurde, sprach schon 1983 von *„systematisch herbeigeführter Armut"* auf den Philippinen. *„Sie* (die Armut) *produziert all das Böse: den organisierten Hunger, die organisierten Menschenrechtsverletzungen, die organisierte Prostitution."* Für sie stand fest: *„Wir sollten auf Seiten der Armen stehen, um die Strukturen zu verändern, die diese Armut auslösen."*

Die *Theologie der Befreiung*, die manche Geistliche in den 1980er Jahren beflügelte, konnte auf den Philippinen nicht Fuß fassen. Die Macht der Amtskirche war viel zu stark, sodass die Strukturen der Unterdrückung und Ausbeutung weitgehend unverändert blieben.

Einen Eindruck von den Folgen dieser Verhältnisse bietet nicht zuletzt die Hauptstadt Manila. Von den offiziell 13 Millionen Einwohnern lebt fast die Hälfte in Slums. Elendsviertel, so weit das Auge reicht, oft ohne Strom und fließend Wasser. Wellblechhütten, Bretterverschläge, mit Plastikbahnen mühsam abgedeckt – Menschen leben unter Brücken, am Rande von Müllbergen und sogar auf Friedhöfen.

Im November 2013 verwüstete der tropische Wirbelsturm *Haiyan* die Philippinen. Der Taifun durchzog die Inseln Leyte und Samar und hinterließ eine breite Schneise der Zerstörung. Tausende Menschen kamen ums Leben, fast fünf Millionen wurden obdachlos. Es waren wiederum die Ärmsten der Armen, die unter dem Zyklon besonders zu leiden hatten.

Indien – Arm und Reich in Nachbarschaft

In Indien hat die Armut ein anderes Gesicht als auf den Philippinen. Die *größte Demokratie der Welt* hat seit der Unabhängigkeit im Jahr 1948 keine landesweite Hungersnot erlebt. Trotzdem sind quälender Hunger und die Folgen von Mangelernährung für viele Menschen Alltag.

Denn von den 1,1 Milliarden Indern muss fast die Hälfte mit weniger als einem Dollar pro Tag auskommen. Alljährlich erreichen etwa zwei Millionen Kinder nicht einmal das fünfte Lebensjahr. Sie verhungern, sterben an Tuberkulose, Durchfall oder anderen Krankheiten. Auf dem Land gibt es vielfach keinen Zugang zu moderner Medizin. Die Krankenhäuser liegen oft weit von den Dörfern entfernt. In vielen Familien fehlt ohnehin das Geld für eine ärztliche Behandlung.

Das indische Kastenwesen zieht weiterhin tiefe Schneisen durch die Gesellschaft, obwohl es bereits von Mahatma Gandhi bekämpft und durch die Verfassung von 1949 abgeschafft wurde. *Dalits*, den Unberührbaren und Kastenlosen, gelingt nur selten der Aufstieg in ein menschenwürdiges Leben.

In Indien ist zwar eine relativ breite Mittelschicht entstanden. Etwa 300 Millionen Inder leben auf einem ähnlichen und zum Teil noch höheren Wohlstandsniveau als die Menschen in Europa. 300 Millionen – das entspricht etwa der Einwohnerzahl der Vereinigten Staaten von Amerika. Gleichzeitig leben jedoch etwa 360 Millionen unter der Armutsgrenze – ohne Perspektive, dass sich die Zustände für sie einmal ändern werden.

Prunk und Elend

Ein besonders krasses Beispiel für die Gegensätze innerhalb der indischen Gesellschaft findet man in der Millionenstadt Mumbai. Hier entstand 2010 das größte „Einfamilienhaus" der Welt. Der Besitzer ist Chef der *Reliance Industries*, ein Verbund von Unternehmen, die im Öl- und Gasgeschäft ihr Geld verdienen. Das Haus hat 27 Stockwerke aber die gewaltige Wohnfläche von 37 000 Quadratmetern wird von einer einzigen, fünfköpfigen Familie bewohnt.

Slum in Mumbai

Nicht weit entfernt liegt einer der größten Slums der Erde: Im Elendsviertel Dharavi in Mumbai entlang des Flusses Mahim leben über eine Million Bewohner. Die Menschen dort haben kaum das Nötigste zum Leben. Die Versorgung mit Nahrungsmitteln, sauberem Trinkwasser und ärztlicher Hilfe ist schwierig. Gleichzeitig gibt es gerade in Dharavi viele aufstrebende Kleinstunternehmen. Die Menschen sind erfinderisch. Bei der Lösung der hygienischen und sanitären Zustände hilft die Aktivistin Sheela Patel, nicht nur in ihrer Heimatstadt Mumbai, sondern auch in anderen Metropolen Indiens.

Bildung als Chance für ein besseres Leben

Bildung ist ein wichtiger Schlüssel für einen Ausweg aus dem Teufelskreis der Armut. Kinder, die in den Slums oder in den ärmeren ländlichen Gegenden Indiens aufwachsen, haben kaum die Chance, sich auf einen späteren Beruf vorzubereiten. Viele helfen den Erwachsenen beim Trennen von wiederverwertbarem Müll, arbeiten in metallverarbeitenden Betrieben, in einer Textilfabrik oder auf dem Feld beim Einbringen der Ernte. Kinderarbeit bleibt trotz bestehender Verbote Realität.

Aber auch der Handel mit Kindern ist in Indien ein verdrängtes Problem. Eltern, die bettelarm sind und nicht wissen, wie sie ihre Nachkommen ernähren sollen, bieten sie gegen Geld als billige Arbeitskräfte an. Wie sie behandelt werden, ob sie geschlagen, missbraucht oder weiterverkauft werden, erfahren die Eltern meistens nicht.

Die wirtschaftlichen Eliten haben kein Interesse an einem Aufstieg von Menschen aus der Unterschicht. Politik und staatliche Bürokratie sind von Korruption durchsetzt. Daran scheitern viele Reformen. Sklaverei, der Handel mit Kindern oder die Zinsknechtschaft, bei der die Schulden einer Familie von den Kindern auf die Enkel übergehen – alles ist untersagt. Aber wer hält sich daran?

Der indische Staat ist zwar in der Lage, eine atomare Streitmacht aufzustellen und Weltraumprojekte zu finanzieren, aber die Regierungen haben bisher versagt, wenn es darum ging, das Los der Mehrheit der Inder entscheidend zu verbessern.

Schutzlose Frauen

Natürlich gibt es in Indien auch Gesetze, die Männer und Frauen gleichstellen und ihre Rechte sichern. Die Wirklichkeit sieht aber anders aus. Weibliche Föten werden abgetrieben, weil Mädchen keinen Stellenwert haben und die Mitgift eine große finanzielle Last für die Familie ist. In einigen indischen Bundesstaaten hat das zwischenzeitlich zu einer Schieflage unter den Geschlechtern geführt: Es mangelt an Frauen. Deshalb werden Mädchen aus ärmeren Bundesstaaten oder aus anderen asiatischen Ländern an Männer verkauft, die keine Frau finden konnten.

Witwen in ländlichen Regionen trifft es besonders hart. Wenn der Mann stirbt, ist die Frau ohne Rechte, ohne Besitz, ohne Geld. Viele Witwen leben in bitterster Not, geächtet oder nur noch geduldet.

Vergewaltigungen sind in Indien traurige und bedrückende Realität. Frauen aus den ärmeren Schichten haben kaum die Möglichkeit, ihren Fall vor Gericht zu bringen. Oft weigern sich die Polizisten, Anzeigen aufzunehmen. Wenn überhaupt, dann werden solche Prozesse oft erst Jahre später eröffnet, weil die Gerichte überlastet sind.

Als im Dezember 2012 eine 23-jährige Studentin nach einer brutalen Massenvergewaltigung starb, schlug die Stimmung um. Nicht nur die Tat selbst, sondern auch die Tatsache, dass die schwer verletzte Studentin hilflos auf der Straße lag und niemand die Polizei oder einen Arzt verständigte, wirkte schockierend und löste weltweit Entsetzen und eine Welle heftiger Proteste aus. Doch alle geforderten Reformen und Gesetze werden nur greifen, wenn sie sich in der Gesellschaft verankern.

Gulabi Gang | 2008

Im indischen Bundesstaat Uttar Pradesch hat sich die Frauengruppe *Gulabi Gang* formiert. „*Gulabi*" bedeutet rosa und steht symbolisch für Frau bzw. das sanfte weibliche Wesen. Angeführt wird sie von Sampat Pal Devi, die als Kind verheiratet wurde. Als die Mutter von fünf Kindern mit Hilfe anderer Frauen einen Polizisten verprügelte, der sich weigerte, eine Anzeige wegen Vergewaltigung entgegenzunehmen, kam ihr die Idee, die Gruppe zu gründen. Sie ist Anlaufstelle für Frauen auf dem Land, die häusliche Gewalt erfahren haben. Sobald ein Vorfall bekannt wird, machen sich in Pink gekleidete Mitglieder der *Gulabi Gang* auf den Weg und verabreichen den Tätern mit Bambusstöcken eine Tracht Prügel.

Das kranke Herz Afrikas

In Afrika sind es vor allem politische Unruhen, kriegerische Gewalt sowie Wirbelstürme und Dürren, die die Not unter den Menschen vergrößern und Flüchtlingsströme auslösen. In Ländern wie Kenia und Tschad entstanden in den vergangenen Jahrzehnten Flüchtlingslager, die in der Zwischenzeit das Ausmaß von Großstädten erreichen. Unter der Leitung des Flüchtlingshilfswerks der Vereinten Nationen sind in diesen Camps Hilfsorganisationen tätig, um den Menschen das nackte Überleben zu sichern.

Bandenkriege, Aufstände, Putschversuche, blutige Kämpfe um Rohstoffe und Krankheiten wie Aids und Ebola prägen das Bild Afrikas. Doch diese Wahrnehmung ist einseitig. Denn der Kontinent mit seinem Reichtum an Bodenschätzen und der Vielzahl gut ausgebildeter Menschen hat durchaus Möglichkeiten, Not und Elend aus eigener Kraft zu überwinden.

Nach Angaben der Welthungerhilfe liegt *„das kranke Herz Afrikas"* in der Sahelzone mit Ländern wie Burundi, Tansania, Eritrea und der Inselgruppe der Komoren. Dort ist die Unterernährung im weltweiten Vergleich am stärksten verbreitet. Zu den Ursachen gehören neben den mit Gewalt ausgetragenen Konflikten auch Heuschreckenplagen, Dürren und Ernteausfälle.

Die Demokratische Republik Kongo ist ein Beispiel dafür, wie der Reichtum an Bodenschätzen durch eine unkontrollierte und rück-

Flüchtlingslager Dadaab | 2011

sichtslose Ausbeutung ein Land ruinieren und seine Bevölkerung ins Elend führen kann. Im Osten des Landes gibt es reiche Vorräte an Gold, Kupfer, Uran, Diamanten und Tropenhölzern. Dort lagern außerdem die Erze Coltan und Kassiterit, die bei der Herstellung von Smartphones, Handys, Tablets und Computern verwendet werden. Oft sind es Kinder und Jugendliche, die mit bloßen Händen das Erz aus tiefen Stollen an die Oberfläche holen. Um die Minen tobt der Kampf. In einer Reportage der *Süddeutschen Zeitung* heißt es: *„In den Wäldern lauern Milizen, Rebellen, Banditen. Etwa vier Dutzend bewaffnete Gruppen gibt es im Ostkongo. Fast jeder kämpft hier gegen jeden. Und sie alle wollen vor allem eines: die Kontrolle über die reichen Rohstoffminen."* Die Wege, auf denen die Rohstoffe ins Ausland gelangen, sind bekannt. Sie werden über angrenzende Länder wie Ruanda, Uganda und Burundi geschmuggelt und dann per Schiff weiter nach Ostasien transportiert. Hauptabnehmer ist China, wo die Großkonzerne der Elektronikindustrie Geräte produzieren lassen.

Vorkämpfer für eine andere Welt

Zwischen Kinderarbeit im Kongo und der Herstellung schicker Handys und Tablets besteht also ein Zusammenhang. Solche Verbindungswege aufzuzeigen, ist der erste Schritt zu einem neuen Bewusstsein im Umgang mit den Geräten, die eine weltumspannende Kommunikation ermöglichen. Die nächste Stufe wäre eine Verbindung zu den Menschen vor Ort, die bei der Gewinnung der Rohstoffe gegen mächtige Wirtschaftsinteressen ankämpfen müssen, statt eingebunden zu werden.

Es gibt Menschen, die genau diese Herausforderungen annehmen. Ihr Einsatz steht für das Beispiel vieler, denen die Not anderer nicht gleichgültig ist: Rupert Neudeck, der Gründer der Hilfsorganisationen *Cap Anamur* und *Grünhelme e. V.*, setzt sich weltweit ein für Menschen, die durch Kriege und Katastrophen in Not geraten sind. Bettina Schulte ist als Mitarbeiterin des Flüchtlingshilfswerks der Vereinten Nationen im Einsatz in Kenia und im Tschad. Die Inderin Sheela Patel leitet ein globales Netzwerk, das es sich zur Aufgabe gemacht hat, das Los von Slumbewohnern zu verbessern.

RUPERT NEUDECK – „MENSCHENFISCHER" SEIT DREI JAHRZEHNTEN

1939	Geburt in Danzig
1945	Flucht nach Schwerte
1958	Studium der Theologie, Philosophie und Germanistik u. a. in Paderborn, Bonn und Münster
seit 1970	Verheiratet mit Christel Neudeck
1972	Promotion
1977	Redakteur beim *Deutschlandfunk*
seit 1979	Weltweite Hilfsaktionen

Für einen Augenblick ist Rupert Neudeck fassungslos: *„Wir machen diese Arbeit im Vertrauen darauf, dass sie gewollt wird und trotz der vielen Gefahren geschützt ist. Und dann passiert das!"* In Syrien, wo die Hilfsorganisation *Grünhelme e. V.* in der Stadt Harem durch den Bürgerkrieg zerstörte Häuser wieder aufbaut, sind drei ihrer Mitarbeiter entführt worden.

Rupert Neudeck ist Vorsitzender der international tätigen Hilfsorganisation. Zusammen mit seiner Frau Christel hat er in über 50 Ländern der Erde Hilfsprojekte organisiert und umgesetzt. Außer in Syrien sind zum Zeitpunkt der Entführung ihre Mitarbeiter im Kongo, in Ruanda, Kenia, Mauretanien, Palästina und auf den Philippinen tätig. In dreieinhalb Jahrzehnten konnten sie einen riesigen Schatz an Erfahrungen sammeln – oft beglückende und ermutigende, aber manchmal eben auch bedrückende. Die Summe ihrer Erlebnisse bei Hilfsprojekten in aller Welt füllt bereits mehrere Bücher. Und noch längst ist nicht alles erzählt. Dabei kommen ständig neue Ereignisse hinzu.

Wie an diesem Tag im Juli 2013. Christel und Rupert Neudeck hoffen auf die erlösende Nachricht, dass alles gut geht mit den drei Helfern in Syrien. Als alle Bemühungen um Freilassung der Geiseln ergebnislos blieben, wandte sich Neudeck an die Medien mit der Bitte um Unterstützung. Und so kam schließlich Bewegung in das lebensbedrohende Kidnapping. Die Entführung im Sommer 2013 nahm ein glückliches Ende. Zunächst konnten sich zwei der Geiseln selbst befreien und über die Grenze in die Türkei fliehen. Schließlich kam auch der dritte Helfer auf freien Fuß und kehrte unversehrt nach Deutschland zurück.

Auf eine Landmine gefahren

Im Jahr 1988 wurden in Afghanistan erstmals zwei Mitarbeiter festgenommen und entführt. Über Wochen bestand völlige Unklarheit über ihr Schicksal, bis sie in ein Gefängnis der afghanischen Hauptstadt Kabul kamen, wo deutsche Diplomaten sich um sie kümmern konnten.

„Damals dachte ich, diese Entführung sei das Schlimmste, was mir passieren konnte", berichtet Rupert Neudeck. *„Aber heute weiß ich, dass es nicht das Schlimmste war."* Denn 1991 führte ein schrecklicher Zwischenfall beinahe zum Scheitern der Hilfsorganisation, die damals noch den Namen *Cap Anamur* trug. *„Eine Krankenschwester ist in Somalia auf eine Landmine gefahren und hat sich beide Füße abgefetzt. Damals sagten wir uns: Wir müssen aufhören."*

Rupert Neudeck spricht von einem Wunder, als er schildert, was dann geschah. Die Krankenschwester habe gesagt: *„Das könnte euch so passen, einfach aufzuhören. Ihr müsst etwas unternehmen, damit Menschen wie ich nicht mehr auf Landminen fahren. Eine Kampagne zur Ächtung und zum Verbot von Minen muss her!"* Diesen Vorschlag griffen die Neudecks sofort auf. Unter großen Schwierigkeiten starteten sie diese Kampagne und leiteten auch eigene Räumaktionen ein – mit Minenräumfahrzeugen aus dem Bestand der Nationalen Volksarmee der früheren DDR. Bald entstand eine breite Bewegung zur Ächtung von Landminen, an

Hermann Vinke und Rupert Neudeck im Gespräch | 2013

der sich andere Hilfs- und Menschenrechtsorganisationen beteiligten. Erst 1997 wurde die *Ottawa-Konvention* verabschiedet. Sie verbietet Einsatz, Herstellung und Verkauf dieser Waffen. Doch ein Verbot von Panzerminen und Strafen für die Länder, die gegen die Konvention verstoßen, fehlen.

Hauptquartier im Wohnzimmer

Im Wohnzimmer der Neudecks in Troisdorf laufen Meldungen aus aller Welt zusammen, wo die Hilfsorganisation Projekte organisiert hat. Das hier ist also das Hauptquartier der *Grünhelme e. V.* Von

Christel und Rupert Neudeck

einer Einsatzzentrale ist allerdings gar nichts zu sehen – abgesehen von den Telefonen. Kein großes Büro, keine Aktenberge. Es herrscht auch kein Ausnahmezustand wegen der Entführung. Der Familienbetrieb läuft wie gewohnt weiter.

Das bescheidene Reihenhaus in Troisdorf war für Christel und Rupert Neudeck über all die Jahre ihr Rückzugsort, wo sie sich von langen Reisen, Bemühungen um Spenden oder dem Kampf mit bürokratischen Hürden erholen konnten. Hier entstehen auch Ideen und Pläne für neue Hilfsaktionen. Die Neudecks suchen fast immer Regionen aus, in die sich andere Hilfsorganisationen, wie die Vereinten Nationen oder das Rote Kreuz, nicht mehr trauen. *„Genau da liegt unsere Aufgabe"*, sagt Rupert Neudeck. *„Wir versuchen es trotzdem, gerade dort."*

In Syrien führt die Regierung Krieg gegen das eigene Volk und legt ganze Städte in Schutt und Asche. Millionen von Menschen sind auf der Flucht. Rupert Neudeck hatte den Tipp bekommen, dass die Stadt Harem mit ihren 70 000 Einwohnern Hilfe braucht. Neudeck sah sich zunächst vor Ort um und schickte dann Helfer für den Wiederaufbau zerstörter Häuser. *„Schon zwei Mal waren 400-Kilo-Bomben auf die Stadt niedergegangen und hatten sechs Häuser auf einen Schlag rasiert. Bunker gab es nicht. Wir haben sofort damit angefangen, den Operationssaal des Krankenhauses zu reparieren, damit Verletzte wieder behandelt werden konnten."*

Hilfe zur Selbsthilfe

Der Wiederaufbau läuft fast überall nach dem gleichen Schema: Die *Grünhelme* stellen das mit Hilfe von Spendengeldern angeschaffte Baumaterial zur Verfügung. Wenn die Leute selber mit anpacken, umso besser. Hilfe zur Selbsthilfe bewährt sich immer. Oder sie bezahlen die einheimischen Arbeiter. Die Organisation sorgt in Schulen und Lehrwerkstätten für Lehrkräfte, damit die Einrichtungen ohne Hilfe von außen fortbestehen können.

Das Problem der Sicherheit der Mitarbeiter stellt sich bei jedem Einsatz neu. Im Laufe der Zeit hat Neudeck eine paradoxe Erfahrung gemacht. *„Die einzige Sicherheit, die es gibt, ist keine Sicherheit.“*

Sobald Milizen oder Soldaten in der Nähe seien, steige die Gefahr von Anschlägen. Im Irak löste häufig die bloße Anwesenheit schwer bewaffneter US-Einheiten Konflikte aus. Deswegen wohnen die Helfer meistens nicht in streng bewachten Hotels, sondern schlagen ihr Quartier mitten in einem Dorf oder Stadtteil auf. Die Nähe zur Bevölkerung bedeutet nicht nur einen gewissen Schutz, sondern hilft auch, Misstrauen abzubauen.

Auf die Frage, ob sie nicht in ständiger Sorge um ihren Mann lebe, wenn dieser wieder einmal in einem Krisengebiet unterwegs sei, hat Christel Neudeck einmal geantwortet: *„Rupert ist so dünn, dass die Kugeln an ihm vorbeifliegen.“*

Ein Schiff für die Boatpeople

Auch nach Jahrzehnten ist das Ehepaar noch immer wie auf dem Sprung, um in den gefährlichsten Winkeln der Erde etwas anzupacken. Bei ihrem ersten humanitären Einsatz Ende der 1970er Jahre konnten Tausende der vietnamesischen *Boatpeople* vor dem Ertrinken bewahrt werden. Nach dem Vietnamkrieg setzte eine Massenflucht aus Südvietnam über das Meer ein. Der kommunistische Norden hatte die Truppen der Supermacht USA vertrieben und überzog den besiegten Süden mit seiner Herrschaft. Viele der Flüchtlinge, die sich damals in kleinen Booten aufs Südchinesische Meer wagten, fürchteten um ihre Freiheit und ihr Leben. Auf offener See waren die Flüchtlinge nicht nur den Stürmen schutzlos ausgesetzt, sondern auch den Thai-Piraten, die sie ausplünderten und ihre Boote versenkten. Vor den Augen der Weltöffentlichkeit spielte sich eine unvorstellbare Tragödie ab. Denn auch die meisten Handelsschiffe, die Flüchtlinge hätten aufnehmen können, machten einen weiten Bogen um das Gebiet.

Bei einem Aufenthalt in Paris erfuhr Rupert Neudeck, dass sich in Frankreich namhafte Persönlichkeiten zusammenschlossen, um die *Boatpeople* zu retten. Neudeck war wie elektrisiert von dieser Hilfsbereitschaft und beriet mit Kollegen und Freunden, wie sie die französische Initiative unterstützen könnten. Schnell war ihm klar: Diese Hilfe durfte sich nicht auf Kleckerbeträge beschränken. So entstand der Aufruf *Ein Schiff für Vietnam*. Die Idee, eigens ein Schiff zu chartern, um die Flüchtlinge an Bord zu nehmen und in einen sicheren Hafen zu bringen, zündete. Eine Welle der Hilfsbereitschaft setzte ein. Im Juli 1979 verzeichnete das Spendenkonto fast eine Million DM.

Von den logistischen, finanziellen und diplomatischen Herausforderungen ahnten die Neudecks damals nichts. Sie waren Eltern von zwei Kindern; das dritte war unterwegs. Christel Neudeck hatte bis dahin als Telefonseelsorgerin gearbeitet. Nun musste sie gewissermaßen aus der Küche heraus Projekte managen, für die es keine geregelten Abläufe gab. Als die jüngste Tochter Milena geboren war, übernahm Christel Neudeck einen Teil der Bitt- und Behördengänge: Pässe und Visa besorgen, Flüge buchen, Mitarbeiter betreuen und bürokratische Hindernisse überwinden. Traf sie auf verstockte Beamte, war das Baby nicht selten ihre „Geheimwaffe". Wurde sie zum Warten aufgefordert, machte sie Anstalten, dem Kind auf dem Bürotisch die Windeln zu wechseln. Meistens klappte die Genehmigung dann schnell.

Cap Anamur

Ihr Mann war hauptsächlich damit beschäftigt, die Öffentlichkeit zu mobilisieren, damit der Strom an Spenden nicht versiegte. Die *Cap Anamur* – so der Name des deutschen Schiffes – kreuzte seit Ende Juli 1979 im Südchinesischen Meer mit sechs Ärzten und einer Krankenpflegerin an Bord, ausgestattet mit medizinischen Geräten, Medikamenten und Essensvorräten. Allein das Chartern des Schiffes kostete 210 000 DM im Monat.

Rupert Neudeck konnte prominente Unterstützer gewinnen, allen voran den Schriftsteller Heinrich Böll. *„Heinrich Böll war Mitbegründer von* Cap Anamur. *Als ich im Februar 1979 aus Paris zurückkam, hatte ich ihm einen Brief geschrieben. Ich brauchte jemanden, der einen Namen besaß, über den man nicht einfach hinweg gehen konnte. Zwei Tage später riss die Sekretärin beim Deutschlandfunk in Köln die Tür zu meinem Zimmer auf und rief: ‚Böll ist am Telefon!' Und dann sagte er auf seine wunderbare Art: ‚Neudeck, wir müssen das machen.* Wir *müssen das machen!' Das war Böll! Keine Bedenken. Er sagte nur: ‚Ich bin dabei. Und tschüss.'"*

Bis heute verehrt Neudeck den Schriftsteller: *„Heinrich Böll war unser großes Vorbild und ist es heute noch. Wir vermissen ihn sehr. Er war ein ganz Großer, weltberühmt und doch stets nahbar."*

Eine weitere wichtige Voraussetzung für die Rettungsaktion war die Bereitschaft der deutschen Bundesländer, Flüchtlinge aufzunehmen. So passierte es im November 1981, dass die *Cap Anamur* die südphilippinische Insel Palawan anlief, dort aber nur die Hälfte der 700 Vietnamesen an Land gehen konnte, weil für die anderen noch

Cap Anamur | 1981

Tuende, nicht Tätige, möchte ich ehren. Alle diejenigen, die wissen, was es bedeutet, ein Flüchtling, ein Vertriebener zu sein, unwillkommen zu sein.

HEINRICH BÖLL | 1984

keine Aufnahmegarantie der Bundesrepublik vorlag. Am Ende gelang es aber, über 11 000 Vietnamesen in Deutschland eine neue Heimat zu verschaffen.

Am Beispiel der *Boatpeople* erläutert Rupert Neudeck, was solche Einsätze für ihn und seine Frau bedeuten. *„Wir machen das nicht nur für andere, sondern auch für uns selbst. Denn wir haben ja selbst ganz viel davon. In der Rückschau wüsste ich gar nicht, was ich lieber getan hätte, als die* Cap Anamur *auf Rettungsfahrt zu schicken. Die Vietnamesen, die in Deutschland eine neue Heimat gefunden haben, hängen geradezu an uns. So viel Dankbarkeit. Die wagen gar nicht, an Troisdorf vorbei zu fahren, ohne uns zu besuchen."* Das ist für Rupert Neudeck ein großes Glück, *„das für ein ganzes Leben vorhält und ausreicht."*

Menschenfischer

Christel und Rupert Neudeck sehen sich als *„Menschenfischer".* Denn für jedes neue Vorhaben müssen sie Mitarbeiter gewinnen, die bereit sind, für Monate, manchmal sogar für Jahre aus ihrem Beruf und ihrem persönlichen Umfeld auszusteigen, um unter schwierigsten Bedingungen an einem Hilfsprojekt in Asien, Afrika oder im Nahen Osten mitzuwirken – als Ärzte, Krankenschwester, Handwerker, Ingenieure oder Facharbeiter.

Die Neudecks verlassen sich bei der Auswahl der Helfer auf ihre Menschenkenntnis und ihre Erfahrung. *„Wir treffen uns hier an diesem Tisch und reden miteinander. Das ist eine gute Gelegenheit, jemanden zu beobachten. Wir machen das ja schon seit über 30 Jahren. Da entsteht eine Messlatte, an der man sich ausrichten kann."*

Einsatzgebiet Afrika

Die Liste der Einsätze und Hilfsprojekte wurde im Laufe der letzten 30 Jahre immer länger. Nach der spektakulären Rettung der *Boatpeople* konzentrierte sich die Hilfsorganisation vor allem auf Afrika: Somalia, Uganda, Äthiopien, Tschad, Sudan, Mosambik, Südafrika, Angola, Ruanda – der Name eines jeden dieser Länder erinnert an eine unheilvolle und zum Teil grausame Geschichte mit Diktatur, Bürgerkrieg, Völkermord, Rassentrennung und Verbrechen gegen die Menschlichkeit.

Rupert Neudeck nennt Afrika einen *„Sorgenkontinent". „Die Völker Afrikas haben überwiegend miserable Regierungen. An der Spitze der meisten Staaten stehen korrupte Politiker, die sich die Taschen mit Geld voll stopfen und es in die Schweiz überweisen."* Der Vorsitzende der *Grünhelme* kritisiert das Missverhältnis zwischen der hohen Zahl von Entwicklungshelfern und dem Ergebnis ihres Einsatzes. *„Bei uns bleibt zu viel hängen und bei den anderen kommt zu wenig an"*, sagt er und plädiert für eine Konzentration von Personen und Geldmittel bei der Armutsbekämpfung.

Wenn Neudeck auf den Völkermord 1994 in Ruanda mit wahrscheinlich über 800 000 Toten zu sprechen kommt, packt ihn der Zorn – auch gegenüber der katholischen Kirche, der er sich verbunden fühlt. Geistliche und Nonnen in dem überwiegend katholischen Land hätten nicht eingegriffen, als die blutigen Massaker zwischen den Volksgruppen der Hutu und Tutsi begannen, sondern sich aus dem Staub gemacht. Die bereits seit der Kolonialzeit bestehenden Spannungen hatten sich in einer Orgie von Gewalt entladen, wobei die von der Hutu-Mehrheit getragene Regierung beim Blutbad die eigenen Sicherheitskräfte einsetzte.

Als Neudeck zum ersten Mal von Uganda aus nach Ruanda einreiste, lagen unzählige Tote am Straßenrand. Ganze Landstriche glichen einem Schlachtfeld. Die Helfer der *Cap Anamur* kümmerten sich um Überlebende, Waisen und Flüchtlinge und sorgten für Unterkünfte und Lebensmittel.

Berufsschule in Afrika

Der gefährlichste Einsatz

Die Balkankriege in den 1990er Jahren bewogen Rupert Neudeck, sein Augenmerk auch auf Europa zu richten. Die von Serbien mobilisierte Volksarmee kämpfte gegen Bosnien-Herzegowina, das sich aus dem damals noch bestehenden jugoslawischen Staatenbund lösen wollte. Die 1425 Tage dauernde Belagerung der bosnischen Hauptstadt Sarajevo löste weltweit Entsetzen aus. Von den Höhenzügen aus, die Sarajevo umgeben, nahmen serbische Scharfschützen jeden ins Visier, der sich auf die Straße wagte. Neudeck harrte zeitweise bei den Eingeschlossenen aus, setzte Hilfskonvois in Marsch und musste immer wieder zurückstecken. *„Die Arbeit auf dem Balkan erwies sich als die gefährlichste, die wir bis dahin je gemacht hatten."*

Zwischen 1998 und 1999 kämpfte der Kosovo – eine weitere serbische Provinz – um seine Unabhängigkeit von Serbien. Der *UCK*, der *Befreiungsarmee des Kosovo*, standen reguläre jugoslawische Streitkräften gegenüber. Der Krieg endete 1999 mit massiven Luftschlägen der NATO gegen Serbien, das vergeblich für den Erhalt des Staatenbundes Jugoslawien gekämpft hatte. Die Luftwaffe des westlichen Verteidigungsbündnisses zerstörte das Regierungsviertel in Belgrad, Fabriken und Verkehrswege.

Beim Krieg um den Kosovo konnte *Cap Anamur* rechtzeitig Hilfsgüter ins Krisengebiet schicken. Neudeck: *„Wir waren die Nutznießer eines Spendenaufrufs des ZDF, und zwar nicht aus heiterem Himmel, sondern weil wir bereits an der Grenze zum Kosovo standen und die vom Krieg Vertriebenen mit dem Notwendigsten versorgten – Milch für die Kinder, Wasser und was sie sonst zum Überleben brauchten. Darüber berichteten die Medien. Und wir bekamen 58 Millionen DM aus der Spendenaktion."* Mit dem Geld baute die Hilfsorganisation in den folgenden Monaten Spitäler und Hunderte von Wohnhäusern, organisierte Müllfahrzeuge und sorgte dafür, dass in die vom Krieg zerstörten Dörfer wieder ein halbwegs normales Leben einkehren konnte. Neudeck und seine Mitarbeiter wohnten bei den vom Kosovokrieg heimgesuchten Menschen oder in den Flüchtlingslagern. *„Meine Frau sagte damals öfter: ‚Rupert stellt bald einen Antrag auf Einbürgerung in den Kosovo.' (lacht) Weil ich ständig dort war."*

Hässliches Nachspiel

Die Erfolgsgeschichte, die Rupert Neudeck erzählt, hatte ein hässliches Nachspiel. Der hohe Geldbetrag für *Cap Anamur* aus der ZDF-Spendenaktion rief offenbar Neider auf den Plan.

In einem Fernsehbericht der ARD wurde behauptet, dass die Hilfsorganisation nicht korrekt mit den Spendengeldern umgehe. Dem folgte eine Steuerprüfung. Eine Steuernachzahlung konnte zum Glück abgewendet werden – sie hätte das Ende von *Cap Anamur* bedeutet. Neudeck selbst zieht eine nüchterne Bilanz aus der Angelegenheit: *„Auch im humanitären Bereich gibt es Missgunst, Konkurrenz und Rivalität."*

Blauhelme und Grünhelme

Auch wenn er der *Cap Anamur* stets verbunden blieb – im Jahr 2003 trennte Neudeck sich von ihr und gründete als neuen eingetragenen Verein die *Grünhelme e. V.* Den Namen des Vereins verdankt er dem früheren Bundesumweltminister Klaus Töpfer, der mehrere Jahre lang von Nairobi (Kenia) aus das Umweltprogramm der Vereinten Nationen leitete.

Neudeck: *„Töpfer sagte in Nairobi öfter ganz laut: ‚Die UNO braucht nicht nur Blauhelme, sie braucht auch Grünhelme (lacht)!' Als ich Töpfer von der Gründung der Grünhelme erzählte, vermachte er mir den schönsten Werbespruch: ‚Je mehr Grünhelme wir rausschicken, desto weniger Blauhelme brauchen wir!'"*

Eine Konkurrenz zwischen der *Cap Anamur* und den *Grünhelmen* sieht Neudeck nicht. *„Beide Organisationen ergänzen sich vielmehr. Die eine übernimmt die medizinische Versorgung der Menschen. Wir Grünhelme kümmern uns um den Aufbau von Schulen, Hospitälern, Werkstätten und ganzen Dörfern."*

Neudeck kann sich sogar vorstellen, dass beide Organisationen eines Tages ganz zusammengehen. Entscheidend sei die Grundlage: so wenig Bürokratie wie möglich, keine Mieten für Büros, kein Fuhrpark, keine Angestellten. *„Bei uns liegen die Verwaltungskosten gerade mal bei 1,5 Prozent. Bei Cap Anamur ist es ähnlich. Diese Zahl gehört eigentlich ins Guinnessbuch der Rekorde!"*

In Danzig geboren

Bei der Frage nach dem Motor, der ihn und seine Frau antreibt, ihre humanitäre Mission selbst im Alter noch fortzusetzen, erinnert Rupert Neudeck an seine Kindheit. Er wurde 1939 in Danzig geboren. Bei Kriegsende versuchte die Mutter mit ihren Kindern, an Bord des Flüchtlingsschiffes *Wilhelm Gustloff* dem Kampfgebiet zu entkommen. Sie verpasste den Dampfer jedoch und musste die Flucht auf dem Landweg antreten. Die *Wilhelm Gustloff* wurde in der Ostsee von sowjetischen Torpedos getroffen und riss Tausende von Flüchtlingen in die Tiefe.

Vielleicht seien diese Kindheitserfahrungen der Grund dafür gewesen, dass ihn das Schicksal der *Boatpeople* so tief bewegt habe, sagt Neudeck. Später habe das Gleichnis vom barmherzigen Samariter aus dem Neuen Testament mit seinem Appell zur Nächstenliebe eine bedeutende Rolle für ihn gespielt. Neudeck wollte ursprünglich Priester werden. Er studierte Theologie und bereitete sich im Jesuitenorden auf diesen Beruf vor. Die strengen Ordensregeln zum Fasten nahm er wörtlich und hungerte sich beinahe zu Tode. Nach einem physischen Zusammenbruch konnte der junge Mann nur mit Mühe gerettet werden. Es dauerte, bis Neudeck begriff, dass er seine Energie außerhalb des Jesuitenordens einsetzen sollte.

Rupert Neudeck in Afrika

Der Maßstab

„Niemand kommt als Weltverbesserer auf die Welt", schrieb die *Frankfurter Allgemeine* zum 70. Geburtstag von Rupert Neudeck. Tatsächlich wurde er zum Weltverbesserer, genau wie seine Frau Christel, weil sie vor der Not der Menschen an den vielen Brennpunkten der Erde Augen und Herz nicht verschließen konnten. Die ungeheuren Schwierigkeiten, die fast jedes Projekt bereitete, sind damit nicht vergessen. Auch nicht die Rückschläge, Anfeindungen und Enttäuschungen, wenn zum Beispiel Freunde und Weggefährten sich plötzlich lossagten.

Für beide hat das Bibelwort *An ihren Taten sollt ihr sie erkennen* eine ganz praktische Bedeutung: Reden allein reicht nicht, anpacken und helfen, auch in scheinbar ausweglosen Situationen – das ist ihre Auffassung von christlicher Mitmenschlichkeit und tätiger Nächstenliebe.

Ein Wagnis eingehen

„Ich möchte nie mehr feige sein", sagte Neudeck 2002 anlässlich des 30-jährigen Bestehens von *Cap Anamur*. Im Gespräch rät er jungen Menschen, sie sollten wenigstens einmal im Leben bewusst ein Risiko auf sich nehmen.

„Ein Wagnis einzugehen, eine andere Welt zu erleben, eine ganz andere Kultur kennen zu lernen, sich von etwas ganz anderem einfangen und faszinieren zu lassen – das kann ich jedem nur raten." Wer nur den angeblich sicheren Weg wähle, verpasse das Wesentliche.

„Von meinen Helfern weiß ich, dass niemand die bei den Hilfseinsätzen gesammelten Erfahrungen missen möchte. Denn Helfen ist wie ein Jungbrunnen mit immer neuem Ansporn."

SHEELA PATEL – ARMUT IM SCHATTEN DER METROPOLEN

1952	Geburt in Mumbai (Indien)
1972–1974	Studium der Sozialwissenschaften in Mumbai
1984	Gründung der Society for the Promotion of Area Resources Centers (SPARC)
seit 2006	Mitarbeiterin der World Health Organization (WHO)

In Mumbai, dem früheren Bombay, lebt mehr als die Hälfte der Bevölkerung unter menschenunwürdigen Bedingungen. Das bekannteste Elendsviertel ist der Dharavi Slum mit bis zu einer Million Menschen – niemand weiß genau, wie viele Menschen wirklich dort leben. Die Bewohner hausen im Schatten des indischen Reichtums, auch im Schatten des Weltgewissens, denn kaum jemand nimmt ihr Schicksal wahr.

Diese „Schattenmenschen" führen keinen Krieg, sie sind lautlos. Sie leben am Rand der Gesellschaft am Straßenrand, in Bretterbuden, unter Plastikverschlägen. Sie haben so gut wie keine Rechte, meistens kein Einkommen und besitzen praktisch nichts.

In den Statistiken gibt es sie gar nicht, und doch prägen sie das Bild indischer Großstädte. Die Inderin Sheela Patel gehört zu den wenigen, die ihr Augenmerk gerade auf die Menschen in den Slums richten. Den Armen der Metropolen Indiens widmet sie ihr Leben, indem sie auf ihre Lage aufmerksam macht, sich um den Bau von Wohnungen kümmert, ihnen Zugang zu Lebensmitteln und Trinkwasser verschafft.

Sheela Patel: „Früher wurden diese Menschen so behandelt, als wären sie auf der Durchreise. Aber wir konnten nachweisen, dass sie dort am Straßenrand schon 20 oder 30 Jahre lebten." Die 1952 im ehemaligen Bombay geborene Aktivistin ist die Vorsitzende von

Slumdwellers International, einem Netzwerk, das die Initiativen in den Slums zusammenführt. Gemeinsam versucht die Gruppierung, den Anliegen der Bewohner bei Behörden, Stadtplanern und Politikern Gehör zu verschaffen.

Nach dem Studium der Sozialwissenschaften arbeitete Patel zunächst als Kinderbetreuerin und setzte sich für die Gleichberechtigung der indischen Frauen ein. 1984 gründete sie die Organisation *SPARC (Society for the Promotion of Area Resources Centers)*, die inzwischen zu den größten Nichtregierungsorganisationen in Indien gehört. Sie ist zusammen mit zwei anderen Initiativen in über 70 indischen Großstädten aktiv.

In erster Linie geht es den Aktivisten darum, praktische Auswege aus dem massenhaften Elend aufzuzeigen. Aus eigener Kraft schaffen es die meisten Slumbewohner kaum, dem Teufelskreis der Armut zu entkommen. Denn ihnen fehlen schlicht die wichtigsten Grundlagen zum Leben: ausreichende Nahrung, sanitäre Anlagen und sauberes Trinkwasser. *SPARC* begann in den 1980er Jahren, die am Straßenrand von Mumbai lebenden Menschen zu zählen und ihre Existenz gegenüber den Behörden überhaupt erst einmal nachzuweisen. Die Organisation startete Umfragen, um herauszufinden, was die Menschen in den Slums am dringendsten bräuchten.

Lebensbedingungen im Slum | 2014

Die Antwort war nicht überraschend: Sie wünschten sich vor allem eine Behausung, also ein Dach über dem Kopf, das nicht nur vor Regen schützt, sondern auch vor Bulldozern. Denn Leben im Slum bedeutet auch, dass das Gebiet jederzeit auf Anordnung einer Behörde geräumt werden kann. Deshalb begann *SPARC* mit sozialem Wohnungsbau. Sheela Patel und ihre Helferinnen und Helfer arbeiten bei der Suche nach bewohnbaren Flächen für die Slumbewohner eng mit der Weltgesundheitsorganisation in Genf, der indischen Regierung und lokalen Behörden zusammen. Das ist schwierig genug. Oft müssen erst einmal die Landrechte geklärt werden. Aber manchmal gelingt es sogar, seit langem bestehende Siedlungen in den Slums behördlich anerkennen zu lassen.

Öffentliche Toiletten bauen

Ob es um eine Bleibe im Stadtviertel oder um eine Umsiedlung in ein anderes Gebiet geht – stets werden die Betroffenen in die Pläne miteinbezogen. Damit sie ihre Anliegen besser vertreten und durchsetzen können, organisieren sie sich in Interessensgruppen. Es kommt vor, dass eine Gruppe von Slumbewohnern ein Bauprojekt selbst in die Hand nimmt und es mit Hilfe von Spenden oder öffentlichen Geldern umsetzt. Wobei Sheela Patel vor allem auf den Einsatz von Frauen zählt: *„Sobald Frauen erkannt haben, dass eine Änderung zum Besseren möglich ist, setzen sie sich zumeist noch energischer dafür ein als Männer."*

Der Bau von sanitären Anlagen stellt eine weitere große Herausforderung dar. Nur etwas mehr als die Hälfte aller indischen Haushalte ist mit einer Toilette ausgestattet. Die meisten Wohnungen sind nicht an die völlig veraltete Kanalisation angeschlossen. Schmutzwasser und Fäkalien werden auf die Straße geschüttet.

Öffentliche Toiletten gibt es kaum, und wenn, dann sind sie meistens teuer und in einem miserablen Zustand. Die Notdurft im Freien verrichten zu müssen, ist entwürdigend, gerade in den dicht besiedelten städtischen Gebieten. Frauen, die sich allein zu einer öffentlichen Toilette auf den Weg machen, begeben sich zudem in Gefahr, vergewaltigt zu werden.

Die katastrophalen sanitären und hygienischen Verhältnisse fördern die Ausbreitung von Krankheiten, insbesondere in den städtischen Ballungsgebieten. Über 330 000 Kinder sterben jährlich in Indien allein an Durchfallerkrankungen, die durch verschmutztes Wasser verursacht werden.

SPARC plant und baut gemeinsam mit den Anwohnern öffentliche Toiletten und sorgt für ihre Instandhaltung. Jede Familie entrichtet monatlich einen kleinen Betrag und erhält dafür einen Toilettenpass. Mit dem Geld werden Reinigungskräfte bezahlt. Insgesamt über 800 Toilettenhäuser mit 16 000 Toiletten sind dadurch in Mumbais Slums entstanden. Das ist mehr als der berühmte Tropfen auf dem heißen Stein, aber noch längst nicht die Lösung des Problems.

Zehn Milliarden Menschen

In den Jahrzehnten, die Sheela Patel schon für die Slumbewohner arbeitet, ist ihre Aufgabe nicht kleiner geworden – in Indien selbst wie auch weltweit. Bis 2050 sollen bis zu zehn Milliarden Menschen auf der Erde leben, etwa 70 Prozent davon in Städten. Auch in Indien ziehen die Menschen unvermindert in die Metropolen. Sie erhoffen sich dort ein besseres Leben als in den unterentwickelten ländlichen Gebieten. Solche Massen zu versorgen, ihnen Schutz zu bieten und ein würdiges Leben zu ermöglichen, das ist eine Mammutaufgabe.

Sheela Patel hat trotz der gewaltigen Herausforderungen ihr Vertrauen in die Zukunft nicht verloren. Sie hofft, dass es genug Mitstreiter für soziale Gerechtigkeit und die Wahrung der Menschenrechte geben wird. Die Aktivistin befürchtet allerdings, dass der krasse Gegensatz zwischen Arm und Reich in Indien eines Tages böse enden könnte.

„Wenn wir scheitern, dann wird Gewalt herrschen. Denn arme Stadtbewohner, die den demonstrativen Konsum anderer sehen, werden diesen auch für sich fordern."

IM GESPRÄCH MIT BETTINA SCHULTE:
ARBEITEN IM FLÜCHTLINGSLAGER DADAAB

Ohne den weltweiten Einsatz des Flüchtlingshilfswerks UNHCR *(United Nations High Commissioner
for Refugees)* der Vereinten Nationen wären Millionen notleidender Menschen dem Tode geweiht.
Der UNHCR kümmert sich in vielen Ländern um
den Schutz von Flüchtlingen und koordiniert den
Einsatz anderer Hilfsorganisationen in den Lagern.
In den Camps wird für Lebensmittel, medizinische
Betreuung und die Schulbildung der Kinder ge-
sorgt. In Dadaab in Kenia, dem größten Flüchtlingslager der Welt,
war Bettina Schulte von 2010 bis 2013 tätig, bevor sie in den Tschad
wechselte. Das Lager entstand 1991, als im benachbarten Somalia
ein Bürgerkrieg begann. Die Not der Menschen machten sich die
radikal-islamistischen Milizen der *Al Shabaab* zu nutze. Ihr Terror
trieb Hunderttausende in die Halbwüste Kenias. 2011 löste eine
Dürre in Ostafrika eine neue Fluchtbewegung aus. In jüngster Zeit
mehren sich Terroranschläge in Kenia selbst. Die Regierung des
Landes drängt deshalb immer vehementer auf eine Schließung des
Lagers Dadaab, wo sie eine Keimzelle des Terrors vermutet.

Bettina Schulte, Jahrgang 1981, gebürtige Bremerin, ist Presse-
sprecherin des UNHCR und in dieser Funktion gleichzeitig Manage-
rin. In Dadaab, wo annähernd eine halbe Million Menschen leben,
lag ihr Arbeitsplatz inmitten eines wild ausufernden Camps aus un-
zähligen Zelten, Plastikhütten und Häusern. Sie betreute Reporter
und Fernsehteams aus aller Welt, insbesondere 2011, als in Ostafrika
nach mehrjähriger Dürre eine Hungersnot ausbrach und Hundertau-
sende von Menschen in das Flüchtlingslager strömten. Dadurch geriet Dadaab in den Blickpunkt der Weltöffentlichkeit.

Das massenhafte Elend so vieler Menschen in nächster Nähe
macht Bettina Schulte zwar betroffen. Aber Anderen zu helfen sieht
sie als eine professionelle Aufgabe an, die sie mit Verstand und viel
Augenmaß angeht.

BS – Als ich 2010 in Dadaab ankam, existierte das Camp schon 20 Jahre. Es war längst nicht mehr in den Schlagzeilen der Medien. Kein Journalist aus Nairobi wollte nach Dadaab. Kein Geldgeber wollte neue Mittel zur Verfügung stellen. Die sagten sich: Das haben wir schon zwei Jahrzehnte lang finanziert. Meine Aufgabe bestand also darin, Presse und Medien wieder auf das Lager aufmerksam zu machen und bei Geldgebern anzu-klopfen, um Unterstützung für die Flüchtlingsarbeit zu bekommen.

2011 sorgten die Hungerkatastrophen in Kenia, Äthiopien und Somalia am Horn von Afrika weltweit für Aufsehen. Und mit einem Schlag war Dadaab wieder in aller Munde. Das war unglaublich. Bis zu 1500 Flüchtlinge ka-men täglich zu uns, halb verhungert, verdurstet, die Kleidung zerrissen. Die Somali waren 20 Tage bei sengender Hitze durch die Wüste mar-schiert. Es war eine große humanitäre Katastrophe. Jetzt brauchte ich mich nicht mehr um Besucher zu bemühen. Abgesandte internationaler Organisationen, Prominente, Medienvertreter, Geldgeber, Botschafter und Minister waren plötzlich vor Ort. Auch UN-Generalsekretär Ban Ki-Moon besuchte das Lager.

Können Sie sich noch an Ihre ersten Eindrücke vom Lager erinnern?

BS – Dieses Meer aus Zelten des UNHCR, das man vielleicht von Fotos kennt, gibt es heute nicht mehr, jedenfalls nicht mehr durchgehend. Man-che Flüchtlinge haben sich ihre eigene Unterkunft errichtet. Einige be-sitzen eine kleine Firma. Es gibt dort Schlachter, Schneider, Friseure und Automechaniker. Da lebt ja inzwischen schon eine Generation, die im Lager geboren wurde und dort aufgewachsen ist.

Auf der einen Seite besteht dort diese Riesenmaschinerie der Hilfsorgani-sationen, die zum Beispiel dafür sorgen, dass regelmäßig Lebensmittel verteilt werden, was auch zu einer Abhängigkeit führt. Auf der anderen Seite entwickeln die Menschen eine eigene Identität. Viele Kinder und Jugendliche haben Eltern, die noch nie in Somalia waren. Sie haben zwar ein nostalgisches Gefühl in Bezug auf Somalia, können sich aber nichts Genaues darunter vorstellen. Schließlich wurden sie in der Schule nach kenianischen Lehrplänen unterrichtet. Was immerhin den Vorteil hat, dass sie sehr gut Englisch und Kisuaheli sprechen. Das fand ich faszinierend: Eine junge Generation, die in ein solches Camp hineingeboren wurde, ent-wickelt ihre eigene Identität.

Dürfen die Flüchtlinge sich außerhalb des Lagers frei bewegen?

BS – Ein Flüchtling darf in Kenia weder arbeiten noch sich im Land frei bewegen, es sei denn, er hat dafür eine ausdrückliche Genehmigung. Das heißt, jeder ist wirklich in diesem Lager eingeschlossen. Und es gibt auch keine Möglichkeit, nach Somalia zurückzukehren, um das Land wieder aufzubauen, denn der Bürgerkrieg dauert an. Das Leben der Flüchtlinge ist auf das Lager begrenzt. Sie müssen versuchen, das Beste daraus zu machen. Und da gibt es schöne Beispiele von jungen Leuten, die versuchen, kreativ zu sein und eine Aufgabe zu übernehmen.

Welche Möglichkeiten haben junge Leute, sich im Lager zu entwickeln?

BS – Wir haben mit Flüchtlingen einen Film gedreht, der sich mit den Ängsten und Sehnsüchten der jungen Leute beschäftigt. Dann haben wir Journalistenkurse angeboten, eine kleine Zeitung herausgebracht mit Geschichten aus dem Lager. Jugendliche richteten ihre eigenen Facebook-Seiten ein. Fast alle haben Handys. Für die großen Presseteams, die uns besuchten, waren sie oft Ansprechpartner. Wichtig ist, Flüchtlinge selbst zu Wort kommen zu lassen, sodass wir im Hintergrund bleiben können. Journalisten waren meistens ganz begeistert, wenn wir ihnen einen jungen Mann oder eine junge Frau vorstellen konnten, die ihnen halfen, Termine wahrzunehmen, Schulen zu besichtigen usw.

Hatten Sie von Anfang an das Gefühl: Ja, das hier ist der Platz, an dem ich etwas bewirken kann?

BS – Zunächst empfand ich eine wahnsinnige Demut vor allen und allem. Es wäre naiv zu glauben, man kommt dort hin und könnte den Konflikt in Somalia ändern und 500 000 Flüchtlingen neue Chancen und neue Perspektiven auftun. Die Erwartungen sollten realistisch sein, und zwar gleich am Anfang: Ich bin nur ein kleines Rädchen in einem großen Rad und habe die Chance, zwei Jahre oder drei Jahre dort zu sein. Und in dieser Zeit kann ich dazu beitragen, dass sich dieses große Rad etwas schneller bewegt.

Wer mit einer solchen Einstellung dort arbeitet, wird nicht frustriert. Das heißt, der Einzelne kann immer nur einen kleinen Beitrag leisten. Natürlich ist es motivierend, wenn man im Camp engagierte Jugendliche trifft. Das gibt auch dem eigenen Leben einen neuen Impuls.

Wie halten die Menschen dieses Leben viele Jahre aus?

BS – Am Anfang habe ich mich gefragt, wie eine Familie mit sieben oder zehn Kindern in einem Zelt leben kann – Monate, Jahre. Mit unserem Standard von Hygiene oder Privatsphäre würden wir das nie überstehen. Die Anpassungsfähigkeit der Menschen ist sehr beeindruckend.

Das heißt, die Flüchtlinge gehen nicht auf die Barrikaden?

BS – Nein, sie gehen nicht auf die Barrikaden. Denn sie wissen: Im Camp sind sie erst einmal sicher und beschützt. Auf der anderen Seite haben die, die bereits 1991 dort angekommen sind, natürlich andere Bedürfnisse als Menschen, die während der Hungerkatastrophe 2011 nach Dadaab kamen. Den Hungerflüchtlingen ging es ums Überleben. Sie brauchten Schutz, Essen, wollten ihre Kinder in Sicherheit bringen. Wer schon 15 oder 20 Jahre im Lager lebt, sorgt sich um die Ausbildung der Kinder, fragt nach Berufsschulen. Da geht es um das Auskommen, um die Finanzierung einer kleinen Firma. Die Bedürfnisse der Flüchtlinge sind also ganz unterschiedlich. Und darauf muss sich jeder Mitarbeiter einer Hilfsorganisation einstellen und seinen eigenen Blickwinkel herausfinden.

Gibt es im Lager Spannungen und Rivalitäten zwischen ethnischen Gruppen?

BS – Es gibt alle möglichen Spannungen, religiöse unter den Moslems, zwischen Moslems und Christen, unter den Christen auch. In Dadaab sind 95 Prozent Somali, also Moslems. Es gibt auch Sudanesen und einige Äthiopier. 2009 wurde eine Kirche in Flammen gesetzt. Das war schlimm. Die Minderheiten leben oft getrennt von den übrigen Flüchtlingen.

Flüchtlingslager Dadaab | 2011

Auf der anderen Seite besteht gerade unter den Jugendlichen auch ein gewisser Zusammenhalt. Da herrscht das Gefühl: Wir sind alle in der gleichen Situation. Äthiopische Jugendliche lernen die Sprache der Somali und umgekehrt und entwickeln gleichzeitig eine gewisse Toleranz und gegenseitige Akzeptanz.

Die Somali definieren sich über ihre Clans. Die sind oft untereinander verfeindet und greifen sich gegenseitig an. Aber das finde ich nicht so außergewöhnlich in einem Lager mit so vielen Flüchtlingen – das ist eine Stadt so groß wie Bremen. Dort gibt es in bestimmten Stadtteilen ebenfalls Kriminalität. Vergleicht man die Zahl der Übergriffe, die in Dadaab passieren, mit deutschen Städten, dann liegt sie im Flüchtlingslager nicht höher als hier.

Wer stellt die Ordnungskräfte? Die kenianische Polizei?

BS – Die kenianische Polizei ist im Lager präsent. Und es gibt Polizeistationen. Jeder kann sich an die Polizei wenden, wenn es Probleme gibt. Das klappt einigermaßen. Als die kenianische Armee 2012 nach Somalia einmarschierte, wurden die Polizisten und Soldaten aus Kenia im Lager natürlich anders gesehen, und es kam zu Spannungen.

Welchen Einfluss nehmen Flüchtlinge auf die Arbeit der Hilfsorganisationen?

BS – Die Hilfsorganisationen managen die gesamte Infrastruktur im Lager. *Ärzte ohne Grenzen* betreiben ein Krankenhaus. *Oxfam* kümmert sich um die Wasserversorgung. Daneben gibt es noch *Care International* und andere. Vertreter der einzelnen Organisationen treffen sich in einer Art Rathaus und beraten unter der Leitung des *Field-Officer*. Der ist der Repräsentant des UNHCR und übernimmt gewissermaßen die Rolle des Bürgermeisters, indem er die Aktivitäten koordiniert. An den Treffen nehmen immer auch Repräsentanten der Flüchtlinge teil, die ihre Anliegen einbringen, etwa wenn es Probleme mit der Wasserversorgung gibt oder eine Hebamme gebraucht wird.

Ohne die Flüchtlinge könnten wir gar nicht arbeiten. Die sind von A bis Z eingebunden. Und natürlich auch die Regierung. Rechtlich gesehen, ist eigentlich die kenianische Regierung für die 500 000 Flüchtlinge in Dadaab zuständig. Vertreter der Regierung nehmen deshalb ebenfalls an den Beratungen teil.

Wie sicher fühlten Sie sich im Lager?

BS – In Dadaab konnte ich mich lange völlig frei bewegen. Dort war ich zum Beispiel mit Fotografen unterwegs. Wir konnten jeden Winkel aufsuchen, einen Tee trinken. Es gibt ja überall kleine Restaurants und Herbergen. Man muss sich das wirklich wie eine Stadt vorstellen. Natürlich wurde ich als europäische Frau wahrgenommen, als Mitarbeiterin des UNHCR, aber immer sehr freundlich.

Gefährden radikale Islamisten die Arbeit des UNHCR in Dadaab?

BS – Es gibt zwar keine Beweise, aber es wäre naiv zu behaupten, dass es keine Milizen der somalischen *Al Shabaab* im Lager gab. Sie sind vermutlich im Strom der Flüchtlinge ins Lager gelangt, dürften sich dort erholt haben und sind dann wieder nach Somalia zurückgekehrt. Außerdem gab es Versuche, Jugendliche für den *Heiligen Krieg* zu rekrutieren. Die Polizei versucht, das zu unterbinden. Aber es gelingt nicht immer.

Verschlechterte sich dadurch die Sicherheitslage?

BS – Ja, 2012 kam es zu den ersten Entführungen und Anschlägen. Jeder, der europäisch, westlich oder amerikanisch aussah, wurde fast automatisch zur Zielscheibe. Auch kenianische Mitarbeiter wurden entführt. Das war ein mulmiges Gefühl, mit einer Polizei-Eskorte morgens in die Camps zu fahren und mit kugelsicherer Weste in einer Schule aufzutauchen, zwei, drei Sicherheitsbeamte im Schlepptau. Wenn mein Kollege, der für unsere Sicherheit zuständig war, mit dem Handy telefonierte, konnte ich meistens schon an seinem Gesicht ablesen, was wieder passiert war – ein neuer Anschlag oder die Explosion einer Landmine. Diese Anspannung überträgt sich, und man fängt an, sich Szenarien auszudenken. Der Lagerbereich war zwar mehrfach gesichert durch Wachposten und Zäune. Aber man dachte trotzdem, da kann jemand hinaufklettern, uns beobachten und dann angreifen.

Fanden Sie sich gut vorbereitet auf eine solche Aufgabe?

BS – Hundertprozentig kann man sich auf eine solche Aufgabe nicht vorbereiten. Es ist gar nicht so sehr die Misere der Flüchtlinge, die man täglich wahrnimmt. Das Zusammenleben mit so vielen Menschen auf engstem Raum ist schwierig. Man trifft dieselben Leute überall wieder.

Auf der anderen Seite schafft gerade diese Nähe auch spezielle Netzwerke und Freundschaften. Da entsteht ein enger Zusammenhalt. Man ist für einander da. Ich erlebe diese Solidarität innerhalb der Hilfsorganisation. Das ist etwas, was ich sehr schätze.

Wie groß ist das gesundheitliche Risiko für die vielen Flüchtlinge, aber auch für die Helfer? In Dadaab gab es zeitweise Cholera.

BS – Dadaab verfügt über eine eigene Flugpiste und liegt eine Flugstunde von Nairobi entfernt. In der Hauptstadt gibt es hervorragende Krankenhäuser. Mitarbeiter, die erkranken, können ausgeflogen werden. Auch im Flüchtlingslager selbst gibt es Krankenstationen.

Eine interessante Frage ist die psychologische Betreuung. Da müsste meines Erachtens noch mehr passieren. Bei den Hilfsorganisationen gibt es Mitarbeiter, die einsam sind, Trost im Alkohol suchen oder sich schlicht überfordert fühlen – durch die Arbeitssituation und das ständige Zusammensein auf beengtem Raum. Meiner Meinung nach sollten die Vereinten Nationen und die Nichtregierungsorganisationen mehr für die Helfer tun als bisher.

Im Vergleich zu den Flüchtlingen verfügen die Mitarbeiter der Hilfsorganisationen über einen gewissen Komfort. Macht Ihnen dieser Unterschied zu schaffen?

BS – Nicht jeder Flüchtling hat die Möglichkeiten, die wir haben, klar. Wir haben unsere Dusche. Wir haben eine Klimaanlage, können Tag und Nacht E-Mails schreiben. Und wer will, kann nach einem arbeitsreichen Tag mit Hitze und Staub abends sein Bier trinken, und das in einer muslimischen Umgebung. Aber sollen wir uns deswegen ein schlechtes Gewissen einreden oder uns selbst kasteien? Wir haben den Anspruch, professionell zu arbeiten und unter schwierigen, manchmal gefährlichen Bedingungen gute Arbeit zu leisten im Interesse der Flüchtlinge. Voraussetzung dafür ist ein gewisser Standard zum Leben.

Welche Ausbildung und Qualifikation bringen Sie für Ihre Tätigkeit im UNHCR mit?

BS – Ich habe Betriebswirtschaftslehre studiert mit dem Schwerpunkt Medien und Kommunikationswirtschaft. Anschließend war ich bei einer Münchner Werbeagentur tätig und danach bei einer Firma, die Windeln herstellt. Ich sollte ein Werbekonzept entwickeln, das auf Familien mit einem türkischen Hintergrund zielte, die im Durchschnitt bekanntlich mehr Kinder haben als deutsche Familien. Dadurch hatte ich zum ersten Mal mit dem Thema „interkulturelle Kommunikation" und dem Islam zu tun. Für mich stand bald fest: Ich wollte raus aus der Werbung und war entschlossen, mich anderswo einzubringen, statt den Absatz von Windeln zu steigern.

Ich habe dann in Kopenhagen Entwicklungspolitik studiert. Dazwischen lagen mehrere Praktika, u. a. bei den Vereinten Nationen in New York und im Nahen Osten.

Woher kommt Ihr Interesse an der Entwicklungspolitik?

BS – Mit 16 Jahren ging ich als Austauschschülerin nach Südafrika. Ich kam aus einem behüteten Umfeld und wurde in Johannesburg mit der Lage Südafrikas vier Jahre nach dem Ende der Apartheid konfrontiert. Dieser Aufenthalt gab mir den ersten Anstoß, sich dieser anderen Welt zu öffnen.

Während des Studiums absolvierte ich mehrere Auslandssemester und stellte fest: Im Ausland fühle ich mich wohler als in Deutschland. Meine Diplomarbeit ging über Ethno-Marketing. Das war ein ganz neues Forschungsgebiet – also Marketing, ausgerichtet auf ethnische Minderheiten.

Ich weiß es noch genau, als wäre es gestern gewesen: Eines Tages saß ich in einer Bibliothek in München, las Texte über den Islam und andere Themen. Plötzlich wurde mir klar: So geht das nicht! Ich muss die fremden Länder, um die es in den Büchern geht, selber kennenlernen. Ich muss dort eine Zeitlang leben, bevor ich darüber schreibe.

Ein Jahr war ich am Goethe-Institut in Marokko tätig, eine unglaublich spannende Zeit. Alles auf Französisch, Deutsch und Arabisch. Ich habe hauptsächlich Veranstaltungen organisiert: Ausstellungen und Konzerte. Bevor ich 2010 nach Kenia wechselte, war ich bei der Europäischen Kommission in Brüssel tätig. Dann habe ich mich auf eine von 40 Stellen beworben, die das Bundesministerium für Wirtschaftliche Zusammenarbeit jährlich als eine Art Nachwuchsförderung ausschreibt, und zwar für junge Deutsche, die für drei Jahre in internationalen Organisationen tätig werden wollen. Ich hatte Glück und bekam die Stelle im Flüchtlingslager Dadaab.

Im September 2013 gingen Sie von Kenia in den Tschad. Was ist in diesem Land anders als in Kenia?

BS – Von N'Djamena aus, der Hauptstadt des Tschad, betreut der UNHCR Flüchtlinge in 18 verschiedenen Lagern. Die meisten Lager liegen an der Grenze zum Sudan. Seit 2003 leben dort Flüchtlinge aus Darfur, also aus Westsudan. Weitere 80 000 Flüchtlinge leben im Süden des Tschad an der Grenze zur Zentralafrikanischen Republik. Insgesamt dürften in den Lagern fast eine halbe Million Menschen untergebracht sein.

Im Tschad sind die Flüchtlingslager fast über das ganze Land verteilt. Ist die Betreuung schwierig?

BS – Ja, vor allem auch deswegen, weil der Tschad eines der ärmsten Länder der Welt ist. Das heißt, es gibt kaum ein Gesundheitssystem, kaum ein Bildungssystem. Im Vergleich dazu: Kenia hat eine Mittelschicht. Dort hat jedes Dorf eine Schule. Der UNHCR und die anderen Hilfsorganisationen versuchen, den Lebensstandard der Bevölkerung im Tschad zu verbessern, indem sie dort Brunnen anlegen und neue Schulen errichten.

Worin besteht Ihre Aufgabe im Tschad? Was können Sie angesichts einer solchen Herausforderung für die Flüchtlinge tun?

BS – Wie bisher bin ich für die Öffentlichkeitsarbeit zuständig. Meine Aufgabe besteht außerdem darin, Gelder zu beschaffen. Es ist ja so – die Krisen werden nicht weniger und die Geldtöpfe nicht größer. Stichwort globale Finanzkrise. Also versuchen wir, an neue Finanzquellen heranzukommen, indem wir an die Privatwirtschaft herantreten oder versuchen, über Stiftungen Mittel zu erhalten. Außerdem sitze ich mit am Tisch, wenn innerhalb der UN-Familie über die Verteilung der Gelder verhandelt wird: Wie viel Geld bekommt das Kinderhilfswerk UNICEF, die Welternährungsorganisation FAO und eben unsere Organisation, der UNHCR.

Das Erschließen neuer Finanzquellen stelle ich mir schwierig vor.

BS – Manchmal bietet sich die Möglichkeit, lokal etwas zu versuchen. Im Tschad wurde gerade Öl gefunden. Ich recherchiere, welche Firmen dort aktiv sind. In jedem Fall sollte man darauf achten, von wem das Geld kommt. Gelegentlich sind auch die in der Hauptstadt ansässigen Botschafter unsere Ansprechpartner, wenn sie über Geldtöpfe verfügen.

Zum Schluss möchte ich Sie auf den Flüchtlingsstrom aus Afrika in Richtung Europa ansprechen. Können Sie diese Flüchtlingsbewegung über das Mittelmeer verstehen?

BS – Auf jeden Fall kann ich das verstehen. Kein Mensch flüchtet ohne Grund, nur weil ihm eines Tages einfällt: Ich möchte jetzt meine Familie, mein Land, meine Heimat, meine Geborgenheit verlassen. Das macht niemand. Denn jeder möchte doch eigentlich dort bleiben, wo seine Wurzeln sind, wo es ihm gut geht, wo er sich behütet fühlt und die Angehörigen um ihn herum sind.

Wenn eine Person sich zur Flucht entschließt und auf all das verzichtet, dann kann man sich ausmalen, unter welchen Umständen solche Menschen leben und wie eine solche Entscheidung zustande kommt. Ich denke, es ist normal und menschlich, dass jeder nach etwas Besserem strebt. Daher kann ich die Beweggründe, die einen Afrikaner zur Flucht nach Europa verleiten, absolut nachvollziehen.

Noch einmal zur Fluchtbewegung innerhalb Afrikas: In Kenia und Somalia war es tatsächlich so, dass wegen der Hungerkatastrophe viele Frauen und Kinder geflüchtet sind, während die Männer noch in der Heimat blieben, weil sie sich um die Landwirtschaft kümmern wollten. Wir hatten auch Familienväter, die sich für einige Zeit jenseits der Grenze aufhielten, die hin und her wechselten, um ihr Hab und Gut im Auge zu behalten. Sie kamen erst dann zu uns, nachdem sie alles verloren hatten.

4

BANKEN, BETRÜGER UND SPEKULANTEN

DIE ZÄHMUNG DER FINANZMÄRKTE IST NICHT GELUNGEN

Auf Investoren übte der New Yorker Finanz- und Börsenmakler Bernard Madoff eine eigenartige Faszination aus. Es war beinahe Ehrensache, bei *Bernie* Geld anzulegen, so groß war das Vertrauen, das ihm entgegengebracht wurde.

Nicht nur aus den USA, sondern aus aller Welt flossen Madoff Geldmittel zu und füllten sein Konto, auf dem zeitweise gigantische Summen lagerten. Die Beträge, die Geldgeber ihm anvertrauten, lagen zwischen 50 000 und 1,5 Milliarden US-Dollar. Rentner, Lehrer, Unternehmer, einfache Leute und Superreiche – alle investierten wegen der hohen Rendite bei Madoff. Wo sonst konnte man sein Geld so vermehren!

Im Geflecht der Anleger spielte der *Palm Beach Country Club* in Florida eine wichtige Rolle. Um in dem exklusiven Golfclub Mitglied werden zu dürfen, bedurfte es bestimmter Voraussetzungen: Reichtum und Spendenbereitschaft. Wohltätigen Organisationen Geld zu spenden, kam dem eigenen Image zugute und schaffte zugleich Vertrauen.

Der New Yorker Multimilliardär Bernard Madoff und seine Frau Ruth gingen mit bestem Beispiel voran und unterstützten großzügig gemeinnützige Projekte. Aber der Schein trog.

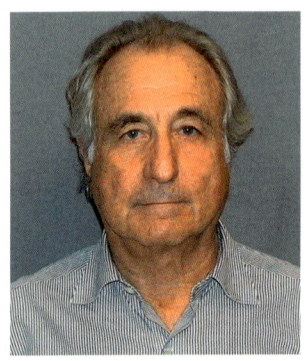

Bernard Madoff

Ein Großbetrüger

Madoff stammte aus dem New Yorker Stadtteil Queens und war in bescheidenen Verhältnissen aufgewachsen. Mit den ersten 5000 Dollar, die er sich in jungen Jahren durch Ferienjobs als Rettungsschwimmer verdient hatte, ging er in New York an die Börse und brachte es im Laufe von fast zwei Jahrzehnten zum Multimilliardär. Sein Ruf als gewiefter Experte und ausgezeichneter Kenner der Aktienmärkte war makellos. Madoff zählte zu den Mitbegründern der Technologie-Börse *Nasdaq*, die er zeitweise als Vorsitzender leitete. Diese Funktion vergrößerte sein Ansehen, sodass viele seinen Rat suchten. Er war es, der den Computer als Finanzdienstleister hoffähig machte.

Dass hinter seinem Anlagemodell eine der größten Betrugsgeschichten der Finanzbranche steckte, ahnte kaum jemand. Das „System Madoff" funktionierte nach dem Schneeballprinzip: Mit dem Geld neuer Investoren finanzierte er die Renditen früherer Anleger. Solange ihm immer neue Mittel zuflossen, gab es kein Problem. Als jedoch der Zufluss stockte und Investoren in großer Zahl ihr Geld zurückforderten, fiel das Ganze wie ein Kartenhaus zusammen. Das war im Dezember 2008 der Fall.

Der *„Pionier der Wall Street"*, der Renditenzauberer und Wohltäter Bernard Madoff stürzte tief und riss viele mit in den Abgrund: Menschen, die plötzlich ihre gesamten Ersparnisse verloren, Prominente, darunter der Regisseur Steven Spielberg und der Friedensnobelpreisträger Elie Wiesel, ferner Stiftungen, jüdische Wohltätigkeitsverbände, Universitäten, Investmentunternehmen und Banken.

Nicht nur in den USA, auch in Europa mussten Großbanken, die ebenfalls in den Strudel der Milliardenpleite gerieten, hohe Beträge abschreiben. Bernard Madoff – ein Großbetrüger, dessen Untergang zugleich das Versagen der US-Börsenaufsicht *Securities and Exchange Commission* (SEC) dokumentierte.

Denn bereits Ende der 1990er Jahre hatte ein Fondsverwalter die Kontrollinstanz eingeschaltet. Dem Mann war das Finanzgebaren Madoffs mit seinen Tarnkonten, auf denen riesige Geldsummen hin-

und hergeschoben wurden, verdächtig vorgekommen, und er hatte Aufklärung verlangt. Doch die Börsenaufsicht ließ viel Zeit verstreichen, bis sie ein Verfahren einleitete, um es dann zügig wieder einzustellen. Vielleicht lag es daran, dass Madoffs Freunde an den „richtigen" Stellen beim SEC saßen.

150 Jahre Haft

Vor Gericht bekannte sich Madoff des Diebstahls, der Geldwäsche und der Urkundenfälschung für schuldig. Der von ihm eingeräumte Schaden in Höhe von 50 Milliarden Dollar musste mehrfach nach oben korrigiert werden. Schließlich belief sich die Schadenssumme auf 65 Milliarden Dollar. Bis auf einen Rest von etwa 200 Millionen Dollar war das Geld verschwunden. Ein Heer von Anwälten schwärmte aus, um Geschädigte ausfindig zu machen und sie vor Gericht zu vertreten. Bis nach Gibraltar zogen sich die Erkundungen.

Die Haftstrafe von 150 Jahren, die das Gericht im Juni 2009 gegen den Milliardenbetrüger verhängte, bedeutete für die Betrogenen letztlich keine Genugtuung, erst recht nicht für diejenigen, die durch Madoffs gigantischen Schwindel ihre gesamte Existenz verloren hatten.

Ruth Madoff bekam vom Gericht für den Eigenbedarf 2,5 Millionen Dollar zugesprochen. Während der 71 Jahre alte Investor seine Gefängnisstrafe antrat, war es die Aufgabe seiner Frau, Apartments, Ferienhäuser und Luxusjachten zu verkaufen. Der Erlös, der den Geschädigten zugutekommen sollte, war jedoch angesichts des gesamten Schadens eher kläglich.

Gier und Größenwahn

Im Rückblick fügt sich der Untergang des Geldimperiums von Bernard Madoff fast nahtlos in ein allgemeines Krisenszenario ein, das bereits 2006 entstanden war und in den Jahren danach ein Ausmaß erreichte, das nur wenige für möglich gehalten haben. Gier und Größenwahn sowie Lug und Betrug spielten auch dabei die ausschlaggebende Rolle.

Die gesamte Welt geriet 2006 an den Rand einer Katastrophe, wie sie zuletzt acht Jahrzehnte zuvor den Globus erschüttert hatte: die Weltwirtschaftskrise Ende der 1920er Jahre. Am 25. Oktober 1929, am *Schwarzen Freitag*, waren an der New Yorker Börse die Kurse zusammengebrochen und hatten weltweit eine Massenpanik ausgelöst. Tausende von Unternehmen gingen bankrott und Millionen von Menschen standen vor dem Nichts.

Ninjas

Solche Schreckensbilder geisterten durch die Köpfe, als eine hausgemachte Immobilienkrise der USA sich zwischen 2006 und 2013 zu einer globalen Banken-, Finanz- und Wirtschaftskrise ausweitete und einen Schuldenberg aufhäufte, der noch künftige Generationen belasten wird.

Die US-Notenbank *Federal Reserve* fuhr nach der Jahrtausendwende die Zinsen drastisch herunter. Die Banken reichten das Geld zu Bedingungen weiter, die mehr als verlockend schienen. In den amerikanischen Vorstädten mit den komfortablen Häusern und den gepflegten Rasenflächen konnten viele Amerikaner plötzlich ihren Traum von einem eigenen Heim verwirklichen, selbst wenn sie kein Eigenkapital oder ein geregeltes Einkommen besaßen. Die Schwemme billiger Kredite machte es möglich.

Im Jargon der Banker wurden die schlecht oder gar nicht abgesicherten Hypotheken „Subprime" genannt: nicht die erste Wahl. Die Abnehmer waren die *„Ninjas: No income, no job, no assets"* – kein Einkommen, kein Job, kein Vermögen.

Die Großbanken an der Wall Street verstanden es, diese *„faulen Kredite"* gewissermaßen zu veredeln. Die Banken schnürten in einem „Recyclingverfahren" die Darlehen zu Bündeln, die zerkleinert, neu verpackt und als Wertpapiere wieder auf den Markt gebracht wurden.

Bevor Kreditinstitute, Investmentfonds und Versicherungen zugreifen konnten, schleusten die US-Banker die Kredite durch Steueroasen – eine Geldwäsche der besonderen Art – und veranlassten Rating-Agenturen, den Papieren gute Zeugnisse auszustellen.

In einer Analyse der *Süddeutschen Zeitung* heißt es dazu: *„Aus Schrott wird Gold, aus* Subprime *wird* Prime. *Am Ende lassen sich davon auch viele Banken in Europa blenden."*

Zwangsversteigerungen

Die Freude der neuen Hausbesitzer an ihrem Besitz währte nicht lange. Denn die Kreditschwemme hatte eine *„Immobilienblase"* geschaffen, die schließlich platzte. Der Wert der neuen Häuser sank und lag am Ende weit unter dem der aufgenommenen Kredite. Die Eigentümer sahen sich außerstande, die Hypotheken abzuzahlen. Zwangsversteigerungen waren die bittere Folge. Reihenweise standen Eigenheime zum Verkauf. Während Makler und gut betuchte Leute sich auf Schnäppchenjagd begaben, räumten verzweifelte Menschen ihre Häuser. Sie fühlten sich betrogen und verschaukelt.

Aber auch die Banken mussten büßen. Geldhäuser in aller Welt hatten die künstlich aufgeblähten und danach neu in Umlauf gebrachten Kreditpapiere erworben und dafür Milliardenbeträge aufgebracht. Auch in Deutschland hatten Banken und Sparkassen ihre Kunden überredet, in amerikanische Wohnanlagen zu investieren.

Da die Papiere völlig wertlos waren, lösten sie sich im Zuge der Immobilienkrise in Luft auf. Wie ein tödliches Gift entfalteten sie aber zugleich eine teuflische Wirkung, die weit um sich griff. *„Toxi-*

Zu verkaufen!

sche Papiere", dieser Begriff gehörte bald zum Vokabular von Bankern und Börsenhändlern. Denn es wurden nicht nur viele Menschen um ihre Ersparnisse gebracht. In den USA wie in Europa gerieten auch renommierte Geldhäuser, die vergiftete Papiere in großen Mengen erworben hatten, ins Wanken. Zugleich purzelten die Aktienkurse in den Keller. Das „System Madoff" wiederholte sich, allerdings in einem noch viel größeren Ausmaß. Als die Schuldenlast einzelne Kreditinstitute zu erdrücken drohte, riefen die Banker nach dem Staat.

IKB

In Deutschland geisterte 2007 das bis dahin weitgehend unbekannte Kürzel IKB durch die Schlagzeilen. Dahinter verbarg sich die in Düsseldorf ansässige *Industriekreditbank*, die ebenfalls mit amerikanischen Papieren spekuliert hatte. Die damalige Bundesregierung ließ sich nicht lange bitten und unterstützte das in Schieflage geratene Kreditinstitut mit Steuergeldern. In ihrer Begründung bezog sich die Regierung ausdrücklich auf die Weltwirtschaftskrise, die nach dem Börsenkrach von 1929 zahlreiche Banken in den Abgrund gezogen hatte. Man habe einen Dominoeffekt vermeiden wollen.

Die Sorge war nicht ganz unbegründet, denn die Anzeichen für eine galoppierende Bankenkrise häuften sich. In Großbritannien stürmten Kunden Zweigstellen der Bank *Northern Rock*, um ihre Ersparnisse in Sicherheit zu bringen. Überall läuteten die Alarmglocken. Unter der Last ihrer Schulden drohten Geldhäuser reihenweise einzustürzen. Aus der Immobilienkrise war nun eine Bankenkrise geworden.

Ein globaler Schock

Nachdem die US-Regierung zwei Investmentbanken aufgefangen hatte, stellte sie sich im Herbst 2008 im Fall der berühmten New Yorker Investmentbank *Lehman Brothers* stur. Die Bank beschäftigte weltweit über 28 000 Menschen. Ihre Verbindlichkeiten hatten sich auf über 30 Milliarden US-Dollar angehäuft. Der Chef der Großbank,

Richard Fuld, wegen seiner drastischen Sprache auch *Gorilla* genannt, setzte sich vehement gegen Spekulanten zur Wehr, die auf eine Pleite von Lehman Brothers hofften. *„Ich werde ihnen die Herzen herausreißen und sie essen, bevor sie sterben"*, hatte er unter dem Beifall seiner Mitarbeiter lauthals verkündet.

Am 15. September 2008 machte Fuld sich kleinlaut vom Acker. Denn das Unvorstellbare war eingetreten: Eine Traditionsbank, Mitte des 19. Jahrhunderts gegründet, ein Gigant unter den Großbanken der USA, ging krachend zu Boden und sandte einem Erdbeben gleich Schockwellen rund um den Globus.

Lehman-Pleite

Am Morgen des 15. September 2008 machte sich der Banker Bolaji Lawal auf den Weg zur Investmentbank *Lehman Brothers*, um seine neue Arbeitsstelle anzutreten. Kaum hatte der junge Nigerianer das Hochhaus an der 7th Avenue in Manhattan erreicht, strömten Leute aus dem Gebäude. Einige weinten. Andere trugen Pappkartons mit persönlichen Dingen, die sie offenbar in Eile eingesammelt hatten. Fotografen und Kameraleute hielten die Szene fest. Lawal brauchte nicht lange, bis er begriff, dass sein erster Arbeitstag zugleich der letzte sein würde. Denn *Lehman Brothers* war pleite.

Experten schätzen, dass allein in Deutschland bis zu 50 000 Anleger ihr investiertes Geld eingebüßt haben. Niemand hatte in den Monaten zuvor mit der Insolvenz gerechnet, auch die Bundesregierung nicht. Einzelne Unternehmer, Fondsmanager und Investmentbanker, die durch riskante Spekulationen große Geldsummen verloren hatten, nahmen sich das Leben, darunter Adolf Merckle, der Chef des gleichnamigen Familienunternehmens, und der Franzose Thierry de la Villehuchet, der dem Betrüger Bernard Madoff mit einer Milliarde Euro auf den Leim gegangen war.

Nachricht vom Lehman-Bankrott

Nach der katastrophalen *Lehman*-Pleite schien alles möglich, auch ein Absturz der gesamten Weltwirtschaft. Die amerikanische Regierung reagierte nervös und entschloss sich, taumelnden Banken doch unter die Arme zu greifen und sie mit staatlichen Mitteln zu stützen.

Ihrem Beispiel folgten mehrere europäische Länder, beispielsweise Großbritannien und Deutschland. So konnte auch die deutsche Immobilienbank *Hypo Real Estate* mit Hilfe von Milliardenbeträgen aus der Staatskasse überleben. In den 28 Mitgliedsstaaten der Europäischen Union wurden Banken insgesamt mit 1,6 Billionen Euro gestützt.

Die Bevölkerung verfolgte die staatlichen Transfers an private Unternehmungen mit mühsam unterdrückter Wut. Jahrelang hatten Banker und Investoren fette Gewinne gemacht und zu ihren dicken Gehältern hohe Prämien kassiert. Für die Folgen miserablen Managements, eklatanter Fehlentscheidungen und ungebremster Geldgier musste nun der Steuerzahler aufkommen. Die gesamte Branche geriet in Verruf.

Deutschlands dümmste Bank

Aber das Drama war noch längst nicht zu Ende. Die Regierungen pumpten immer mehr Milliarden in kaputte Banken. *„Die Schulden der Banken, die in den Jahren zuvor übermäßig gestiegen waren, werden so umgewandelt in staatliche Schulden"*, schrieb die *Süddeutsche Zeitung* fünf Jahre nach der Lehman-Pleite.

Einen fast makabren Nachtrag zur Lehman-Insolvenz lieferte die staatseigene deutsche Förderbank *Kreditanstalt für Wiederaufbau (KfW)*. Am Morgen des 15. September 2008 – der Zusammenbruch des Giganten an der Wall Street stand unmittelbar bevor – überwies die *KfW* 320 Millionen Euro nach New York.

Die verabredete Gegenleistung – 500 Millionen US-Dollar – kam nicht mehr zustande. Die *Frankfurter Allgemeine Zeitung* deckte den *„schier unglaublichen Vorfall, der sich zum Skandal ausweitete"*, auf. Ein deutsches Boulevardblatt machte daraus schließlich die Schlagzeile *Deutschlands dümmste Bank*.

Rettungsschirm

In dem Ringen, Banken durch staatliche Finanzspritzen bzw. durch eine komplette Verstaatlichung über Wasser zu halten, prägten die Akteure einen Begriff, der den eigentlichen Vorgang verschleierte. Sie sprachen von einem „*Rettungsschirm*" für notleidende Kreditinstitute. Das klang nach Samariterdienst. In Wirklichkeit ging es darum, ein System zu erhalten, in dem sich finanzielle, wirtschaftliche und auch politische Macht ballte und das durch eigenes Verschulden auf der Kippe stand. „*Too big to fail*" – zu groß, um zu scheitern – nach dieser Maßgabe funktionierte der staatliche Rettungsdienst.

Der Rettungsschirm erwies sich jedoch bald als löchrig, denn die mit Mühe geretteten Banken trauten sich gegenseitig nicht mehr. Was sonst eine Selbstverständlichkeit war – sie mochten sich jetzt untereinander kein Geld mehr leihen. Der Kapitalfluss stockte. Mittelständische Betriebe und Großunternehmen, die auf Kredite angewiesen waren, klopften vergeblich an. Statt die Produktion auszuweiten, mussten Unternehmer sie zurückfahren. So wurde aus der Bankenkrise eine handfeste Wirtschaftskrise.

Wiederbelebungsmaßen für die Konjunktur

In den Jahren 2008 und 2009, als in Deutschland die Zahl der Firmenpleiten in die Höhe schnellte und einzelne Großunternehmen an die Regierung in Berlin appellierten, unverzüglich zu handeln, bevor es zu spät sei, nahm der Staat erneut Milliardenbeträge in die Hand. Jetzt ging es darum, die Wirtschaft wieder in Schwung zu bringen. Denn in aller Welt zeichnete sich eine tiefe Rezession ab. Unter den gewaltigen Summen zur Konjunkturbelebung in Deutschland fielen zwei Einzelmaßnahmen auf: Einmal wurde die Zahlung des Kurzarbeitergeldes auf zwölf Monate verlängert. Das hatte den Vorteil, dass die Entlassungswelle gebremst wurde und die monatliche Arbeitslosenstatistik etwas freundlicher aussah.

Die zweite Maßnahme fiel in ihrer Außenwirkung noch spektakulärer aus, obwohl sie sehr umstritten war: die Abwrackprämie. Statt massiv in den Ausbau der öffentlichen Verkehrsmittel zu investieren, wurde die Autoindustrie gestützt.

Auto-Werbung mit der Abwrackprämie | 2009

Die Idee stammte aus der Automobilindustrie und wurde zunächst der Öffentlichkeit als *„Umweltprämie"* schmackhaft gemacht. Wer einen alten Wagen verschrotten ließ und dafür einen schadstoffarmen Neuwagen kaufte, bekam vom Staat einen Zuschuss von 2500 Euro. Insgesamt 1,5 Milliarden Euro machte die Regierung dafür locker. Die Idee zündete. Hunderttausende von Autos – manche davon noch in einem leidlich guten Zustand – kamen in die Schrottpresse und machten Neuwagen Platz. Die Bezeichnung *„Abwrackprämie"* schaffte es, zum Wort des Jahres 2009 gewählt zu werden.

Gefahr für den Euro

Das politische Krisenmanagement verzeichnete durchaus Einzelerfolge. Ländern wie der Bundesrepublik gelang es, haarscharf am Niedergang vorbei zu schrammen. Aber längst nicht alle Staaten steckten die Wirtschaftsflaute einfach so weg. Überall lahmte die Konjunktur. Die überschuldeten Banken waren im Gefolge der *Lehman*-Pleite mit der eigenen Existenzsicherung beschäftigt. Überdies wirkte sich ein Beschluss der europäischen Finanzminister vom November 2008, wonach jedes Land für die Rettung seiner Banken selbst verantwortlich sei, negativ aus. Mitten in der Wirtschaftskrise waren die meisten Länder dazu gar nicht in der Lage.

Deswegen geriet das Herzstück der Europäischen Union, der Euro, im Jahr 2010 in schweres Fahrwasser. Der erste Kandidat für eine Staatspleite war Griechenland. Die Regierung in Athen hatte den Beitritt zur Währungsunion aufgrund gefälschter Zahlen erreicht, was in Brüssel angeblich niemandem aufgefallen war. Auch sonst hatte das Land wenig unternommen, um seine Staatseinnahmen in Ordnung zu bringen und eine konkurrenzfähige Wirtschaft aufzubauen.

Jetzt war europäisches Krisenmanagement gefragt. Die Bundesregierung unter Kanzlerin Angela Merkel stellte sich in enger Tuchfühlung mit Frankreich an die Spitze der Bewegung. Neue Rettungsschirme wurden aufgespannt und milliardenschwere Rettungspakete geschnürt. Aber kaum war ein Krisenland notdürftig stabilisiert, sandten andere Staaten Notsignale aus: Irland, Island, Italien, Spanien, Portugal, Zypern und dazwischen immer wieder Griechenland. Immer neue Krisensitzungen wurden einberufen, um den Druck auf den Euro zu mildern und die europäische Währung vor dem Untergang zu bewahren.

Den politisch Handelnden fiel nichts anderes ein, als die in Bedrängnis geratenen Länder weiter mit Geld zu stützen. Die *Europäische Kommission*, die *Europäische Zentralbank (EZB)*, der *Internationale Währungsfonds (IWF)* – die *„Troika"* – sowie einzelne Regierungen rauften sich zusammen, um Kredite, Umschuldungen und Schuldenerlasse zu ermöglichen.

Bundeskanzlerin Merkel sorgte dafür, dass die Rettungspakete jeweils mit drastischen Sparauflagen und Einschnitten in die nationalen Haushalte verknüpft wurden. Das geschah gewiss auch, um die Bevölkerung in Deutschland zu besänftigen. Schon während der Bankenkrise 2008 hatten Merkel und Finanzminister Peer Steinbrück versichert, das Geld der Sparer

Vertreter der Troika in Athen | 2010

sei sicher. Bei der Bekämpfung der Eurokrise nahm die Bundesregierung die Steuerzahler für zusätzliche Milliardenbeträge in Form von Bürgschaften und anderen Verpflichtungen in Haftung.

Beispiele: Spanien und Griechenland

Es dauerte eine Weile, bis die Deutschen begriffen, dass das viele Geld nicht den Menschen in den betroffenen Ländern zugutekam, sondern fast ausschließlich den überschuldeten Banken.

Die spanische Bauindustrie hatte im engen Verbund mit korrupten Politikern und geldgierigen Bankern riesige Wohn- und Ferienanlagen hochgezogen, und zwar gegen jede Vernunft und völlig am Bedarf vorbei. Plötzlich standen ganze Straßenzüge und Feriensiedlungen leer. Um die beteiligten spanischen Kreditinstitute aus dem Sumpf zu ziehen, machten die *Europäische Zentralbank* und andere Institute Geld locker. Spanische Jugendliche hingegen gingen leer aus. Millionen junger Spanier standen vor dem Nichts: keine Ausbildung, keine Arbeit, keine Zukunft.

In Griechenland gerieten Hunderttausende von Menschen durch die rigorosen Sparauflagen ebenfalls in eine extreme Notlage. Die staatliche Fürsorge für Alte und Kranke, für kulturelle Einrichtungen, die Ausgaben für Schulen und Hochschulen – alles wurde zurückgefahren. Die Spardiktate drohten die Konjunktur Griechenlands vollends abzuwürgen. Ein *Marshall-Plan*, wie er nach dem Zweiten Weltkrieg Deutschland und anderen europäischen Staaten zugutekam, wäre für die Länder im Süden Europas angebracht gewesen. Aber dafür fühlte sich niemand zuständig.

Die EZB ist bereit

Die kostspieligen Rettungsmaßnahmen verschafften dem Euro etwas Luft, aber eine durchschlagende Wirkung ging davon nicht aus. Vielmehr hielt die Spekulation auf den Euro unvermindert an. In dieser Situation trat EZB-Chef Mario Draghi im Sommer 2012 die Flucht nach vorn an und tat etwas, was in den Statuten der Europäischen Zentralbank so nicht vorgesehen war. Er gab bekannt, die

Bank werde Staatsanleihen angeschlagener Staaten kaufen. *„Die EZB ist bereit, alles zu tun, um den Euro zu retten"*, verkündete Draghi lächelnd und fügte hinzu: *„Und glauben Sie mir, es wird genug sein."*

Die Zusage glich einem Blankoscheck und öffnete die Schleusen für einen massiven Geldausstoß der Notenbanken. In Europa wie in den USA liefen die Notenpressen auf Hochtouren. Die Geldschwemme in Verbindung mit extrem niedrigen Zinsen beflügelte auch die Wirtschaft in den Schwellenländern China, Indien, Russland und Brasilien. Doch erste zaghafte Versuche der amerikanischen Notenbank, den Geldumlauf zu drosseln, trieben die Anleger und Händler wieder in eine andere Richtung, weg von den Schwellenländern.

Dieser Schwenk machte wiederum deutlich, wie sehr die globalen Finanzmärkte miteinander verzahnt waren und wie wenig selbst Staatengemeinschaften wie die Europäische Union gegen skrupellose Spekulanten ausrichten konnten.

So schrieb die *Süddeutsche Zeitung* fünf Jahre nach der Lehman-Pleite: *„Das Milliarden-Monopoly der Banken und Bankenretter, der Staaten und der Staatenretter hat weit vor dem Lehman-Crash begonnen. Und es ist noch lange nicht vorbei. Wer aber gewinnt? Und wer ist am Ende pleite? Es ist nicht leicht, in diesem gefährlichen Spiel den Überblick zu behalten. Zu schnell folgt ein Ereignis auf das andere, ein Rettungspaket auf das andere. Immer wieder hoffen wir, dass nun endlich das Schlimmste überstanden ist. Und dann wachsen uns die Schulden doch wieder über den Kopf."*

Glücksritter und Kriminelle

Wer sind die Schurken im „großen Schuldenspiel"? Investoren, Banker, Börsenmakler, Spekulanten zählen zu den Hauptakteuren. Nicht alle, aber viele von ihnen treiben mit dem Geld anderer Leute Schindluder. Wenn es dem eigenen Profit dient, sind sie auch bereit, Regierungen zu stürzen und Länder in den Ruin zu treiben. Daher kann man mit Fug und Recht von Betrügern sprechen, von Finanzjongleuren, Glücksrittern, Geldhaien, Heuschrecken oder auch schlicht von Kriminellen, die hinter Gitter gehören.

Und noch eins haben die verschiedenen Krisen deutlich gemacht. Das Geschäft mit dem Geld hat sich von der Produktionsebene abgekoppelt. Die Finanzströme rasen unkontrolliert um den Globus – stets auf der Suche nach hochprofitablen Anlagemöglichkeiten. Zwischen realer Welt und der durch Geldgier stets neu beflügelten Finanzwelt ist eine Kluft entstanden. Diese Kluft wirft wiederum die Frage nach der Aufsicht über die globalen Geldgeschäfte auf. Denn abseits der Börsen gibt es Geldgeschäfte, die selbst erfahrene Bankfachleute nicht verstehen. Sie überlassen Finanzmathematikern und Computerspezialisten das Feld. Hauptsache am Ende steht ein Plus.

Vor diesem Hintergrund erscheint es im Rückblick nicht mehr so überraschend – obwohl viele zunächst fassungslos reagierten –, dass ein junger Angestellter der Pariser Bank *Société Générale* fünf Milliarden Euro verzocken konnte. Zeitweise jonglierte Jérôme Kerviel mit 50 Milliarden. Er trickste, täuschte, fälschte E-Mails, operierte mit Scheingeschäften.

Trotz aller Bemühungen internationaler Gremien ist kein wirksames Bollwerk gegen die „Blitzkriege" des Finanzkapitals entstanden. Die Zähmung der Finanzmärkte ist nicht gelungen. Maßnahmen wie die Finanztransaktionssteuer, also eine Abgabe auf jedes einzelne Finanzgeschäft, bleiben so lange stumpfe Schwerter, wie Länder wie die USA und Großbritannien nicht mitmachen. Zu groß sind die egoistischen Interessen der Länder, wie zum Beispiel von Großbritannien. London soll als Drehscheibe des Handels mit Geld erhalten und erweitert werden. Am 12. September 2013 hieß es in der *Zeit: „Fünf Jahre nach dem Finanzkollaps ist die Ursache klar: Die Banken haben die Welt in die Überschuldung getrieben. Eine Wiederholung ist nicht ausgeschlossen."*

Schattenbanken

Neben den herkömmlichen Banken existiert ein System, dessen Geldgeschäfte sich jeder Kontrolle entziehen. Das können Hedgefonds sein. Dabei handelt es sich um riskante Investmentfonds zur Absicherung von Zins- und Wechselkursverlusten. Auch Tochtergesellschaften von Banken, die auf eigene Rechnung im Anlagegeschäft tätig sind, tummeln sich in dieser Grauzone. Geldwäsche und andere betrügerische Geschäfte im Finanzsektor werden ebenfalls zum Reich der Schattenbanken gezählt. Fachleute schätzen, dass dieser Bereich bereits einen Umfang von rund 60 Billionen Euro erreicht hat. Allein dieser Betrag lässt erahnen, welches Risiko Schattenbanken innerhalb des globalen Finanzsystems darstellen. Daher ist die Forderung berechtigt, dass endlich Licht in diese Schattenwelt kommt und jedes Finanzgeschäft, das dort getätigt wird, unter Kontrolle gestellt wird.

Mikrokredite

Eine Alternative zum Big Business der Banken tat sich in Asien auf. Im überbevölkerten armen Bangladesch entwickelte der Wirtschaftsprofessor Muhammad Yunus die Idee, kleinen Gewerbetreibenden und Existenzgründern durch Mikrokredite, also Kleindarlehen, auf die Beine zu helfen. In Deutschland waren Genossenschaftsbanken einmal aus ähnlichen Beweggründen entstanden: Kreditinstitute nicht als Spielwiese für Reiche, die noch reicher werden wollen, sondern im Dienste der Allgemeinheit. Im Porträt von Muhammad Yunus geht es um die Frage, ob und wie die Vergabe von Mikrokrediten funktioniert.

Vorher wird eine Bewegung vorgestellt, die massiv gegen die Bankenkrise Stellung bezog. „Occupy Wall Street" wurde zum Slogan von Protesten rund um den Globus. Am Ende besaßen Kapital und Politik allerdings den längeren Atem.

OCCUPY WALL STREET
Besetzt das Herzstück des Finanzkapitals!

Demonstration der *Occupy*-Bewegung in New York | 2011

Im Herbst 2011 sorgte eine Bewegung mit spektakulären Aktionen weltweit für Aufsehen: *Occupy Wall Street*. *„Besetzt die Geldmeile, das Herzstück des Finanzkapitals!"* Nach allem, was in den Jahren zuvor geschehen war, verstand fast jeder diese Parole. Im Zuccotti Park in New York schlugen überwiegend junge Leute ihre Zelte auf, forderten die Zerschlagung der Banken und ein Ende des Turbokapitalismus, der die Welt zu ersticken drohte.

Zum Symbol der *Occupy*-Bewegung wurde eine Maske, die der englische Comic-Autor Alan Moore entworfen hatte. Guy Fawkes war sein Vorbild gewesen, ein katholischer Rebell, der Anfang des 17. Jahrhunderts den englischen König umbringen wollte und dabei den Tod fand – für manche bis heute ein Märtyrer.

Wie ein Lauffeuer verbreitete sich der Protest rund um den Globus. In Deutschland rief *Occupy* in mehreren Städten Demonstranten auf den Plan, darunter in Frankfurt am Main, Berlin und Hamburg. Nach dem weitgehenden Versagen der Politiker bei der Zähmung der Banken endlich ein Hoffnungsschimmer. So dachten viele.

„Wir sind 99 Prozent", lautete ein weiterer Slogan. *Occupy* verstand sich als basisdemokratischer Verbund, als Keimzelle einer neuen Gesellschaft.

Die Menschen sollten auf einander hören und gemeinsame Lösungen anstreben. Es gab Vollversammlungen, *Asamblea* genannt. Weil die Behörden für den Zuccotti Park ein Mikrofonverbot erlassen hatten, erfand die Menge das *human mic*, das menschliche Mikrofon. Stellte ein Redner eine Forderung auf, wiederholten die Umstehenden den Satz, der dann in akustischen Wellenbewegungen die Runde machte.

„Man kann die Occupy-Bewegung als Exorzismus im weiteren Sinne verstehen: Als eine „Besetzung" der Finanzplätze mit besseren Geistern – mit dem Geist der Verantwortung und dem Geist der Sorge um das Gemeinwohl. Befreiung heißt ja nicht, von jedem Geist verlassen zu werden, sondern von einem anderen, einem guten Geist erfüllt zu werden. Das können die Finanzplätze brauchen", schrieb der Publizist Heribert Prantl 2012.

In New York, der Wiege der *Occupy*-Bewegung, ließ der damalige Bürgermeister Michael Bloomberg Mitte November 2011 die über 200 Zelte im Zuccotti Park räumen. In Frankfurt harrten die Demonstranten den Winter über aus. Und in Hamburg hielten die Anhänger sogar bis Anfang 2014 durch.

Unter der Überschrift *Ideen kann man nicht räumen* schrieb die *Frankfurter Allgemeine Zeitung* nach der Zerschlagung des New Yorker *Occupy*-Camps, als Politik, Wirtschaft und Medien in den USA sich erleichtert zeigten: *„Als gäbe es kein absurdes Einkommensgefälle mehr, keinen Niedergang der Mittelschicht, keinen Zerfall der öffentlichen Infrastruktur, keine Entmündigung des Bürgers durch die Finanzmacht."*

Naomi Klein, kanadische Journalistin, Globalisierungskritikerin und Autorin, spricht in ihrem Buch *Die Schock-Strategie* von einem *„Katastrophen-Kapitalismus"*. Ihre These: Nur durch systematisches Ausnutzen von Ausnahmesituationen konnten die Privatisierung von Bildung und die gleichzeitige Kürzung öffentlicher Gelder für soziale Einrichtungen durchgesetzt werden.

„Diese neoliberale Ideologie hätte sich ohne Krisen nicht auf der Welt durchsetzen können." Diese Ideologie, angeführt durch den Wirtschaftswissenschaftler Milton Friedman, *„bestand darin, Staaten im Interesse internationaler Konzerne umzubauen"*.

Die Autorin wirft den mit dieser Denkrichtung verbundenen Großkonzernen ferner vor, aus ähnlichen Beweggründen in der öffentlichen Debatte massiv und systematisch Zweifel am Klimawandel zu streuen.

MUHAMMAD YUNUS – EINE BANK FÜR DIE ARMEN

1940	Geburt in Bathua (Ostbengalen)
1944	Umzug nach Chittagong
1966	Studium der Ökonomie (USA)
1972	Professur an der Chittagong Universität (Bangladesch)
1983	Gründung der Grameen Bank
2006	Friedensnobelpreis
2011	Als Chef der Grameen Bank entlassen

Mit ernster Miene erinnert Muhammad Yunus an die Katastrophe von Rana Plaza, einer Textilfabrik im Norden von Dhaka, der Hauptstadt von Bangladesch: Im April 2013 stürzte dort eine mehrstöckige Fabrik ein und begrub über tausend Näherinnen unter sich. Der Gedanke an die vielen Opfer bedrückt den Wirtschaftswissenschaftler und Friedensnobelpreisträger.

Yunus ist aber keineswegs der verbissene Revolutionär der Arbeiter, den manche in ihm sehen wollen. Yunus lacht viel und erklärt, humanitäres Engagement sei eigentlich eine fröhliche Angelegenheit. Fast spielerisch wirft er ständig neue Ideen in den Raum. Yunus kann Menschen mitreißen. Seine Entschlossenheit, Dinge zu verändern, wirkt beinahe ansteckend.

Yunus, 1940 in einem Dorf in der Nähe von Chittagong im heutigen Bangladesch geboren, stammt aus einer muslimischen Familie und hat acht Geschwister. Sein Vater war Goldschmied und Juwelier. Die Familie lebte eher in bescheidenen Verhältnissen. Die Kinder mussten mit zwei Betten auskommen, erzählt Yunus. Allerdings legte der Vater Wert auf Bildung und schickte alle neun Kinder zur Schule, was in Bangladesch bis heute keine Selbstverständlichkeit ist. Die meisten Kinder müssen auf dem Feld oder in Fabriken arbeiten und zum Unterhalt der Familie beitragen.

Die Ursachen von Armut erforschen

Nach dem Abitur entschied sich Yunus für das Studium der Wirtschaftswissenschaften an der Universität von Dhaka. Als aktiver Pfadfinder hatte er in den 1950er Jahren Westpakistan und Indien bereist und das Elend der Bevölkerung dort gesehen. Seine Mutter war ein großes Vorbild für den Umgang mit Menschen in Not. Klopfte ein Bettler an die Haustür, gab sie ihm Lebensmittel oder etwas Geld, auch wenn sie selber Mühe hatte, ihre Kinder satt zu bekommen.

Ihr Sohn Muhammad wollte an der Universität die Prinzipien einer Volkswirtschaft verstehen, um den Ursachen von Armut und Elend auf den Grund zu gehen. Nur auf dieser Basis, so sagte er sich damals, seien Veränderungen möglich. Denn Almosen allein würden die Probleme nicht lösen. Er spürte, dass die Menschen auf wirtschaftliche Fortschritte warteten. Mit seinen Kommilitonen diskutierte er darüber, wie die soziale Not an der Wurzel angepackt werden könne. Schon damals wurde ihm klar, dass das Kapital im Großen wie im Kleinen eine entscheidende Rolle für die Entwicklung eines Landes spielte. Wonach Yunus suchte, das war eine zündende Idee, den Profit als Faktor der Wirtschaft weitgehend auszuschalten, damit Verbesserungen überhaupt möglich wurden.

Kira Vinke und Muhammad Yunus | 2014

Studium in den USA

Ein Stipendium der Fulbright-Stiftung ermöglichte ihm 1966 den Wechsel in die Vereinigten Staaten, wo er drei Jahre später seine Promotion abschloss. Der Aufenthalt in den USA bot dem jungen Wissenschaftler reichlich Gelegenheit, sein politisches und wirtschaftliches Urteilsvermögen zu schärfen. Denn Yunus geriet mitten in die amerikanischen Rassenunruhen. Die Schwarzen – in jeder Hinsicht diskriminiert und benachteiligt – kämpften um Gleichberechtigung. In Metropolen wie Detroit, Chicago und Atlanta lebten sie überwiegend in Gettos, sozial und rechtlich als Bürger zweiter Klasse behandelt. Ein Funke genügte – 1967 etwa die Razzia weißer Polizisten in einer überwiegend von Schwarzen besuchten Bar in Detroit –, um Straßenkämpfe mit Toten und Verletzten auszulösen.

Die Trennung zwischen schwarzer und weißer Bevölkerung und der offenkundige Rassismus in einer ansonsten entwickelten Demokratie – dieser Widerspruch machte Yunus zu schaffen. Weiße Polizisten, Farmer, Geschäftsleute und Politiker ließen die als Sklaven ins Land geholten Schwarzen ihre Arroganz deutlich spüren.

Dagegen richtete sich eine breite Bürgerbewegung, angeführt von Martin Luther King (1929–1968), dem Yunus ungeteilte Bewunderung zollte. Yunus dachte an die sozialen Brennpunkte in seiner Heimat und fühlte sich ermutigt, über neue Wege aus der Armut seiner Landsleute nachzudenken. Der schwarze Baptistenpfarrer King hatte 1963 mit seinem Marsch auf Washington demonstriert, dass durch friedlichen Protest Veränderungen möglich sind, auch wenn eine Situation noch so aussichtslos erscheint.

Zurück nach Bengalen

In den USA hätte Yunus eine erfolgversprechende Hochschulkarriere starten können. Aber die politischen Ereignisse in seinem Land, insbesondere der Kampf um die Unabhängigkeit und die Staatsgründung bewogen ihn, nach Bengalen zurückzukehren. Indien und Pakistan waren seit 1947 souveräne Staaten, wobei das überwiegend muslimische Pakistan aus einem westlichen und geografisch davon getrennt einem östlichen Teil bestand. Aus Ostpakistan ging 1971 Bangladesch (Land der Bengalen) hervor. Im Jahr darauf wurde Yunus eine Professur an der Universität Chittagong angeboten.

Der Wirtschaftswissenschaftler setzte sich mit den Kernproblemen seines Landes auseinander: Armut und Arbeitslosigkeit. Eines Tages suchte er mit seinen Studenten ein Dorf auf, um Feldstudien zu betreiben. Die jungen Leute befragten eine Frau, die aus Bambusstäben Stühle herstellte. Die Stuhlmacherin berichtete, dass sie sich bei einem Holzhändler verschulden musste, um Bambus einzukaufen. Dieser zwang sie, ihre Stühle nur an ihn und stark unter Wert anzubieten. So konnte sie ihre Schulden niemals tilgen und blieb abhängig von dem Geldverleiher. Eine aussichtslose Zwangslage und kein Einzelfall.

Dorfbank

Wie überall auf der Welt sind auch in Bangladesch Handwerker und kleine Gewerbetreibende auf Kredite angewiesen. Da sie wegen fehlender Sicherheiten von Banken oft kein Geld bekommen, müssen sie bei privaten Geldverleihern überhöhte Zinsen zahlen. In vielen abgelegenen Dörfern, in denen es überhaupt keine Banken gibt, sind die Geldverleiher wie Könige, die ganze Ortschaften unter ihre Kontrolle bringen. Die Recherchen vor Ort brachten den Professor auf eine Idee, die er Mitte der 1970er Jahre in die Tat umsetzte. Er entschloss sich, Kleinunternehmern zu fairen Bedingungen Geld zu leihen, denn genau daran fehlte es. Weil Yunus keine Bank davon überzeugen konnte, Menschen ohne Hab und Gut Geld zu leihen, gründete er 1983 die *Grameen Bank*, die *„Dorfbank"*.

Eine Filiale der Grameen Bank in Bangladesch | 2014

Kredite ab 20 Euro

Kleine Kredite zwischen umgerechnet 20 Euro und 3000 Euro werden zu einem niedrigen Zinssatz an Kleinunternehmer gegeben, denen es an eigenem Kapital fehlt, um Saatgut, Rohmaterial oder Werkzeug zu kaufen. Die Bedingungen für die Rückzahlung richten sich nach der Geschäftsidee und dem voraussichtlichen Einkommen des Kreditnehmers. Die *Grameen Bank* vergibt zum Beispiel Mikrokredite für Unternehmensgründungen, Bauvorhaben und Maßnahmen zur Förderung von Bildung und Ausbildung. In Bangladesch entstanden in über 81000 Dörfern Mini-Banken nach dem Vorbild der *Grameen Bank*.

Die *Grameen Bank* wuchs im Laufe der Jahrzehnte über Bangladesch hinaus und konnte in etwa 60 weiteren Ländern Fuß fassen, zum Beispiel in den USA, Kanada, Frankreich, Niederlande und Norwegen. In Frankfurt am Main gibt es eine *Yunus-Social-Business-Zentrale*, die die Vergabe von Kleinkrediten, etwa an junge Unternehmer, in mehreren Ländern organisiert. Bei einem Besuch in der Main-Metropole Anfang August 2014 erklärte Yunus seine Philosophie: *„Eine Firma soll Geld verdienen, doch der Profit muss nach Abzug der Kosten und Gehälter zurück ins Unternehmen fließen – nicht an die Eigentümer."*

Friedensnobelpreis

Der Erfolg der Mikrokredite war überwältigend. Viele Menschen konnten dadurch Geschäfte eröffnen und sich aus ihrer Armut befreien. Das Modell des Wirtschaftsprofessors aus Bangladesch ergänzt die Entwicklungshilfe um ein marktwirtschaftliches Instrument. Yunus versucht nicht, das westliche Wirtschaftssystem auszuhebeln. Vielmehr möchte er das Profitstreben eindämmen und

Entwicklung dort ermöglichen, wo sie am wichtigsten ist: an der Basis im Alltag der Menschen. Erstes Ziel von Unternehmen solle nicht die Anhäufung von Gewinnen sein; ihre Aufgabe sei vielmehr, zur Lösung sozialer Probleme und zum Schutz der Umwelt beizutragen. *„Wenn man die profit-maximierende Brille abnimmt und zur sozialen Brille greift, sieht man die Welt aus einer anderen Perspektive"*, sagt Yunus. Die internationale Anerkennung für sein Werk folgte 2006: Die *Grameen Bank* und Muhammad Yunus erhielten den Friedensnobelpreis.

Friedensnobelpreis | 2006

Gesucht wird der gemeinsame Nenner

Yunus setzt sich mit großer Überzeugungskraft für seine Ideen ein. Doch stets sucht er den gemeinsamen Nenner mit seinen Gesprächspartnern. Gegenseitige Schuldzuweisungen hält er für unproduktiv.

Deswegen nimmt er sich bei Debatten und in Interviews zurück. Nach seiner Einschätzung sind viele Menschen mit ihm der Überzeugung, dass in der Wirtschaft etwas grundsätzlich falsch läuft und die sozialen Verhältnisse der Menschen sich ändern müssen. Es gebe zwar viele verschiedene Ansätze für Veränderungen, doch meist keinen gemeinsamen Weg.

Auch Unternehmen, die jahrzehntelang Profite auf Kosten ihrer Arbeiterschaft gemacht haben, und Regierungen, die bei der Armutsbekämpfung versagen, geht Yunus nicht mit Vorwürfen an. Für ihn zählt am Ende, dass die Betriebe eine neue Richtung einschlagen. Dafür sucht er den Dialog mit Unternehmen und Vertretern der Staaten, in denen er tätig ist.

Heute beginnen

Professor Yunus schiebt immer neue Projekte an. Neben der *Grameen Bank* gründete er ein *Yunus-Center* zur Armutsbekämpfung und für soziale Unternehmensführung. Yunus kann seine Ungeduld nicht verbergen: *„Unsere Arbeit muss heute beginnen, nicht morgen. Wir dürfen nicht darauf warten, dass Entscheidungen getroffen werden oder langatmige Prozesse eine Veränderung herbeiführen. Wir müssen jetzt handeln."*

Um neue Ideen zu fördern und möglichst bis zur Projektreife weiterzuentwickeln, gründete er 2009 ein Kreativ-Labor. Es entwirft am Computer Modellfabriken mit humanen Arbeitsbedingungen und sucht nach Ideen und Konzepten, um das Los der Menschen in den Fabriken zu verbessern. Eine Idee ist auch eine ganz neue Form von Steuern.

Happy Workers' Tax

Nach dem Unglück in der Textilfabrik in Dhaka warb Yunus für die Idee einer Unternehmenssteuer, die er *„Happy Workers' Tax"* nannte. Die *„Steuer für den fröhlichen Arbeiter"* würde den Produktionspreis eines in Bangladesch gefertigten T-Shirts oder einer Hose um 50 Cent oder einen Euro erhöhen. Der Betrag sollte direkt an die

Näherinnen gehen. Die Käufer dieser Waren sollten durch ein besonderes Etikett auf die Sondersteuer zugunsten der Beschäftigten hingewiesen werden.

Die Initiative könnte die Einkommenssituation der Näherinnen in Bangladesch schlagartig verbessern. Sie nähen Hunderte von Kleidungsstücken pro Tag und bekommen dafür einen Lohn, der umgerechnet zwischen 30 bis 50 Euro im Monat liegt. Ihre reguläre Arbeitszeit beträgt 60 Stunden pro Woche. Tatsächlich schuften sie bis zu 90 Stunden, wobei die Überstunden entweder gar nicht oder nur zum Teil bezahlt werden.

Den Unternehmen versuchte Yunus seinen Vorschlag mit dem Argument schmackhaft zu machen, sie könnten nach der Katastrophe von Rana Plaza in Dhaka beweisen, dass ihnen die Lebensbedingungen ihrer Beschäftigten am Herzen lägen.

Doch der Vorschlag stieß auf Ablehnung. Die Idee sei nicht durchführbar, hieß es. Die Konsumenten würden den höheren Preis nicht zahlen. Die Reaktion entmutigte Yunus nicht. Vielmehr bestand er weiter darauf, dass endlich etwas für die Arbeiter in den Textilfabriken getan werden müsse.

„So I became a fashion model"

Professor Yunus weist darauf hin, dass jeder einen Beitrag dazu leisten könne, die Arbeits- und Lebensbedingungen der Menschen in Billiglohnländern wie Bangladesch, Pakistan, Indien und Malaysia zu verändern. Gerade junge Menschen könnten Vorbilder eines neuen Konsumverhaltens werden, indem sie nur noch Kleidung tragen, die unter gerechten und fairen Arbeitsbedingungen hergestellt wurde.

Yunus zeigt auf die Kombination aus Hemd und Weste, die er mit Vorliebe trägt. Sie seien unter guten Arbeitsbedingungen von Frauen auf dem Land in Bangladesch hergestellt worden, berichtet er. Damit habe er unter Freunden einen Trend gesetzt und zugleich deutlich gemacht, dass es möglich

Yunus in Ökokleidung

sei, bewusst zu konsumieren. *„So I became a fashion model (So bin ich ein Model geworden)"*, sagt er lachend und empfiehlt, es ihm gleich zu tun.

Neben dem Friedensnobelpreis hat Muhammad Yunus zahlreiche Auszeichnungen erhalten, darunter den Welternährungspreis, den Freiheitspreis der Max-Schmeling-Stiftung und den Simón-Bolívar-Preis der UNESCO.

Obwohl es die Mikrokredite seit fast 30 Jahren gebe, herrsche weiterhin große Armut in Bangladesch, sagt der Professor, der selber Hand anlegte, um Menschen zu helfen. Die Kredite seien kein Allheilmittel. Aber sie hätten vielen Menschen aus einer extremen Notlage geholfen. Yunus sieht große Probleme in der politisch instabilen Situation von Bangladesch. Auch die herrschende Korruption, das hohe Bevölkerungswachstum und Naturkatastrophen mit verheerenden Überflutungen werfen Bangladesch wirtschaftlich immer wieder zurück.

Zum Rücktritt gezwungen

Im Jahr 2011 zwang die Regierung von Bangladesch Professor Yunus zum Rücktritt vom Vorstand der *Grameen Bank*. Die offizielle Begründung klang fadenscheinig: Yunus sei zu alt für den Posten. Außerdem sei es nicht gut, wenn jemand 28 Jahre lang einer Bank vorstehe. Die Regeln für die Besetzung des Aufsichtsrats müssten überprüft werden.

Die wahren Gründe dürften andere sein. Für die politischen Eliten des Landes ist Yunus mit seiner Popularität nicht nur ein Unruhefaktor, sondern eine ständige Herausforderung und damit eine Gefahr für die bestehenden Machtverhältnisse. Denn sein Einfluss ist nicht zu übersehen. Allein die vielen Kunden der *Grameen Bank* – es sind über acht Millionen Kreditnehmer in Bangladesch – stellen auch ein Wählerpotenzial dar, das mobilisiert werden kann.

Das Vorgehen der Regierung, die sich per Gesetz die Kontrolle über die Bank sicherte, hat Yunus hart getroffen. Schließlich geht es um sein Lebenswerk, dessen Zukunft nach dem staatlichen Zugriff ungewiss geworden ist.

Dr. Victoria Kisyombe
Gründerin von *Selfina (Sero Lease and Finance Limited)*, wurde nach dem Tod ihres Ehemannes selbst zur Unternehmerin. Mit einer Kuh schaffte sie es, für sich und ihre drei Kinder ein ausreichendes Einkommen zu erwirtschaften. 2002 gründete sie *Selfina* in Tansania, wo bereits über 25 000 Mikro-Leihgaben in Form von Traktoren oder Vieh an Frauen vermietet wurden. *„So kann sich das Potenzial der Frauen entfalten. Wir schaffen eine Gesellschaft, in der Frauen und Männer einen Beitrag leisten."*

In einem Zeitungsinterview sagte der zum Aktivisten gewordene Wissenschaftler: *„Wenn Politiker die Macht an sich reißen, würde die Bank zu einer Regierungsinstitution verkommen, in die Misswirtschaft und Ineffizienz Einzug hielten. Es wäre nicht mehr die Bank, die den Friedensnobelpreis bekam."*

Rückschläge können Professor Yunus jedoch nicht entmutigen. Er benutzt sie als Antrieb für neue Vorhaben. Sein Ideenreichtum scheint unerschöpflich zu sein. Und bei der Umsetzung hilft ihm, dass er auf Menschen zugehen und selbst Kritiker und Gegner seiner Projekte für sich einnehmen kann.

Auf die Frage, warum er nach einer Katastrophe wie der in der Textilfabrik Rana Plaza in Dhaka nicht die Hoffnung verliere, antwortet er: *„I have total confidence in the sanity of human beings (Ich glaube fest an den Verstand der Menschen)."*

Ohne Zinsen

Neben der *Grameen Bank* gibt es das Internetportal *Kiva*, in das private Kreditgeber Geld einlegen können. Kiva heißt auf Swahili *Einigkeit*. Das Portal ist eine Fortentwicklung der Idee von Yunus, organisatorisch aber nicht mit der *Grameen Bank* verbunden. Die von zwei Amerikanern 2005 gegründete Organisation, die sich als gemeinnützig versteht, wirbt um private Kreditgeber, deren Geld als Darlehen ohne Abschläge an kleine Gewerbetreibende weitergegeben wird. Durch eigene Finanzinstitute in den jeweiligen Ländern überprüft *Kiva* die Kreditnehmer und zahlt den Betrag nach einem vereinbarten Zeitraum zurück, allerdings ohne Zinsen. Ihre Förderprojekte präsentieren sie auf der *Kiva*-Webseite.

Ob Asiate, Afrikaner oder Europäer – jeder Mensch kann bei *Kiva* Geld verleihen, zum Beispiel 25 Euro an eine junge Frau in El Salvador, die einen Friseursalon aufmachen will, an einen Stoffhändler aus Kenia, der Kleiderballen aufkaufen möchte, oder an einen Fischer aus Indonesien, der einen neuen Motor für sein Boot braucht. Nach der Kreditvergabe wird der Geldgeber regelmäßig per Mail informiert, wie das Unternehmen läuft. Nach einem vertraglich vereinbarten Zeitraum zahlt die Friseurin das geliehene Geld wieder zurück. Dem Geldgeber steht es frei, die Summe neu zu investieren oder auf seinem Konto zu lassen. Die Rückzahlungsrate liegt übrigens bei fast 100 Prozent. Fast alle Kleinkredite, insgesamt etwa 97 Prozent, werden an Frauen vergeben. Denn Frauen sind meist zuverlässiger als Männer bei der Rückzahlung. Und ihre Gewinne investieren sie in die Bildung und Förderung ihrer Kinder.

Ein Experiment

Reiner Luyken, Reporter und Kolumnist der Wochenzeitung *Die Zeit*, wollte 2011 herausfinden, ob und wie die Vergabe von Kleinkrediten über das Internetportal *Kiva* funktioniert. Als er *Kiva* googelte, stieß er auf die Wirtin Kumba Moore aus Sierra Leone, die 875 Dollar für den Ausbau ihres Restaurants benötigte. Luyken stellte 250 Dollar zur Verfügung, den Rest lieferten weitere Geldgeber, ebenfalls per Minikredit. Ein Jahr lang beobachtete der Journalist, was mit seinem Geld geschah – über die E-Mails, die ihm das für Sierra Leone zuständige *Salone Microfinance Trust* schickte, und durch Recherchen vor Ort. Obwohl das Experiment zwischenzeitlich auf der Kippe stand – der Mann der Inhaberin, ein Polizist, erkrankte an Malaria und Kumba Moore musste die Kinder ihrer Schwester aufnehmen – war es am Ende ein Erfolg. Nach seinem dritten Besuch in Makeni stellte Luyken fest: *„Vor allem aber ist Kumba Moore persönlich gereift. Sie hat sich selbstständig gemacht – sogar von* SMT (Finanzaufsicht des Portals) *und von Kiva. Deshalb war der Kredit genau das Richtige für diese Frau an diesem Ort, für dieses Leben in diesem Land."* Für seine Reportage unter dem Titel *Mein gutes Geld* (*Die Zeit*, 26. April 2011) erkundigte Luyken sich auch nach anderen Minikreditgebern. Über Jan, den Postboten aus Hamburg, schrieb er: *„Er hat bereits 263 Kleinunternehmen geholfen. Sein materielles Opfer beschränkt sich auf den Verzicht von Zinsen, dafür wächst stetig sein gutes Gefühl. Die meisten Gläubiger ziehen ihr Kapital nach der Rückzahlung nicht ab. In ihrem Depot sammeln sich keine Aktien, sondern Biografien."*

5

SIND WIR NOCH ZU RETTEN?
DIE VERÄNDERUNG DES ERDSYSTEMS DURCH DEN MENSCHEN

Jetzt handeln. Sofort. Am besten wäre gestern gewesen. Oder schon viel früher. Diese Gedanken treten immer stärker in den Vordergrund, je intensiver man sich mit dem Thema Klimawandel beschäftigt. Die wissenschaftliche Beweislage ist klar. Die massenhafte Verbrennung fossiler Energieträger wie Erdöl, Kohle und Gas hat bereits zu einer Erderwärmung von etwa 0,8 Grad Celsius geführt. Dieser Wert wäre noch um ein Vielfaches höher, wenn die Ozeane nicht so viel Wärme speichern würden.

Unter dem Begriff Klimawandel versteht man eine Veränderung des globalen Klimas. Der Mensch greift in den natürlichen Kohlenstoff-Kreislauf der Erde ein, zum Beispiel durch das Verbrennen von kohlenstoffhaltigen Stoffen zur Erzeugung von Strom. Als ein Endprodukt entsteht Kohlenstoffdioxid, eine Verbindung aus einem Teil Kohlenstoff (C) und zwei Teilen Sauerstoff (O). Es zählt zu den sogenannten Treibhausgasen. Diese funktionieren ähnlich wie Glasscheiben eines Treibhauses.

Vereinfacht beschrieben, lassen die Treibhausgase zwar die Strahlung der Sonne auf die Erde treffen, verhindern aber gleichzeitig, dass die gesamte von der Erde reflektierte Wärmestrahlung wieder zurück ins Weltall abgegeben wird.

Im Februar in der Sonne liegen?

Dies ist zunächst ein natürlicher Effekt, ohne den Leben auf der Erde kaum möglich wäre. Erhöht sich jedoch die Konzentration der Treibhausgase, steigt auch der Anteil an Wärmestrahlen, die auf der Erde bleiben und nicht in den Weltraum abgegeben werden. Das verursacht einen Anstieg der Mitteltemperatur.

Geht die Menschheit auf dem Weg der fossilen Energien ungebremst weiter, könnte sie bis zum Jahr 2100 eine Steigerung der globalen Mitteltemperatur um vier Grad erreichen.

Doch was bedeutet ein Planet, der vier Grad wärmer ist? Können wir dann in Deutschland Ananas anbauen und im Februar sonnenbaden? Leider sind die Aussichten nicht ganz so rosig. Eine Zunahme der Mitteltemperatur bedeutet, dass auch Wetterextreme wie Hurrikans, Sturmfluten, Dürren und Hitzewellen vermehrt oder immer intensiver auftreten. Menschen würden dadurch zu Schaden kommen, ebenfalls die Infrastruktur, also Straßen, Brücken und Bahnverbindungen.

Auch in Deutschland können die Extreme zunehmen. So gab es im Freistaat Sachsen bereits vier „Jahrhundertfluten". Das 21. Jahrhundert ist aber noch lang. Zwar ist es sehr schwierig, ein einzelnes Wetterphänomen auf den Klimawandel zurückzuführen. Dennoch setzt die bereits auftretende Häufung extremer Wetterlagen ein unübersehbares Zeichen dafür, dass etwas aus den Fugen gerät. Doch wir nehmen nicht nur Einfluss auf das Klima der Erde. Auch unsere direkte Umwelt hat sich innerhalb eines Menschenlebens stark verändert. Wohnungsbau, Wirtschaftswachstum, neue Mobilität, die Entwicklung von Technologien – alles zu Lasten der Natur.

Die Zivilisation gerät in Gefahr

Das Ausmaß der globalen Umweltzerstörung ist erschreckend: Das Abholzen der Regenwälder in Asien, Afrika und Lateinamerika. Die Verschmutzung der Meere durch Ölbohrungen und Überfischung der Ozeane. Die riesigen Inseln aus Plastik, die auf der Meeresoberfläche treiben. Die Entsorgung von Giftstoffen, Müll, Pestiziden in Flüssen und Seen.

Autoabgase, Feinstaub, Brandrodungen, Staudämme, Tiefsee-
bohrungen, Industrieabgase, Smogbelastung in den Metropolen.
Radioaktive Verseuchung der Umwelt nach Atomkatastrophen wie in
Tschernobyl und Fukushima. Oft wird in Bezug auf die Umweltzerstörung von „Panikmache" gesprochen. Diese düstere Auflistung ist
jedoch keine absurde Zukunftsvision. Es ist die heutige Realität, die
zunächst ein Gefühl von Ohnmacht hervorruft. Doch bei einigen
Menschen führt es auch zu Tatendrang; sie kämpfen aus Liebe zu
anderen Lebewesen und zur Natur.

Das Klima ist träge

Die Auswirkungen klimaschädlicher Emissionen sind nicht sofort zu
erkennen. Dies macht die politischen Antworten auf den Klimawandel schwierig. Denn Politiker handeln innerhalb einer Wahlperiode,
also innerhalb eines Zeitraums von wenigen Jahren. Das zeitver-
setzte Eintreten des Klimawandels bedeutet auch, dass die heute
lebenden Menschen Verantwortung für die kommenden Generationen übernehmen müssen, also für Menschen, die wir größtenteils
(noch) nicht kennen.

Dennoch steht zweifelsfrei fest, dass der bisherige Weg nicht
fortgesetzt werden darf. Der Wandel weg von fossilen Energieträ-
gern wird kommen. Die Herausforderung besteht darin, diesen
Wandel voranzutreiben, bevor die Schäden das Leben auf der Erde
für viele Arten unmöglich machen.

Der Amazonas wird planvoll zerstört

Mit den Veränderungen des Weltkli-
mas entziehen sich die Menschen ihre
eigene Lebensgrundlage. Trockene
Gebiete werden noch trockener. Der
Boden dort kann nicht mehr bestellt
werden. Das vielleicht größte Umwelt-
drama geschieht im Amazonasgebiet.
Vor den Augen der Weltöffentlichkeit

Regenwald wird für Sojafelder gerodet

und unter heftigen Protesten von Umweltschützern wird der tropische Regenwald in dieser Region, die Länder wie Brasilien, Venezuela, Peru und Kolumbien umschließt, systematisch und planvoll zerstört. Geht der Raubbau durch Abholzung und Brandrodung im bisherigen Tempo ungebremst weiter, ist der Zeitpunkt absehbar, an dem die Erde einen wesentlichen Teil ihrer grünen Lunge verliert.

Mithilfe von Satellitenbildern und Untersuchungen vor Ort registrieren Wissenschaftler seit Jahren das Ausmaß der Zerstörung und Vernichtung des Regenwaldes.

Bis zu 17 000 Kilometer Straßen werden jährlich im Amazonas neu angelegt. Sie zerstückeln das riesige Waldgebiet und ebnen Bulldozern den Weg, um Platz zu schaffen für Rinderfarmen, Kraftwerke, Sojaplantagen und Bergbauunternehmen. Die ursprünglich unberührte Natur erleidet einen Kahlschlag, wie ihn die Menschheit noch nie zuvor erlebt hat.

Die brasilianische Regierung hat den Eroberern des Amazonas den Zugang zum Regenwald immer mehr erleichtert. Die Verantwortlichen für die bisherigen illegalen Rodungen werden strafrechtlich nicht mehr verfolgt, die Vorschriften für Schutzwälder im Delta des Amazonas gelockert. Die Umweltschutzorganisation WWF spricht von einer *„Aushöhlung des Umweltschutzes"*. Ein vorbildliches Waldgesetz sei ausgehebelt worden, um den kurzfristigen Interessen der Agrarindustrie zu genügen.

Einen verzweifelten Kampf um die Erhaltung ihres Lebensraums im Amazonas führen die Yanomami-Indianer. Ihr Sprecher ist Davi Kopenawa, ein Schamane, der weltweit unterwegs ist und die Öffentlichkeit auf die Situation der Indianer aufmerksam macht.

„Illegale Goldsucher dringen in unser Land", berichtete er in einem Radiointerview. *„Sie haben Anführer, die den Nachschub und den Transport organisieren und die Invasion mit aller Macht unterstützen."* Kopenawas Hilferuf wurde gehört. Stars wie der Musiker Sting erklärten sich solidarisch mit seinem Anliegen, den Yanomami Landrechte zuzugestehen und sie vor Eindringlingen zu schützen. 1992 erklärte die Regierung die Region im nördlichen Amazonien zum Schutzgebiet. Allerdings räumte sie Bergunternehmen Schürfrechte ein, die den Lebensraum der Indianer einschränken.

Ökosystem Meer

Es wird immer deutlicher, dass der Mensch auch auf viele Teilbereiche des Gesamtökosystems der Meere negativ eingewirkt hat. Die scheinbar unendlichen Wasserwelten haben in kurzer Zeit Schaden genommen. Meeresalgen produzieren Sauerstoff, der auch an die Oberfläche abgegeben wird. Etwas mehr als die Hälfte des gesamten globalen Sauerstoffs entsteht durch die Ozeane.

Zerstörtes Korallenriff

So wurden bislang rund 30 Prozent des vom Menschen ausgestoßenen Kohlendioxids von den Weltmeeren absorbiert und verblieben nicht in der Atmosphäre. Einerseits verlangsamt dies die globale Erwärmung, andererseits *„versauern"* die Ozeane dadurch, weil das Kohlendioxid im Wasser zu Kohlensäure umgewandelt wird.

Je wärmer es allerdings wird, desto weniger Kohlendioxid nehmen die Ozeane auf. Dies hat zur Folge, dass sich außerhalb der Meere mehr Kohlendioxid ansammelt, was wiederum bedeutet: Der Klimawandel könnte sich von einem bestimmten Zeitpunkt an erheblich beschleunigen.

Durch die Überdüngung landwirtschaftlicher Flächen gelangen Stoffe wie Ammonium oder Phosphate in den Wasserkreislauf. Sie begünstigen die Bildung von Algen, die ihrerseits von Bakterien zersetzt werden. Dabei steigt der Verbrauch an Sauerstoff, und im wärmeren Wasser ist ohnehin weniger Sauerstoff gelöst, weil die Löslichkeit mit zunehmender Temperatur abnimmt.

Erwärmung der Meere

Korallenriffe sind Hotspots biologischer Vielfalt, denn in ihnen lebt ein Viertel aller Meerestiere. Außerdem schützen sie die Küsten vor der Brandung.

Die wunderschönen bunten Korallen leben in Symbiose mit einer Algenart, die jedoch sehr empfindlich auf eine Erwärmung des Wassers reagiert. Die Algen versorgen Korallen mit Zucker, und die Korallen bieten Schutz und Nährstoffe. Erhöht sich die Wassertemperatur, können die Algen keinen Zucker mehr herstellen. Die Korallen stoßen daraufhin die Algen ab, können aber ohne sie nicht existieren. Es kommt zur Korallenbleiche, schließlich sterben sie oft. In der Karibik geht man davon aus, dass das Ökosystem der Korallen bereits in weiten Teilen durch das Fischen mit Schleppnetzen und den Temperaturanstieg zusammengebrochen ist.

Eine Erwärmung der Meeresoberfläche kann den Austausch von Sauerstoff zwischen den Meeresschichten behindern und zudem die Algenblüte- und zersetzung begünstigen, so dass der Sauerstoffgehalt in allen Meeresschichten sinkt. Geschieht dies großflächig, ersticken die Fische. Massensterben unter den Fischbeständen ist keine Seltenheit mehr, denn diese sogenannten „Todeszonen" haben sich in den letzten Jahrzehnten ausgebreitet. Davon ist zum Beispiel auch die Ostsee stark betroffen.

Ein weiteres Problem ist die Überfischung der Meere. Fische werden gefangen und getötet, bevor sie das geschlechtsfähige Alter erreicht haben und sich vermehren können. Ein stetiger Rückgang der Fischbestände ist somit vorgezeichnet.

Für den Schutz der Weltmeere setzt sich seit langem die amerikanische Ozeanografin Sylvia Earle ein. Sie ist Expertin im Tiefseetauchen und gilt weltweit als eine der besten Forscherinnen, was den Zustand der Ozeane angeht.

Es schneit ja doch!

Obwohl sich die Wissenschaft über die Ursachen der Erderwärmung einig ist, gibt es immer wieder Stimmen, die den Klimawandel anzweifeln. Gerade, wenn ein Sommer nicht warm, sondern kühl war, oder im Winter die Temperaturen in den Keller stürzen, kommt häufig der Einwand, von globaler Erwärmung könne doch kaum die Rede sein. „Es schneit ja doch!"

Bei der Erderwärmung sprechen die Wissenschaftler vom Klima, nicht vom Wetter. Das täglich wechselnde Wetter ist zwar vom Klima abhängig, aber es ist nicht damit gleichzusetzen. Zudem wird sich eine Veränderung des Klimas nicht überall gleich auswirken. Die Wassermassen, die zum Beispiel durch das Abschmelzen der Polarkappen freigesetzt werden, verteilen sich wegen der Gravitationskräfte und der Erdrotation nicht gleichmäßig über den Erdball. Das wiederum führt dazu, dass in manchen Regionen, etwa an den Küsten der Philippinen, der Meeresspiegel stärker ansteigen wird als anderswo.

Darüber hinaus ändern sich Luftströmungen mit der Folge, dass wochenlang kalte Polarluft in vorher warme Regionen geleitet werden kann. Auch wenn es auf den ersten Blick widersprüchlich klingen mag – die globale Erwärmung kann in manchen Regionen auch heftige Kälteeinbrüche verursachen.

Alles schon zu spät?

Jeder Einzelne, jedes Land und überhaupt eine Staatengemeinschaft wie die Europäische Union können sehr viel gegen den Klimawandel tun.

Natürlich kann ein einziger Mensch den Klimawandel nicht aufhalten. Es geht vielmehr um ein Umdenken, statt sich zurückzulehnen und den Gang der Dinge abzuwarten. Wir können bei uns selbst beginnen und unseren Lebensstil ändern: öffentliche Verkehrsmittel nutzen, regionale und saisonale Produkte einkaufen, auf Tropenholz verzichten, Flugreisen reduzieren usw.

Das Internet und die globalen Informationswege verhindern, dass jemand behaupten kann, er oder sie habe das alles nicht gewusst. Beim Klimawandel hat die Menschheit keine Wahl mehr. Denn es geht nicht mehr nur um ein paar tote Korallen, sondern letztlich um die Zukunft der menschlichen Zivilisation.

Die Ressourcen der Erde sind begrenzt

Seit Beginn der Industrialisierung ist die Zahl der Menschen rapide gestiegen. Doch es gibt keine neuen Anbauflächen mehr und kaum unbesiedelte, unentdeckte weiße Flecken auf der Landkarte. Die Ressourcen der Erde sind also begrenzt.

Selbst wenn man dem Klimawandel skeptisch gegenüber steht, kann man es dann gutheißen, dass Wälder massiv abgeholzt werden? Dass die Bewohner Beijings und anderer Städte wegen der verschmutzten Luft kaum noch atmen können? Dass mit riesigen, staubsaugerartigen Pumpen Fische aus dem Meer gezogen werden, bis nichts mehr übrig ist?

Schäden durch Fluten und Dürren werden vor allem die landwirtschaftliche Produktion stark beeinträchtigen. Insgesamt könnte laut Schätzungen das weltweite Bruttoinlandsprodukt durch Naturkatastrophen um 20 Prozent zurückgehen. Die Bilder von Flutkatastrophen, die ganze Regionen zerstört haben, vermitteln einen Eindruck vom Ausmaß der menschlichen und wirtschaftlichen Kosten.

Mit einem Prozent des globalen Bruttoinlandsprodukts pro Jahr für Investitionen gegen den Klimawandel ließen sich dessen schlimmste Folgen abwenden und die Erwärmung auf zwei Grad begrenzen. In jedem Fall werden die Kosten eines ungebremsten Klimawandels weitaus höher sein als das, was wir jetzt für einen Wandel investieren müssten.

Wir müssen die Erde nicht retten. Denn sie wird uns vielleicht in einer anderen Form überdauern. Vielmehr müssen wir uns selbst retten.

Dürrekatastrophe in Kenia | 2008

Die Zeit läuft

Der Klimawandel wird zunächst vor allem die Länder treffen, die bereits jetzt große Probleme mit Armut haben. Denn die ärmsten Bevölkerungsschichten leben oft in Vegetationszonen, die gefährdet sind; zum Beispiel in trockenen Steppen und in Wüsten, wo der landwirtschaftliche Anbau schwierig ist. Oder in küstennahen Gebieten, die von Überflutungen betroffen sind.

Diese Menschen haben auch keinerlei Chance, sich auf veränderte Umweltbedingungen einzustellen. Sie leben am Existenzminimum, zumeist in provisorischen Behausungen, die keinem Sturm standhalten. Die Reichen können sich schützen, aus Überflutungsgebieten wegziehen oder Dämme bauen.

Der Klimawandel trifft also nicht alle gleich. Diejenigen, die am wenigsten dazu beigetragen haben, weil sie kaum Emissionen verursachen, werden am meisten darunter leiden. Die Gefahr, die allen durch den Klimawandel droht, könnte aber auch die Menschheit zusammenschweißen.

Ist die Globalisierung so weit vorangeschritten, dass wir uns auf die Bedrohung der menschlichen Zivilisation durch den Klimawandel einigen können, dann gibt es auch die Möglichkeit, ein Bündnis zu schmieden. Die Zeit läuft. Die Klimaforschung verdankt Professor Hans Joachim Schellnhuber entscheidende Anstöße. Der Direktor des *Potsdam-Instituts für Klimafolgenforschung* setzt sich unter anderem dafür ein, die Erderwärmung auf zwei Grad zu begrenzen.

Schellnhuber gehört dem Weltklimarat sowie zahlreichen anderen Gremien an, die sich mit Klimafragen befassen. Auf diesem Gebiet berät er die Bundesregierung, die Europäische Union und Organisationen. Nach seiner Überzeugung sind die Instrumente für einen Schutz der Erdatmosphäre vorhanden. Notwendig sei ein zielgerichtetes, entschlossenes Handeln.

IM GESPRÄCH MIT HANS JOACHIM SCHELLNHUBER: DER NOTWENDIGE GEZEITENWANDEL

1950	Geburt in Ortenburg (Niederbayern)
1970	Studium der Physik und Mathematik in Regensburg
1980	Promotion in Theoretischer Physik
1989	Professor an der Universität Oldenburg
1992	Gründungsdirektor des Potsdam-Instituts für Klimafolgenforschung (PIK)
seit 1992	Mitglied im Wissenschaftlichen Beirat der Bundesregierung Globale Umweltveränderungen (WBGU)
2004	Commander of the Most Excellent Order of the British Empire, verliehen durch Queen Elizabeth II.
2005–2009	Gastprofessur an der Universität Oxford
2007	Deutscher Umweltpreis
2011	Bundesverdienstkreuz 1. Klasse

Seit langem sind die schädlichen Folgen der Treibhausgase schon bekannt und trotzdem nehmen die Emissionen immer weiter zu. Warum gibt es keinen Aufschrei gegen diese Entwicklung? Sind die Menschen abgestumpft oder haben sie resigniert?

HJS – Der entscheidende Faktor ist die Trägheit des Klimawandels. Bei einer Podiumsdiskussion habe ich einmal gesagt: *„Ist der Klimawandel zu langsam, um gestoppt werden zu können?"* Stellen Sie sich vor, unsere Astronomen würden entdecken, dass ein Asteroid Kurs auf die Erde nimmt und in 30 Jahren mit einer gewissen Wahrscheinlichkeit aufschlagen wird. Durchmesser des Asteroiden etwa 20 bis 30 Kilometer. Das würde reichen, um einen Teil der Erde zu vernichten. Natürlich würde man weltweit alle Kräfte mobilisieren, um eine Raketenabwehr in Gang zu setzen. Man entwickelt einen straffen Zeitplan und wartet nicht, bis es zu spät ist.

Beim Klimawandel werden die schwerwiegenden Folgen in 50 Jahren eintreten, vielleicht später, vielleicht auch schon früher; und vor allem werden sie nicht schockartig kommen, sondern ganz graduell. Wenn ein humorvoller Gott dies alles im Superzeitraffer vor unseren Augen ablaufen ließe und wir würden geballt zu Gesicht bekommen, was sich in hundert Jahren vollzieht – dann würde man wahrscheinlich vor Schreck erstarren und sagen, nein, das wollen wir nicht.

Wenn wir aber doch wissen, was durch den Klimawandel auf uns zukommt, dann kann es nicht allein an der Wahrnehmung liegen?
HJS – Auf der Weltgesundheitskonferenz im Oktober 2014 in Berlin habe ich die Frage gestellt: *„Ist der Homo Sapiens eine intelligente Spezies?"* Und die Antwort lautet: nein. Zumindest nicht, was langfristiges Denken angeht. In der Entwicklungsgeschichte der Menschheit ist nicht ausprobiert und einprogrammiert worden, Jahrhundertproblemen auch mit Jahrhundertplänen zu begegnen. Diese Art von langfristiger *„Systemintelligenz"* haben wir uns bisher nicht angeeignet. Wir könnten das aber jetzt lernen, weil wir inzwischen auch über die entsprechenden Hilfsmittel verfügen. In der Wissenschaft sind das Simulationen, virtuelle Realitäten. Wir könnten lernen, systemisch und langfristig zu denken, bräuchten dann aber auch die entsprechenden Entscheidungsmechanismen. Vielleicht entsteht durch die intensive Kommunikation und den globalen Austausch von Ideen ein gemeinsames Denken, das über unsere Werte und Verfassungen noch hinausgeht – ein vibrierendes, tagtäglich aufgeladenes und erneuertes Denken, das uns hilft, einige der aufgestauten Menschheitsfragen doch zu lösen.

Das wäre eine neue Entwicklungsstufe der Menschheit. Wie würde diese aussehen?
HJS – Der Mensch würde sich weiterentwickeln, in eine Art planetarischer Intelligenz. Da sind wir natürlich schon weit im Science Fiction- und Utopia-Bereich. Es gibt einen wunderbaren Roman von Stanislaw Lem, *Solaris*, in dem der Protagonist feststellt, dass der Ozean ein Superorganismus ist, ein großes Gehirn, das fast den ganzen Planeten bedeckt. Das kann man als Metapher nehmen für die sozialen Medien. Im Augenblick haben wir eine fragmentierte, aus vielen Einzelteilen bestehende Welt, in der

nicht nur fast 200 Nationalstaaten etwa das Thema Klimawandel diskutieren. Innerhalb jeder Gesellschaft gibt es zudem viele Inseln, Nischen und Klüfte. Das Ganze führt keineswegs zu einem zielgerichteten, entschlossenen Handeln, das zur Lösung der Probleme aber notwendig wäre.

Wer ist für den Klimawandel verantwortlich?

HJS – Zunächst einmal ist der menschliche Fortschritt dafür verantwortlich, der die Industrielle Revolution in Gang brachte. Man entdeckte im 19. Jahrhundert, dass ein gewaltiger Energieschatz unter unseren Füßen schlummert, der sich über etwa 500 Millionen Jahre gebildet hat: Kohle, Gas und Erdöl.

Geronnene Sonnenenergie, zunächst gespeichert in den organischen Restbeständen aus Pflanzen und Tieren, die daraus wiederum auf eine geochemisch äußerst komplizierte Weise abgeschieden wurden und zum Teil in großer Tiefe, zum Teil fast an der Erdoberfläche liegen. Alles, was man tun musste, um diese Energiequelle zu erschließen, war, sie wieder zu oxidieren, das heißt, mit Sauerstoff in Verbindung zu bringen.

Diesen Schatz an Energie hat man in der Industriellen Revolution erkannt: Wenn ich Kohle nehme und bringe das mit einer Maschine zusammen, die bisher mit Wasserkraft angetrieben wurde, dann kann ich plötzlich menschliche Arbeitskraft mit dem Faktor Tausend multiplizieren. Zwei, drei Arbeiter, die die Maschine überwachen, können das Tausendfache produzieren.

Es war völlig klar, dass sich so eine Entwicklung wie ein Flächenbrand über die Welt ausbreiten würde. Das alles wäre eine wunderbare Erfolgsgeschichte, wenn es nicht zwei Faktoren gäbe: Dieser Schatz ist endlich und sehr ungleich verteilt. Viele haben keinen direkten Zugang zu den Energiequellen. Die wenigen, die zufällig ein Stück Land besitzen, unter dem Öl liegt, sind superreich. Und es gibt eine Nebenwirkung: Treibhausgase, die freigesetzt werden und in die Erdatmosphäre gelangen.

Die Nutznießer dieser Entwicklung sind also nur einige wenige?

HJS – Ja, in der Regel sind es schmale Eliten, die davon profitieren. Von den sieben Milliarden Menschen hat bisher vielleicht eine Milliarde wirklich profitiert von dieser Entwicklung. Auch die Nutzung dieser Energie ist von vielen schlauen und wagemutigen Leuten genutzt worden, um unermesslich reich zu werden. Die fossilen Energieschätze haben die Menschen auseinandergetrieben, haben sie ungleich gemacht im globalen Maßstab. Und das ist gewissermaßen der dritte Nebeneffekt.

Gibt es heute schon Auswirkungen, die eindeutig auf den Klimawandel zurückzuführen sind? Ist dieser Wandel messbar?

HJS – Man kann inzwischen klar sagen, dass die Statistik der Hitzeextreme auf der Welt durch den Klimawandel schon verändert wurde. Wir reden, was den Anstieg angeht, von 0,8 bis zu einem Grad Celsius globale Mitteltemperatur. Viele Hitzewellen, wie zum Beispiel 2010 in Moskau, sind von der Wahrscheinlichkeit her zu etwa 80 Prozent auf den Klimawandel zurückzuführen. Das ist eine ganze Menge.

Der Anstieg des Meeresspiegels ist bereits deutlich erkennbar. Ich habe es selbst erlebt, zum Beispiel auf den Seychellen und den Malediven. Da zeigen einem die Einheimischen einen Strand und sagen, hier lief vor zwanzig Jahren eine Küstenstraße entlang. Die gibt es nicht mehr. Und beim letzten Sturm sind gerade wieder sechs Meter vom Strand verschwunden. Die Zeichen sind überall zu sehen.

Dass in die Nordsee verschiedene Sorten subtropischer Fische einwandern – ein weiteres Beispiel. Überall spürt man die Veränderungen, jeder sieht sie. Der Bergbauer in den Alpen, der Fischer auf den Malediven, der Winzer in Baden-Württemberg. Aber es passiert eben in einer extrem vielfältigen, verzögerten Weise. Ein äußerst langsam wirkendes Gift, und solche Gifte sind die gefährlichsten.

Kann man erkennen, wo die Folgen als Erstes bedrohlich in Erscheinung treten? In welchen Regionen ist das bereits der Fall?

HJS – Paradoxerweise sind es gerade die Regionen, wo die natürlichen Klimaschwankungen sehr gering sind, etwa in den Tropen. Menschen, Tiere, Pflanzen sind dort angepasst an sehr geringe Temperaturfluktuationen. Im tropischen Regenwald herrschen Temperaturen zwischen 27 und 32 Grad Celsius. Es wird nachts nicht viel kühler und tagsüber nicht viel wärmer. Es gibt keinen Sommer und keinen Winter. Dort wird, wenn die Erde sich um zwei, drei oder vier Grad erwärmt, der Rhythmus der Natur radikal verändert, das heißt, die über Millionen von Jahren gewachsene Struktur wird aus den Angeln gehoben.

Etwas anderes ist es in der Arktis oder in Sibirien. In Sibirien kann der Sommer bis zu 30 Grad Celsius heiß werden, und im Winter liegt die Temperatur bei minus 50 Grad. Ein paar Grad Erwärmung verändern dort nicht viel. Deshalb sind Tropen und Subtropen viel stärker gefährdet als die gemäßigten und polaren Bereiche. Besonders wichtig ist aber: Durch winzige Änderungen der Umweltbedingungen können Teile des Erdsystems in eine andere Betriebsweise gekippt werden. Man nennt diese kleinen Veränderungen *Kippelemente* oder *tipping elements*.

Ein Beispiel: Für die sibirischen Rentierjäger sind ein paar Grad mehr oder weniger völlig irrelevant. Wenn aber die ungeheuren Massen an Methan, die in den Permafrostböden gespeichert sind, durch kleinere Temperaturverschiebungen an die Erdoberfläche gelangen, kann das für das gesamte Klima extrem gefährlich werden, weil Methan ein viel potenteres Treibhausgas ist als Kohlendioxid.

Die armen Länder, die den Klimawandel am wenigsten verursacht haben, weil sie kaum fossile Brennstoffe verwendeten, sind wohl am meisten gefährdet. Hinzu kommt, dass Wirbelstürme vor allem die Tropen heimsuchen. Die westlichen Industrienationen dagegen, die den Klimawandel durch massenhaften Einsatz fossiler Brennstoffe verursacht haben, dürften erst mal am besten wegkommen – aber nicht für immer.

Sie nehmen an nationalen und internationalen Konferenzen teil und diskutieren mit vielen Menschen. Welche Fragen werden Ihnen am häufigsten gestellt?

HJS – In letzter Zeit ist es die Frage: „*Ist das Klima noch zu retten?*" Oder anders ausgedrückt: „*Hat Klimaschutz überhaupt noch einen Sinn? Können wir die Welt noch retten?*" Vertreter der Wirtschaft, aber auch Politiker fragen das. Was mich verwundert, weil die Frage offensichtlich in der Erwartung gestellt wird, dass die Antwort „*Nein*" lautet und man dann gemütlich nach Hause gehen, den Fernseher einschalten oder ein Bier trinken kann. Offenbar können viele mit dieser Schizophrenie gut leben. Wenn wirklich feststünde, dass die Welt nicht mehr zu retten ist, dann wäre ich doch zu Tode bestürzt. Dahinter steht vermutlich die Annahme, dass, wenn das Klima nicht mehr zu retten ist und die Welt sich radikal verändert, das nicht über Nacht geschieht, sondern hoffentlich in ferner Zukunft. Dass man damit unsere Nachkommen offenbar schulterzuckend ihrem Schicksal überlässt, das begreife ich allerdings nicht mehr.

Und wie reagieren Sie? Was sagen Sie dann? Werden Sie zornig?

HJS – Ich versuche, die Frage umzuformulieren: *„Können wir die Erder-*
wärmung begrenzen? Ist es möglich, das Klima auf einem Niveau zu stabili-
sieren, das für die große Mehrheit der Menschheit noch beherrschbar ist?"
Auf diese Präzisierung antworte ich: *„Wir können das Klimasystem in*
einem Zustand erhalten, der es erlaubt, schwerwiegende Folgen zu vermei-
den. Entweder diese Folgen treten gar nicht ein oder wir sind in der Lage, uns
anzupassen."

Bei der Erderwärmung liegt die kritische Grenze vermutlich zwischen 1,5
und 2,5 Grad. Das ist keine scharfe Markierung, aber ein Bereich, der für
den Klimawandel entscheidend ist.

Die Trendwende hierfür müssen wir spätestens innerhalb eines Jahrzehnts
hinkriegen. Und sie setzt die Arbeit von Hunderten, ja Tausenden meiner
Kollegen aus Ökonomie, Technik und Sozialwissenschaften voraus.

Ein Gezeitenwandel ist notwendig, das heißt, die Wirtschaft, das Konsumverhalten und vieles mehr muss sich ändern. Wenn das alles geschieht,
wenn wir unsere Fähigkeiten zum Umsteuern ausschöpfen, dann bin ich
sogar zuversichtlich.

Zum Schluss eines solchen Gespräches stelle ich die Frage: *„Glauben Sie,*
dass der politische Wille dafür da wäre? Haben Sie persönlich den Willen,
etwas zu verändern?" Manche sagen: *„Ja, den Willen hätte ich schon. Aber*
ich weiß nicht, was ich tun soll. Was kann der Einzelne überhaupt tun?" Der
Einzelne kann eine ganze Menge tun.

Zum Beispiel? Was wäre das?

HJS – Meistens sage ich dann: Lasst uns Abschied nehmen von gewissen
Verschwörungstheorien, wonach es ein paar große internationale Unternehmen sind, die die Welt ruinieren, oder böse Regierungen. Große Unternehmen liefern die Waren, die nachgefragt werden. Regierungen werden entweder gewählt oder es sind autoritäre Systeme, die sich aber nur
halten können, weil sie die Interessen der meisten Bewohner befriedigen.
Ob als Wähler, Konsument oder Privatperson – ich habe alle Macht in der
Hand, das Klima zu retten oder es weiter zu zerstören. Und als Einzelner
habe ich nicht nur die Möglichkeit, im Sinne des Klimaschutzes die richtige Partei zu wählen oder die Waren zu kaufen, die den Klimastandards
gerecht werden.

In einer Demokratie wie in Australien hatte die Bevölkerung die Wahl zwischen einer Regierung, die weiter auf Kohle setzt, oder einer Regierung, die erneuerbare Energien fördert. Mehrheitlich haben sich die Wähler bei der letzten Wahl für die Kohle entschieden.

Ein anderes Beispiel: Viele Menschen in den westlichen Ländern sind Kleininvestoren. Ob sie in einen Rentenfonds einzahlen, ein Sparkonto haben oder Studiengebühren entrichten – stets leistet der Einzahler einen Beitrag zur globalen Finanzmaschinerie. Aber niemand erkundigt sich, was mit dem Geld geschieht, nachdem es überwiesen ist.

Warum will ich nicht erfahren, für welche Investition die Bank das Geld ausgibt, das ich einzahle? Bei Divestition, englisch *Divestment*, geht es darum, den Pfad meines Geldes zu verfolgen, etwa ob es in die Ölindustrie investiert wird, in neue Kohlegruben im australischen Queensland oder alternativ in erneuerbare Energie. Ich will also wissen, ob dieses Geld dazu beiträgt, unseren Planeten zu zerstören, oder hilft, die Schöpfung zu bewahren.

Und ich könnte sagen: Wenn ich keinen Einfluss nehmen kann, möchte ich mein Geld zurück. Dann gehe ich eben lieber zu einer Genossenschaftsbank oder zu einer Ökobank. Diese Banken sind noch nicht sehr stark, und es sind noch nicht sehr viele. Aber es gibt sie. Und wenn viele Bankkunden den Schritt tun, würde das ein Erdbeben im Finanzsystem auslösen.

Eine ähnliche Erschütterung würde es geben, wenn ich keine Waren mehr einkaufen würde bei großen internationalen Unternehmen, die sich nicht darum scheren, wer und unter welchen Bedingungen die Waren produziert, ob Giftstoffe in die Umwelt entweichen oder der Ausstoß von Treibhausgas beschleunigt wird.

Denkbar ist auch, dass diejenigen, die von der langsamen Zerstörung der Welt profitieren, Gewissensbisse bekommen. Manche machen tatsächlich kehrt und sagen: Ich will nur noch nachhaltig wirtschaften oder ich trenne mich von meinem Unternehmen.

Ich kenne ein paar ehemalige Investmentbanker, die zu den größten Aktivisten in Umweltschutzorganisationen gehören. Andererseits ist die Systemträgheit wiederum das größte Problem. Nicht nur ein paar Randfiguren sollen sich ändern, sondern das Innere des Systems. Von dort muss es kommen. Die Masse macht es. Darum spreche ich mich für die Divestment-Idee aus.

Überlagern Krisen wie die Ebola-Epidemie und der Krieg der Terrorgruppe „Islamischer Staat" die öffentliche Debatte über den Klimawandel?

HJS – Ich habe das gerade beim Weltgesundheitsgipfel in Berlin erlebt. Hauptthema war *Public Health and Climate Change*. Zu Ebola gab es eine Sondersitzung. Zwanzig Fernsehteams waren da. Völlig nichtssagende Phrasen wurden gedroschen. Als wir dann zum Thema *Gesundheit und Klimawandel* übergingen, verließen die Medienvertreter fast fluchtartig den Saal. Das hätte mich vor zehn Jahren erbost, aber inzwischen nicht mehr. Ich hatte es so erwartet.

Entscheidend ist doch, dass der Klimaschutz fester Bestandteil unserer politischen Kultur wird, wie der Schutz der Menschenrechte, die Pressefreiheit usw. Die Transformation, der Wandel der Gesellschaft hin zu einem klimaverträglichen Wirtschaften, muss Teil dieser Grundprogrammatik werden. Und da stehen die Chancen gar nicht so schlecht.

Wann und wie sind Sie persönlich mit dem Problem des Klimawandels in Berührung gekommen?

HJS – Als Anfang der 1970er Jahre die ersten Ölpreisschocks kamen und mein Doktorvater, Professor der Physik, anfing, an Windanlagen herumzubasteln, da habe ich das als völlig lächerlich empfunden. Die Idee, ein großes Industrieland mit Wind- und Sonnenenergie zu versorgen, schien mir abwegig und rückwärtsgewandt zu sein.

Ich bin 1950 geboren. In meiner Kindheit und Jugend herrschte eine große Fortschrittsgläubigkeit. Diejenigen, die über die Gefahren von Technologien redeten, nahm man nicht wirklich ernst. Dennoch, ich habe die Natur immer geliebt, als Kind ohnehin. Man beklagte damals eher die Zerschneidung der Landschaft durch Autobahnen und die Bausünden der 1960er, 1970er Jahre. Dass die Energieversorgung auf fossilen Brennstoffen beruhte, stellte eigentlich niemand in Frage.

Ich persönlich bin über die Wissenschaft zum Klimaschutz gekommen. Zunächst habe ich mir die Grundlagen der Physik angeeignet, mit einem sehr hohen mathematischen Anspruch. In den 1970er Jahren entwickelte sich ein neues wissenschaftliches Feld: die *Chaos-Forschung*, ein Grenzgebiet der Physik. Als ich 1981 in die USA ging und am Institut für Theoretische Physik in Santa Barbara forschte, hatte ich das Glück, mit einigen Pionieren auf diesem Gebiet zusammenzuarbeiten.

Ab 1989 lehrte ich in Oldenburg als Professor am Institut für Chemie und Biologie des Meeres und begann, die neue Theorie auf reale Systeme anzuwenden, etwa bei der Erforschung des Wattenmeeres. Und so rutschte ich immer tiefer hinein in die Umweltproblematik. Dabei stellte sich etwa die Frage, was mit dem Wattenmeer passiert, wenn der Meeresspiegel tatsächlich ansteigen sollte. Das entscheidende Erlebnis war der Irak-Krieg 1990. Saddam Hussein zündete auf dem Rückzug aus Kuwait die Ölquellen an. Wir haben sofort versucht auszurechnen, welche Wirkung die brennenden Ölfelder auf das Klima haben könnten, ob die Temperatur der Erde sich verändert und wie sich die Rußpartikel verteilen. So bin ich zur globalen Klimafrage hinübergeschlittert. Eigentlich war es ein Mäandern, ein Umherschweifen durch die Welt des Wissens – von Neugier getrieben und der Erkenntnis, dass das nicht nur spannend für einen Wissenschaftler sein könnte, sondern wirklich wichtig.

Sie haben einmal gesagt, der steigende Ausstoß von Schadstoffen könnte einen zur Verzweiflung bringen. Wie überwinden Sie diese Frustrationen?
HJS – Manchmal überwinde ich sie gar nicht. Manchmal verdrängt man es oder entdeckt eine neue Tür, die sich öffnet. Es ist ein ständiges Wechselbad der Empfindungen. Natürlich lernt man auch, Dinge nicht mehr so dicht an sich herankommen zu lassen. Ich glaube schon, dass wir die Sache noch hinkriegen können. Doch die Ungleichheit unter den Menschen darf nicht immer weiter ausufern – das gilt für Klimawandel, Gesundheit, die Würde des Menschen, das Recht auf Bildung, all diese Dinge. In einer Welt, die immer ungleicher wird – die fossilen Brennstoffe sind daran übrigens ursächlich beteiligt – können wir keines der großen Probleme lösen. Das heißt, der Trend, dass die Gesellschaft immer stärker auseinanderdriftet, muss gestoppt und umgekehrt werden. Was in einigen Ländern – in den USA unter Ronald Reagan und in Großbritannien unter Margaret Thatcher – passierte, das geschieht jetzt im Weltmaßstab. Dieses Pendel muss wieder zurückschwingen. Das haben sogar die klassischen Wirtschaftswissenschaftler erkannt. Wirtschaftswachstum in einer immer ungleicher werdenden Welt funktioniert nicht mehr. Nach meiner Überzeugung brauchen wir tatsächlich eine „große Transformation", die die abstoßende Ungleichheit zwischen den Menschen verringert. Insofern ist die Klimafrage doch die soziale Frage des 21. Jahrhunderts.

NNIMMO BASSEY – SCHWEIGEN BEDEUTET VERRAT

1958	Geburt in Akwa Ibom (Nigeria)
1976	Studium der Architektur
1980er Jahre	Aktionen als Bürgerrechtler
1993	Mitbegründer einer Umwelt-organisation
2008	Vorsitzender von Friends of the Earth International
2010	Alternativer Nobelpreis

Held der Umwelt

Der nigerianische Umweltaktivist Nnimmo Bassey kämpft gegen das Zerstörungswerk der Ölkonzerne im Niger-Delta. In seinen Büchern, Artikeln, Reden und Aktionen klagt er die Rücksichtslosigkeit der Konzerne an.

Nnimmo Bassey, Träger des Alternativen Nobelpreises, *„Held der Umwelt"*, Dichter und Schriftsteller, ist ein stolzer, großer Mann mit tiefer, fester Stimme. Bassey erzählt von Nigeria, von den Verbrechen der Ölkonzerne, vom Bürgerkrieg Ende der 1960er Jahre, von einem reichen Land mit vielen armen Menschen. Leidtragende der Umweltzerstörung sind die Ogoni, ein Stamm, der südöstlich des Niger-Deltas lebt. Sie leisten seit langem erbitterten Widerstand gegen die Ölkonzerne, insbesondere gegen *Shell*. Basseys Erzählung erschüttert. Man möchte sich am liebsten abwenden, weil sie schwer zu ertragen ist und weil man selbst Komplize jener geschilderten Verbrechen ist – als Autofahrer oder Energieverbraucher.

Doch Bassey lässt nicht locker. Und seine Geschichten, so bedrückend sie sein mögen, sind nicht zum Wegsehen und Weglaufen. Vielmehr ziehen sie einen bald in ihren Bann. Zwischendurch macht er Späße und lacht. *„Manchmal ist es gut, den Humor nicht zu vergessen, sonst nimmt uns das alles viel zu sehr mit"*, sagt er.

Blutige Machtkämpfe

Der Optimismus von Nnimmo Bassey beeindruckt, erst recht, wenn er seinen Werdegang schildert. Geboren 1958 als jüngstes Kind der Familie, wuchs er in einem kleinen Dorf im südöstlichen Bundesstaat Akwa Ibon auf, der über viele Bodenschätze verfügt. Seine Eltern arbeiteten als Kleinhändler und konnten ihren neun Kindern einen Schulbesuch finanzieren.

Doch diese Zeit war nicht einfach. Wie in vielen Ländern Afrikas brachte die Unabhängigkeit von der britischen Kolonialmacht den Einwohnern Nigerias nicht sofort die Freiheit, sondern blutige Machtkämpfe.

Der nigerianische Bürgerkrieg (1967–1970) bestimmte Basseys Kindheit. Wegen der Kämpfe musste die Familie ihr Heimatdorf verlassen. *„Wir waren Flüchtlinge, flohen Richtung Osten, um aus der Kriegszone herauszukommen, und gelangten mit einem Schiff nach Lagos. Drei Tage waren wir mit dem Schiff unterwegs."*

In der damaligen Hauptstadt Lagos sehnte sich der heranwachsende Junge nach seiner Heimat. *„Als der Krieg vorbei war, wollte ich unbedingt zurück und begleitete meine Eltern in unser Dorf."*

Der Bürgerkrieg hatte gerade im Osten Nigerias tiefe Spuren hinterlassen. Insgesamt starben schätzungsweise bis zu drei Millionen Menschen durch die Kampfhandlungen sowie durch Hunger und Krankheiten.

Gefährliche Spiele

Auch in Basseys Heimatdorf waren die Spuren der Gewalt nicht zu übersehen. *„Als Kinder kannten wir nur Kriegsspiele. Im Busch entdeckten wir Waffen und Munition. Aus den Patronen nahmen wir das Pulver und entfachten damit Feuer und kleine Explosionen. Das war natürlich sehr gefährlich. Einmal sahen wir an einem Baumstumpf das Skelett eines Soldaten. Es war wirklich grausam. Und mir wurde immer klarer, dass Gewalt niemals Mittel der Politik sein darf. Bis heute bin ich überzeugt, dass friedlicher Widerstand der beste und einzige Weg ist, Veränderungen zu bewirken, in unserem Fall Umweltvergehen anzuprangern und die Verursacher der gerechten Strafe zuzuführen."*

Im Dorf gab es zwar kein Gymnasium, aber einen Lehrer, der an ihn glaubte und ihn fördern wollte. *„Er bot mir an, mich zu der Schule mitzunehmen, in der die Aufnahmeprüfung für die Oberschule stattfand. So fuhren wir etwa 50 Kilometer mit dem Fahrrad. Ich saß auf dem Gepäckträger, was nicht besonders bequem war, und der Lehrer trat kräftig in die Pedale. Als wir ankamen, war ich völlig fertig."*

Nelson Mandela als Vorbild

Doch er bestand die Prüfung und wurde angenommen. Nach dem Abitur studierte Bassey Architektur. In dieser Zeit informierte er sich über die afrikanischen Unabhängigkeitsbewegungen.

Der Mut des südafrikanischen Freiheitskämpfers Nelson Mandela inspirierte den jungen Mann. Zu dieser Zeit war Nigeria zwar schon unabhängig, aber es unterstand einer Militärdiktatur. Übergriffe gegen die Bevölkerung waren an der Tagesordnung. *„Die ersten Menschenrechtsorganisationen formierten sich in Nigeria in den 1980er Jahren – und ich war dabei."*

Zu Beginn der 1990er Jahre ging das Militär dazu über, bei der Ölförderung mit großen ausländischen Konzernen zusammenzuarbeiten. Soldaten fielen in Dörfer ein, wenn die Bewohner sich gegen die Erschließung von Ölquellen zur Wehr setzten. 1999 wurde zum Beispiel ein ganzes Dorf mit über 2000 Menschen niedergemäht.

Der Schutz der Menschen und der Umwelt vor den Raubzügen der internationalen Konzerne – dies wurde zu Basseys Lebensaufgabe. Friedliche Proteste, Überfälle und Einsätze der Streitkräfte wechselten einander ab. Das Delta versank in Chaos und Gewalt.

Friedlicher Widerstand

Bassey machte das Ausmaß der Umweltzerstörung publik. Er verstand sich nicht als Einzelkämpfer. Vielmehr gründete er eine Nichtregierungsorganisation, die *Environmental Rights Action – Friends of the Earth Nigeria*. Wie gefährlich das war, zeigte sich am Beispiel von Ken Saro Wiwa, der gegen den im Niger-Delta aktiven Mineralölkonzern *Shell* friedlichen Widerstand leistete.

Der Dichter und Umweltaktivist wurde festgenommen und 1995 zusammen mit acht weiteren Ogoni trotz internationaler Proteste gehängt. Bassey war damals 36 Jahre alt. *„Ich hatte eine Familie mit zwei Kindern. Mir blieb nichts anderes übrig, als sie anderswo unterzubringen. In meiner Nähe wäre es zu gefährlich gewesen. In den 1990er Jahren suchte man mich per Haftbefehl. Mein Name stand auf einer Liste mit anderen Aktivisten und Regimegegnern. Viele von ihnen gingen bald nach Europa oder Nordamerika ins Exil. Ich wollte in Nigeria bleiben und tauchte für vier Monate im Untergrund unter. Mir war klar, was passieren würde, falls sie mich verhaften würden."*

Nachdem Nnimmo Bassey seine Familie in Sicherheit gebracht hatte, machte er weiter, klagte Regierung und Konzerne an und wurde mehrfach festgenommen. *„Als ich das erste Mal ins Gefängnis kam, hatte ich mein Architekturstudium gerade abgeschlossen. Die Zelle war für zwölf Personen gebaut. Genutzt wurde sie jedoch von 87 Häftlingen. Platz zum Schlafen gab es nicht. Wir mussten stehen oder uns auf den Boden hocken."*

Nachrichten aus der Haft

Im Gefängnis entwickelte Bassey Überlebensstrategien: *„Durch das Buch* A long Walk to Freedom *von Nelson Mandela wusste ich: Du darfst nicht die verärgern, die den Schlüssel zu deiner Zelle haben. Die Wächter machen, was ihnen gesagt wird, klar. Aber bist du freundlich zu ihnen, machen sie dein Leben erträglicher. Wenn du sie verärgerst, bringen sie dich um. Nach jeder Verhaftung suchte ich mir einen Beamten, der bereit war, eine Nachricht an meine Frau zu übermitteln. Wenn deine Angehörigen nicht wissen, wo du bist, dann kommst du vielleicht nie wieder aus dem Gefängnis. Wenn die Presse deinen Aufenthaltsort kennt, hast du einen gewissen Schutz."*

Auf die Frage, wie er nach solchen Erfahrungen seine Ängste überwinden und immer wieder neuen Mut schöpfen konnte, antwortet Bassey: *„Das Gedicht* Silence would be Treason (Schweigen wäre Verrat) *von Ken Saro Wiwa hat mir geholfen. Als ich es las, dachte ich: Gibt es eine bessere Art, für etwas zu sterben? Wenn du das Ausmaß der Probleme betrachtest, dann rückt das persönliche Schicksal an die* zweite Stelle. Denk an die ungeheuerlichen Schäden! Das ist Gewalt gegen Mensch und Natur. Die Lebenserwartung im Ogoniland liegt noch bei 41 Jahren. Wenn du dazu schweigst, ist das Verrat."

Selber handeln

Nnimmo Bassey erhebt seine Stimme, wo immer er kann. Er verfasst Aufrufe, schreibt Bücher und Gedichte. Sein Ziel ist es, Menschen wachzurütteln und wütend zu machen oder sie so zu schockieren, dass sie anfangen, selbst zu handeln. Seine Organisation *Environmental Rights Action – Friends of the Earth Nigeria* unterstützt Bauern und Fischer, die vor Gericht ziehen und die Konzerne verklagen, die ihre Existenz zerstört haben. Doch eine Entschädigung zu bekommen, ist schwierig. Denn die Regierung sitzt mit den Mineralölgesellschaften in einem Boot, ist von ihnen finanziell abhängig.

Längst ist das Ausland auf Basseys Einsatz aufmerksam geworden. 2010 wurde er mit dem Alternativen Nobelpreis ausgezeichnet. *Time Magazine* hatte ihn ein Jahr zuvor zum *„Hero of the Environment"* (Held der Umwelt) gewählt.

2013 rief er eine neue Nichtregierungsorganisation ins Leben: *HOME – Health of Mother Earth Foundation.* Bei der Stiftung handelt es sich um einen ökologisch ausgerichteten Thinktank, der sich mit Fragen der Umwelt und Klimagerechtigkeit befasst und mit den Ursachen von Hunger. *„Warum müssen so viele Menschen hungern? Wie kommt es, dass genetisch veränderte Pflanzen in Afrika angebaut werden? Thema unserer* Instigation Sustainability Academy (Akademie zur Durchsetzung von Nachhaltigkeit) *war in diesem Jahr der Klimawandel und die drohende Nahrungskrise. Wir versuchen herauszufinden, welche Auswirkungen Bürgerkriege, Staatsstreiche und Revolutionen auf unseren Kontinent Afrika haben, sozial, politisch und ökologisch."*

Als die nigerianische Regierung das Bruttoinlandsprodukt neu kalkulierte, stieg Nigeria plötzlich zur größten Volkswirtschaft Afrikas auf. *„Die Investmentbank Goldman Sachs zählte unser Land daraufhin zur Gruppe aufstrebender Wirtschaftsnationen zusammen mit Malaysia, Indonesien und Türkei."*

Prinzip Hoffnung – Nicht aufgeben

Diese Einschätzung hat für Bassey keinerlei Aussagekraft. *„Die Angaben zum Bruttosozialprodukt haben keine Verbindung zur Realität."* Um die wirtschaftliche Lage zu verbessern, bedürfe es großer Anstrengungen: *„Wir wollen, dass sich die Menschen mehr engagieren, sich mehr für ihr Land und das Gemeinwohl einsetzen. Das heißt: weniger Wettbewerb und mehr Kooperation."*

Sein Kampf gegen das schmutzige Ölgeschäft, gegen Korruption und Hunger gleicht einem Kampf gegen Windmühlen. Denn die Zerstörung der Umwelt ist nur eines der großen Probleme Nigerias. Hinzu kommen die Seuchengefahr, die Ebola-Epidemie, der Terror der islamistischen Sekte *Boko Haram* und schließlich die allgemeine politische Hilflosigkeit.

Doch Bassey will nicht aufgeben und verteidigt sein Prinzip Hoffnung. *„Das Problem ist, dass die Menschen im Lauf der Zeit vergessen haben, dass sie Menschen sind. Dass wir nur eine Spezies auf der Erde sind. Wir denken, wir sind super, bionische Konstrukte und keine Lebewesen. Wir glauben, dass wir alles können, was wir wollen; überall hingehen können, wo wir hinwollen; alles tun können, was wir wollen. Aber wir müssen unser Gedächtnis wiederherstellen und uns erinnern, wo wir herkommen. Weil die Zukunft in der Vergangenheit liegt. Wenn wir uns weiterhin so bewegen, als gäbe es keine Vergangenheit, werden wir gegen eine Wand laufen."*

Nnimmo Bassey, der hochgewachsene Mann mit dem freundlichen Gesicht und der besonderen Ausstrahlung, ist ein entschlossener Vorkämpfer für ein anderes Nigeria. Mit seinem Mut steht er dem einstigen Weggefährten Ken Saro Wiwa in nichts nach. Den Mineralölkonzern *Shell* hat er zusammen mit mehreren Geschädigten vor einem Gericht in den Niederlanden verklagt. Zur Verleihung des Alternativen Nobelpreises sagte er: *„Wir wollen, dass Verbrechen von Konzernen wie* Shell *weltweit ein Ende haben."*

Der Prozess gegen *Shell* endete nach dreijähriger Dauer im Januar 2015 mit einem Vergleich. Der britisch-niederländische Konzern zahlt den Bauern und Fischern im Niger-Delta eine Entschädigung in Höhe von umgerechnet 70 Millionen Euro und übernimmt damit die Verantwortung für die Ölpest.

Ich bin davon überzeugt, dass Nigeria ein besser entwickeltes Land wäre ohne das Öl. Ich wünschte, wir hätten niemals die Gase des Petroleums gerochen.

WOLE SOYINKA, SCHRIFTSTELLER

Wenn Afrika leidet

Als 2011 unter internationaler Beobachtung die Ölpest vor der Küste von Louisiana im Golf von Mexiko bekämpft wurde, erinnerte der Aktivist und Schriftsteller Bassey die Welt daran, dass die Menschen im Niger-Delta täglich mit einer noch viel schlimmeren Ölpest zu kämpfen hätten. Allerdings seien sie dabei ganz auf sich gestellt. Niemand leiste ihnen Hilfe.

Hoffnung setzt Nnimmo Bassey insbesondere auf die Jugend. Vor allem junge Menschen müssten sich über den Zustand unseres Planeten Sorgen machen, sagt er. Wenn ein Teil der Erde zerstört werde, habe dies Folgen für den ganzen Globus.

„Vielleicht hört es sich wie ein Klischee an, aber die Zukunft gehört der Jugend. Und die Jugend gehört zur Zukunft. Wir haben einen Planeten, wenn wir einen Teil zerstören, wird dies Einfluss auf den gesamten Planeten haben. Wenn die afrikanische Umwelt zerstört wird, werden die Afrikaner nach Europa migrieren. Du kannst nicht weglaufen vor deinen Mitmenschen auf der Erde. Jeder hat das Recht auf eine sichere Umwelt. Vielleicht werden Umweltprobleme wie die von Nigeria nicht in den traditionellen Medien thematisiert, aber die Jugend hat Zugang zu sozialen Netzwerken, zu Twitter, Facebook und zu Blogs. Sie könnten einfach nur eine Stunde pro Woche darauf verwenden, herauszufinden, was in anderen Ländern abläuft. Ich bin mir sicher, es würde sie betroffen machen."

Erdöl zerstört das Ogoniland

NIGERIA

Die Natur riecht wie eine Zapfsäule

Nigeria ist ein reiches Land mit armen Menschen. In der größten Volkswirtschaft Afrikas leben 70 Prozent der Bevölkerung unter der Armutsgrenze. Das sind über 120 Millionen Menschen bei einer Gesamtbevölkerung von etwa 177 Millionen. Quelle des Reichtums in Nigeria ist das Niger-Delta mit seinen riesigen Ölvorkommen. Seit den 1950er Jahren wird dort Öl gefördert und nach Europa exportiert. Es ist der wichtigste Wirtschaftszweig des Landes.

Nigeria besitzt nur vier Raffinerien, sodass es gezwungen ist, im Ausland Benzin zu Weltmarktpreisen zu kaufen. Lediglich ein Bruchteil der Profite aus der Rohölförderung bleibt in der Delta-Region. Dort haben Mineralölkonzerne aus aller Welt ihre Fördertürme errichtet und Pipelines verlegt.

Seit Jahrzehnten findet im Niger-Delta eine gigantische Umweltkatastrophe statt, ohne dass die Weltöffentlichkeit davon Kenntnis nimmt. Nach Schätzungen von Wissenschaftlern sind über die Jahre bis zu elf Millionen Barrel Öl (ein Barrel = 159 Liter) ausgelaufen.

Das ist etwa drei Mal so viel, wie im Frühjahr 2010 bei der Havarie der Bohrinsel *Deepwater Horizon* im Golf von Mexiko ins Meer geflossen sind. Schlägt eine Pipeline leck, dauert es oft Wochen und Monate, bis die Unternehmen reagieren. Der Ölteppich breitet sich unterdessen weiträumig aus, verseucht Flüsse, Mangrovensümpfe und Felder. Die Natur riecht wie eine Zapfsäule. Bei der Förderung werden giftige Gase freigesetzt, die abgefackelt werden, obwohl dies verboten ist. Riesige Feuerfontänen, umhüllt von schwarzen Rußwolken, steigen in die Luft.

Die Ölpest trifft eine Region mit etwa 30 Millionen Menschen. Im Niger-Delta liegt die Lebenserwartung mit knapp über 40 Jahren um zehn Jahre niedriger als im Rest des Landes. Und dies, obwohl das Delta einst zu den fruchtbarsten Gebieten des Landes zählte. Böden, Luft und Wasser sind mit stark krebserregenden Kohlenwasserstoffen verseucht. Fischer haben keine Erträge mehr, den Bauern verfaulen die Früchte.

Umweltschäden, Ausbeutung und Armut sind ein idealer Nährboden für Verbrechen aller Art. Rebellengruppen begehren auf, sprengen Pipelines und Pumpstationen. Einige Banden haben sich darauf spezialisiert, Ölarbeiter zu entführen, um hohe Geldsummen zu erpressen. Zum Schutz von Personal und Pipelines beschäftigen die Konzerne Tausende von Sicherheitskräften, bezahlen das Militär, damit es sie schützt.

173

Pipeline angezapft

Im Dickicht des Deltas verlaufen die Fronten zwischen Milizen, Verbrecherbanden sowie staatlichem und privatem Wachpersonal fließend. Die Menschen im Niger-Delta haben ihre eigenen Überlebensstrategien entwickelt. Sie zapfen die nur wenige Meter unter der Erde liegenden Leitungen an. Ein Funke genügt, und es kommt zu gewaltigen Explosionen mit Toten und Verletzten.

Auch wurden primitive Raffinerien entwickelt, um aus dem Rohöl Diesel zu filtern, der auf dem Schwarzmarkt verkauft wird. Dunkle Rauchschwaden steigen auf, sobald eine dieser Raffinerien zu arbeiten beginnt. Die Menschen sind mit Ruß bedeckt, die jungen Arbeiter sehen uralt aus, zerfurcht von dem, was ihren Körpern angetan wird. Die von Diesel abgetrennten teerartigen Reste versickern im Boden.

Besonders betroffen von der Ölpest ist Ogoniland, etwas größer als das Bundesland Berlin. Eine Studie des Umweltprogramms der Vereinten Nationen stellt fest, dass der giftige Schlamm bis zu fünf Meter tief in den Boden gesickert ist und das Grundwasser verseucht. Auf manchen Trinkwasserbrunnen schwimmt eine mehrere Zentimeter dicke Ölschicht. Der Lebensraum der Menschen im Ogoniland ist auf viele Jahre hinaus auf das Schlimmste vergiftet.

Stadt im Meer

Das Umweltprogramm der Vereinten Nationen schätzt, dass es zwei bis drei Jahrzehnte dauern und Milliarden von Dollar kosten würde, um die Folgen der Ölpest im Ogoniland zu beseitigen. Ob jemals etwas gegen die Ölverseuchung unternommen wird, steht in den Sternen.

Nigerias Oberschicht jedenfalls ist offenbar entschlossen, der Umweltkatastrophe im Niger-Delta den Rücken zuzukehren. Vor der Hafenstadt Lagos mit ihren 21 Millionen Einwohnern soll im Meer eine neue Stadt errichtet werden, die *Eko Atlantic* – umweltfreundlich, nachhaltig, eine künstliche Insel, von privaten Investoren bezahlt und in Zukunft auch in eigener Verwaltung. Zugang werden dort allerdings nur die Reichen des Landes haben.

Und Europa? Schaut weiter zu? Es sieht so aus. Denn der Tank ist voll. Der Motor läuft, die Klimaanlage auch. Ein Junge stirbt – irgendwo im Ogoniland. Wir fahren weiter.

SYLVIA EARLE – DIE UNENDLICHE LIEBE ZUM MEER

1935	Geburt in Gibbstown, New Jersey (USA)
1966	Promotion
bis 1981	Forscherin in Harvard
1970	Tektite Projekt – Leben auf dem Meeresboden
1990 – 92	Chief Scientist NOAA
2009	Gründung der Mission Blue

Explorer-in-Residence bei *National Geographic.* Wissenschaftliche Leitung der US-Wetter- und Ozeanografiebehörde *NOAA (National Oceanic and Atmospheric Administration)*. Beratung der Weltraumbehörde *NASA*: Diese Aufgaben hören sich nach einem starken Mann in der Forschung an.

Aber sie beschreiben nur einige der Tätigkeiten von Sylvia Earle, die, angetrieben von ihrer Liebe zu den Meeren, allen Hindernissen zum Trotz eine weltweit bekannte Ozeanografin wurde. Heute engagiert sich Sylvia Earle für den Erhalt der Ozeane – durch Information, Aufklärung und die Errichtung von Naturschutzzonen.

Beim persönlichen Gespräch wie auch im dicht gefüllten Vortragssaal besticht die zierliche, fast 80-jährige Frau mit scharfen Analysen und Witz. Sylvia Earles erster Satz bei der Begrüßung: *„Was für ein wunderbarer Tag. Um ganz ehrlich zu sein – ich wäre lieber unter Wasser als in diesem Raum!"*

Mit großer Zärtlichkeit erzählt die alte Dame von ihren Begegnungen mit Fischen und anderen Meereslebewesen. Blättert sie das Buch mit den von ihr katalogisierten Algenarten auf, ist es, als betrachte sie ein Familienalbum. Ihre Mitarbeiterinnen berichten, dass sie bei gemeinsamen Tauchgängen mit der fast 80-Jährigen kaum mithalten könnten. Sylvia Earle bewege sich im Wasser wie ein Fisch.

Die Meeresforscherin hat viel Zeit ihres Leben unter der Wasseroberfläche verbracht: In ihrem Tauchlogbuch verzeichnet sie mehr als 7000 Stunden in den Tiefen der Meere, und diese Zahl wächst stetig.

„Ich habe die Risiken von Unternehmungen, die manche vielleicht als gefährlich bezeichnen würden, immer im Verhältnis zu den Gefahren gesehen, die die Menschen im Alltag ohne Zögern auf sich nehmen; sei es, über eine Türschwelle zu fallen, über den eigenen Schnürsenkel zu stolpern oder an einem Virus zu sterben. Beim Tauchgang habe ich mich viel sicherer gefühlt als in anderen Situationen, etwa wenn ich bei Nacht allein durch dunkle Straßen ging."

Der erste Tauchgang

Sylvia Earle wurde 1935 als eines von sieben Kindern in New Jersey geboren. Weil die Eltern wollten, dass ihre Kinder in der Natur aufwachsen, zog die Familie auf eine Farm in New Jersey. Sylvia nutzte jede Gelegenheit, um ihre Umwelt zu erkunden. Die Eltern unterstützten ihre Neugier und vermittelten ihr ein *„Mitgefühl für Lebewesen"*, wie sie sagt. Sie verbrachte viel Zeit in den Wäldern, interessierte sich für Frösche und Fische in Teichen und Flüssen und die Vögel am Himmel.

Als Sylvia ein Teenager war, zog die Familie nach Clearwater (Florida) am Golf von Mexiko. Dort hatte sie Zugang zum Meer. Mit gerade einmal 16 Jahren bekam sie die Gelegenheit, den kupfernen Tauchhelm eines Schwammtauchers auszuleihen. Durch einen Schlauch wurde Luft in den Helm gepumpt. Sylvia genoss ihren ersten Tauchgang, bis sie merkte, dass ihr schwindlig wurde. Durch ein Versehen gelangten Abgase des Generators in die Luftzufuhr und für einen Moment bestand Lebensgefahr.

Der Zwischenfall schreckte sie jedoch keineswegs ab. So schnell wie möglich wollte sie wieder in die Unterwasserwelt abtauchen. Der technische Fortschritt brachte eine neue Erfindung hervor, die ihr und anderen Wissenschaftlern, Entdeckern und Hobbytauchern mehr Zeit unter Wasser ermöglichte: die *Scuba*-Tauchausrüstung mit Druckluftflaschen und komprimierter Luft.

Da die Eltern ihr kein Studium finanzieren konnten, verschaffte sich Sylvia Earle durch Nebenjobs und Stipendien das nötige Geld dafür. In den Vorlesungen war sie oft die einzige Frau. Mit ihrer Entschlossenheit, Neues zu entdecken, verschob sie im Laufe ihrer Ausbildung die Grenzen dessen, was Frauen in den 1950er Jahren zugetraut wurde.

Expedition im Indischen Ozean

Als Frau eine akademische Laufbahn zu verfolgen und gleichzeitig eine Familie zu gründen, war damals noch schwieriger als heute. Mit 21 Jahren heiratete Earle ihren ersten Ehemann, bekam 1960 eine Tochter und zwei Jahre später einen Sohn. Kurz darauf erhielt sie ein Angebot, das sie nicht ablehnen konnte – die Teilnahme an einer sechswöchigen Expedition auf einem Forschungsschiff in Richtung Indischer Ozean.

Aber konnte sie wirklich auf diese Reise gehen und ihre Kinder zurücklassen? Der Expeditionsleiter teilte ihr mit, sie sei *„die einzige Frau in der Gruppe, und manche Leute würden ihre Teilnahme nicht als sinnvoll erachten"*. Doch Earles Ehemann und Eltern übernahmen die Betreuung der Kinder, und sie konnte aufbrechen. Während der Reise hatte sie auch Gelegenheit, erste Medienerfahrungen zu sammeln. In Mombasa (Kenia) schilderte die junge Frau einem Journalisten ihr Forschungsvorhaben. Die Schlagzeile lautete schließlich: *Sylvia segelt mit 70 Männern in die Ferne. Aber sie erwartet keinerlei Probleme.*

Zwei Wochen unter Wasser

Über mehrere Jahre hinweg sammelte Sylvia Earle für ihre Doktorarbeit unter Wasser 20 000 Proben von verschiedenen Algenarten im Golf von Mexiko, katalogisierte sie und erstellte ein Standardwerk, das bis heute Gültigkeit hat. Nach ihrer Promotion nahm Earle eine Stelle an der Universität Harvard an.

Sylvia Earle beim Tauchgang

Ende der 1960er Jahre wurde die Unterwasserkapsel *Tektite* entwickelt, ein Laboratorium, in dem Forscher auf dem Meeresboden wohnten und Tauchgänge unternahmen. So konnten sie erheblich mehr Zeit unter Wasser verbringen als bei einzelnen, kurzen Tauchgängen.

Earle war fasziniert von dem Projekt und bewarb sich um eine Teilnahme. Die Antwort kam prompt: *„Wir hatten nicht damit gerechnet, dass auch Frauen sich bewerben würden."* Tatsächlich hatten sich mehrere hochqualifizierte Frauen gemeldet.

Earle leitete schließlich den zweiwöchigen Forschungsaufenthalt einer Gruppe von Wissenschaftlerinnen im *Tektite II*. Dieses ungewöhnliche und erfolgreiche Projekt brachte eine aufschlussreiche Schlagzeile wie diese hervor: *Hausfrau aus Beacon Hill leitet Gruppe von Aquanautinnen.*

Sylvia Earles Antwort darauf: *„Manchmal fällt es den Leuten schwer, uns ernst zu nehmen. Die meisten Probleme bestehen lediglich in den Köpfen der Männer."*

Noch tiefer tauchen

In Sylvia verfestigte sich der Wunsch, noch tiefer zu tauchen. Weil es keine geeigneten Tauch-U-Boote für extreme Tiefen gab, gründete sie in den 1980er Jahren zusammen mit ihrem dritten Ehemann die Firma *Deep Ocean Engineering*, die das U-Boot *Deep Rover* entwickelte. Mit diesem U-Boot stellte sie einen neuen Tiefenrekord über knapp 1000 Meter auf.

1990 wurde Sylvia Earle als erste Frau *Chief Scientist* der amerikanischen Wetter- und Ozeanografiebehörde *NOAA*. Sie kündigte diesen prestigeträchtigen Job aber bereits zwei Jahre später, um *„als Privatperson Dinge tun und sagen zu können, die für eine hohe Beamtin der Regierung der Vereinigten Staaten nicht angemessen gewesen wären."*

Sie hatte zum Beispiel lautstark auf Umweltprobleme wie die Überfischung der Meere hingewiesen. Earle wollte frei sein, um ihrem Gewissen folgen und konsequent für den Erhalt der Meere kämpfen zu können.

Ich hoffe, wir werden eines Tages intelligentes Leben finden – unter den Menschen unseres Planeten.

SYLVIA EARLE | 2009

Wir haben sie gegessen

Sylvia Earle tritt gegen Gleichgültigkeit und Unwissen ein, denn *„die Menschen kennen nicht den wahren Preis für die Meeresfrüchte, die sie kaufen."* Ein großer Teil der Fische, die auf den Fischmärkten angeboten werden, sind Jungtiere. Sie werden gefangen, bevor sie sich vermehren konnten. Rapide sinkende Fischbestände sind die Folge. *„Allein in meiner Lebenszeit sind die Bestände von großen Meereslebewesen wie Thunfischen, Walen, Schildkröten usw. um 90 Prozent gesunken. Wir haben sie gegessen."*

Fischfang gleicht einem Feldzug, erklärt Earle: *„Wir nutzen Kriegswaffen wie Sonargeräte, Bilder von Flugzeugen und sogar Satelliten, um Fischschwärme aufzuspüren und zu fangen, neue Materialien und Technologien, die uns in die Hochsee befördern, während wir früher nur an Küsten fischen konnten."*

Sie zeigt Aufnahmen von riesigen Schleppern, engmaschigen Netzen und Maschinen, die wie Staubsauger alles Leben aus den Meeren saugen. Es sind Bilder wie aus einem Horrorfilm. Aber es ist diese Technik, die die Vielfalt des Fischangebotes ermöglicht, das wir in Supermärkten und auf Speisekarten vorfinden.

„Das Resultat ist das gleiche, als wenn wir mit Bulldozern Eichhörnchen oder mit riesigen Netzen Enten jagen würden und alles mitfangen und töten, was uns in die Quere kommt." Denn *„für jedes Pfund Meereslebewesen, das wir essen, gibt es mindestens 10 Pfund – manchmal 100 Pfund –, die als Beifang weggeschmissen werden"*, erklärt Sylvia Earle bei ihrem Vortrag.

„Bedeutet das nun, dass wir keinen Fisch mehr essen können?", fragt jemand aus dem Publikum. Sylvia Earle antwortet darauf nur: *„Get educated."* Bildung und Erkenntnis seien der Schlüssel für Veränderung. Wir Menschen sollten endlich begreifen, dass der Verzehr von bestimmten Fischarten begrenzt werden muss – denn das Ökosystem Meer steht kurz vor dem Kollaps.

„Der Genuss von Thunfisch oder Schwertfisch ist vergleichbar mit dem Verzehr eines Löwensteaks oder einer Adlertorte." Diese Arten sollten den Meerestieren vorbehalten bleiben, die sie zum Überleben benötigen. Wer die Bilder von den Fangmethoden gesehen hat, dem bleibt das Fischstäbchen vielleicht im Halse stecken.

Plastikinseln und Todeszonen

Während die Menschen dem Meer einen Großteil der Lebewesen entnehmen, leiten sie gleichzeitig Müll, Düngemittel, Pestizide, Öl, Abwässer, Kohlenstoffdioxid und vieles mehr ein. Der Druck auf die Ökosysteme ist immens, und die Folgen haben bereits ein erschreckendes Ausmaß angenommen. Riesige Plastikinseln schwimmen auf den Meeren. Unsichtbare Mikroplastikpartikel werden im Trinkwasser nachgewiesen. Insbesonders in den letzten Jahrzehnten haben sich sogenannte „Todeszonen" verbreitet, in denen Sauerstoffmangel herrscht und kein Leben mehr möglich ist.

Inzwischen gibt es über 400 solcher Zonen. Sie entstehen durch die Zufuhr von Düngemitteln in den Wasserkreislauf und die daraus folgende extreme Algenblüte und deren Zersetzung. Allein in der Ostsee haben sich seit Beginn des 20. Jahrhunderts diese „Todeszonen" verzehnfacht. Sie umfassen heute ein Gebiet von etwa 60 000 Quadratkilometern. Dieser Vorgang wird durch den Temperaturanstieg in den Gewässern weiter begünstigt.

Das Leben existiert, weil der Ozean existiert

„Ich werde manchmal gefragt: ‚Warum sollte ich mich um den Ozean scheren? Was würde es mich kümmern, wenn er morgen austrocknen würde?' Ich antworte darauf: ‚Naja – wenn du atmen möchtest, solltest du dich vielleicht darum sorgen!'"

Über 50 Prozent des Sauerstoffs wird von Phytoplankton produziert.

Plastikmüll vor Hawaii | 2008

Ohne die Ozeane wäre menschliches Leben auf der Erde nicht möglich, und hätte es die Weltmeere nicht gegeben, hätte sich die Spezies Mensch kaum entwickeln können.

Alles auf der Welt ist miteinander verbunden. Entnehmen wir dem Ökosystem bestimmte Arten, und sei es „nur" eine winzige Art von Algen, kann das schwerwiegende Auswirkungen auf Nahrungs- ketten und ökologische Kreisläufe haben.

Sylvia Earle versucht, diese Situation deutlich zu machen: Wir zerstören unsere eigene Lebensgrundlage. Und sie will uns die Fische näher bringen, auf die unglaublichen Eigenschaften dieser Tiere aufmerksam machen. Wie ist es möglich, dass Fische in der Dunkelheit in 2000 Meter Tiefe sehen können? Wie halten sie den Druck aus? Wie kann winziges Plankton für so viele Lebewesen Sauerstoff produzieren?

Zivilisationsmüll

Als Sylvia Earle vor mehr als 60 Jahren anfing zu tauchen, schien es *„unmöglich, dem Ozean Schaden zuzufügen"*. Das Meer in seiner schier unbeschreiblichen Weite zeigte sich unverletzlich gegenüber Eingriffen des Menschen.

Heute ist dieser Zustand in weite Ferne gerückt. Der Mensch hat den Meeren gewaltigen Schaden zugefügt. In vielen Gebieten, in denen Sylvia Earle als junge Frau tauchte, gibt es heute keine Fische mehr, die Korallen sind tot, das Wasser ist verschmutzt.

Selbst auf ihren tiefsten Tauchgängen, an Orten, wo noch kein Mensch war, findet sich Zivilisationsmüll: Bierdosen, Plastikbeutel, Autoreifen. Die Meeresforscherin bleibt aber zuversichtlich.

„Viele von uns fragen sich, was kann ich als einzelne Person tun? Aber die Geschichte hat uns gezeigt, dass alles Gute und alles Schlechte anfing, weil irgendjemand etwas tat oder nicht tat."

Earle ist überzeugt, dass der globale Informationsaustausch über das Internet und die sozialen Medien ungeahnte Möglichkeiten für den Schutz der Meere eröffnet. Das technologische Wissen, das die Gesellschaft zur Eroberung der Meere befähigte, könne auch zu- gunsten der Umwelt eingesetzt werden, sagt sie.

Menschen verändern die Natur der Natur.

SYLVIA EARLE

Sylvia Earle betont, dass die heutige Generation in der Lage sei, noch bestimmte Arten zu retten. Denn heute *„gibt es sieben Milliarden Köpfe, die diese Probleme lösen können. Mehr als jemals zuvor auf der Erde."*

„Dies ist ein wichtiger Moment in der Geschichte, vielleicht wie keiner zuvor und wie keiner danach. Noch gibt es zehn Prozent der Haie und zehn Prozent der Thunfische, ein paar Korallen. Noch können wir sie retten!"

Sie erzählt aber auch, welche Angst sie umtreibt. *„Ich stelle mir meine Enkelkinder und deren Kinder vor, die uns fragen: ‚Als du lebtest, gab es noch diese coolen Tiere wie den Schwertfisch. Warum hast du nichts getan, um sie zu retten?'"*

Mission Blue

Nachdem Sylvia Earle 2009 den Preis des Internetportals *TED Talks* erhalten hatte, startete sie die Organisation *Mission Blue*, die das Ziel verfolgt, in den Ozeanen *„Hope Spots"* (Flecken der Hoffnung) schützen zu lassen – vergleichbar den Nationalparks auf dem Land.
Derzeit sind zwölf Prozent der weltweiten Erdoberfläche Naturschutzgebiete, während weniger als drei Prozent der Ozeane geschützt sind.

Durch die *„Hope Spots"* sollen besonders artenreiche und bislang unberührte Meeresgebiete vor Überfischung und anderen menschlichen Eingriffen bewahrt werden.

Warum Sylvia Earle mit fast achtzig Jahren immer noch weiterkämpft, begründet sie so: *„Wenn du siehst, dass dein Kind aus einem Hochhaus fällt, bleibst du nicht stehen, weil du müde bist oder um zu überlegen, ob du das Kind retten kannst. Du rennst hin und her, um es irgendwie aufzufangen. Deswegen mache ich immer weiter."*

DAVI KOPENAWA – DER SCHAMANE AUS DEM REGENWALD

1955	Geburt in Roraima (Nordamazonas)
1989	Alternativer Nobelpreis
1991	Global 500 Award der Vereinten Nationen
2004	Gründung von Hutukara

Seit über einem Vierteljahrhundert setzt Davi Kopenawa sich für den Stamm der Yanomami-Indianer am Amazonas ein, die in einem Gebiet so groß wie Portugal auf beiden Seiten der Grenze zwischen Brasilien und Venezuela leben.

Davi – *Kopenawa* ist eigentlich sein Spitzname und bedeutet *Hornisse* – ist Schamane und lebt im brasilianischen Teil des Regenwaldes. Als Sprecher der Yanomami reist er durch die USA und Europa, um die Weltöffentlichkeit auf die bedrohliche Situation der Indianer aufmerksam zu machen. Ihr Stammesgebiet ist durch illegale Goldsucher, skrupellose Rinderzüchter und Bergbauunternehmer gefährdet.

Morddrohungen

Je länger der friedliche Einsatz von Davi Kopenawa für seine Stammesangehörigen dauert, desto gefährlicher wird er für ihn persönlich. Denn Davi, um 1955 geboren und Vater von sechs Kindern, erhielt im Sommer 2014 Morddrohungen. Nach Medienberichten hatten Goldhändler Killer angeheuert und öffentlich angekündigt, Davi werde das Jahr 2014 nicht überleben. Polizei und die brasilianische Indianerbehörde *Funai* hatten nur wenige Monate zuvor damit begonnen, Flöße und Bagger der Goldschürfer zu zerstören.

Ob das Volk der etwa 32 000 Yanomami-Indianer, eines der größten indigenen Völker im Amazonas, eine Überlebenschance hat, ist ungewiss. Wie in vielen anderen Gebieten der Erde werden ihr Lebensraum und die Natur, in der sie leben, systematisch vernichtet.

Den ersten Ansturm der Goldsucher erlebten sie in den 1980er Jahren. Bei der Goldsuche setzen die Schürfer Quecksilber ein und verseuchen damit die Gewässer. *„Sie vergiften das Trinkwasser und machen den Fisch ungenießbar"*, berichtete Kopenawa auf seinen Reisen im Ausland. Die Schürfer sorgten zudem für einen Schub von Infektionskrankheiten. Gegen Masern und Malaria besaßen die Indianer keine Abwehrkräfte. Jeder fünfte Yanomami starb daran.

2004 rief Davi mit anderen Stammesführern die Organisation *Hutukara* ins Leben, was bedeutet *„der Teil des Himmels, wo die Erde geboren wurde"*. Der Verbund will auf die Gefahren aufmerksam machen, die den Menschen im Amazonas und dem globalen Klima durch die Zerstörung des Regenwaldes drohen.

Inzwischen haben die Indianer mit dem Internet eine neue politische Waffe entdeckt. *„Die jungen Yanomami gehen mit Digitalkameras in den Wald, fotografieren die Goldgräber und geben die Bilder an Nichtregierungsorganisationen. Die stellen sie ins Internet. So fliegen alle diese Wörter, ohne dass man es sieht, schnell auf die Tische der Weißen."*

Doch im Juni 2014 verschafften sich zwei bewaffnete Männer Zugang zum Büro einer Nichtregierungsorganisation und erkundigten sich nach Davi Kopenawa. Sie bedrohten die Mitarbeiter mit Schusswaffen, stahlen Computer und andere Ausrüstungsgegenstände. Davi vermutet Goldhändler hinter diesem Angriff: *„Die haben genug Geld, um Kriminelle anzuheuern, die mich aus dem Weg schaffen sollen."* Ein Onkel von ihm wurde bereits ermordet.

Davi ist Schamane und verbindet sich in Trancereisen mit der Geisterwelt. *„Die Geister sind sehr, sehr stark. Sie sagen mir viele Dinge über die Zukunft. Sie sagen, wenn die Weißen so weitermachen, wenn sie den Wald und uns weiter zerstören, bis keine Schamanen mehr da sind, dann werden alle Schutzgeister für immer verschwinden. Dann wird auf der Erde Chaos sein. Und der Himmel wird herunterfallen."*

6

HUNGER IM ÜBERFLUSS

DIE ERNÄHRUNG UND UNTERERNÄHRUNG VON SIEBEN MILLIARDEN MENSCHEN

Wenn es um Lebensmittel und die Bekämpfung des Hungers geht, dann fällt ein Widerspruch sofort ins Auge: Während Millionen von Menschen hungern, täglich und stündlich Kinder an Unterernährung sterben, produzieren und vernichten wir Lebensmittel im Überfluss.

Tatsächlich würde die Menge der jährlich vernichteten Lebensmittel – in Deutschland allein sind es 6,6 Millionen Tonnen – ausreichen, um den Hunger in der Welt zu besiegen. Der Schweizer Soziologe Jean Ziegler erklärt in seinen Reden und Büchern immer wieder, dass auf der Erde genug Nahrungsmittel vorhanden seien. Diese müssten nur gerecht verteilt werden, damit der Hunger endlich überwunden werde. Ziegler hat im Auftrag der Vereinten Nationen weltweit die Ursachen von Hunger erkundet.

Der Klimawandel heizt nicht nur die Mitteltemperatur, sondern auch den Welthunger an. Zwar ist die Zahl der Hungernden seit 1990 um 173 Millionen Menschen gesunken, doch der Klimawandel stellt eine neue Bedrohung dar. Nach dem Weltklimabericht werden arme Regionen in Afrika, Asien und Lateinamerika am stärksten von seinen Folgen betroffen sein – eben jene Regionen, die ohnehin Schwierigkeiten haben, selbst ausreichend Nahrungsmittel herzustellen oder zu erwerben.

Die Folgen des Klimawandels

In Entwicklungsländern produzieren Kleinbauern bis zu 90 Prozent der landwirtschaftlichen Erträge. Sie spielen damit eine zentrale Rolle für die Ernährung der Bevölkerung. Wenn Dürren, Hochwasser und andere Naturkatastrophen ihnen künftig noch mehr zusetzen, werden im Jahr 2050 bis zu 20 Prozent mehr Menschen hungern – 24 Millionen von ihnen sind Kinder.

Durch Überschwemmungen, massive Regenfälle zur falschen Jahreszeit und Dürren sinkt die landwirtschaftliche Produktion in betroffenen Regionen. Das führt zu steigenden Nahrungsmittelpreisen, sodass sich Familien nur noch unzureichend ernähren können. Naturkatastrophen zerstören immer öfter Felder und Viehbestände oder verhindern, dass die Flächen bestellt und die Tiere versorgt werden können. Die meisten Regionen, die das Welternährungsprogramm unterstützt, leiden heute schon unter Naturkatastrophen sowie extremen Wetter- und Umweltbedingungen. Allein zwischen 1980 und 2006 hat sich die jährliche Zahl der klimabedingten Unwetterkatastrophen vervierfacht. Damit sind Hungerkrisen schon für die nächste Zukunft vorprogrammiert.

Ein Comeback der Brotfrucht

Wissenschaftler suchen nach Möglichkeiten, den Hunger wirksamer als bisher zu bekämpfen. Auf der zu Hawaii gehörenden Insel Kauai hat im Jahre 2003 Diane Ragone das *Breadfruit Institut* gegründet. Sie will die Brotfrucht, die bereits vor 200 Jahren auf den Südseeinseln und in der Karibik geerntet wurde, wieder ansiedeln. Für die Verbreitung des Brotbaums hatte einst der britische Kapitän William Bligh mit seinem Schiff *Bounty* gesorgt. Von Tahiti aus transportierte er Setzlinge in die britischen Kolonien, damit die Plantagenbesitzer ihre Sklaven besser ernähren konnten. Die Brotfrucht besitzt einen hohen Nährwert. Das Fruchtfleisch enthält unter anderem Eisen, Kalium und Vitamin A und kann auf vielfältige Weise genutzt werden. Der Ertrag der Brotbäume pro Hektar liegt höher als etwa beim Anbau von Mais, Reis oder Weizen. Die Wissenschaftlerin Ragone sammelte auf den zentralpazifischen Inseln Ableger der bereits vom Aussterben bedrohten Brotfruchtbäume. In ihrem Institut züchtet sie Setzlinge für den Export in tropische Länder Afrikas, Zentral- und Südamerikas.

Land und Nahrungsmittel als Spekulationsobjekte

Lebensmittel sind zum Spekulationsobjekt an den internationalen Börsen geworden. Die Hilfsorganisation *Oxfam* beschuldigt seit langem Großbanken und Versicherungskonzerne, Geldgeschäfte zu Lasten der armen Länder zu betreiben. Die Spekulation habe Preisschwankungen und eine Verteuerung der Agrarprodukte zur Folge. Kleinbauern müssten Großinvestoren weichen, so heißt es weiter. Ihr Land werde verstärkt zur Erzeugung von Biokraftstoffen genutzt und stünde für den Anbau von Gemüse und Früchten zum eigenen Bedarf nicht mehr zur Verfügung.

Längst hat auch zwischen den aufstrebenden Industrienationen Asiens der Wettlauf um fruchtbare Böden in Afrika, Asien und Australien begonnen. Um langfristig die Versorgung ihrer Einwohner zu sichern, sind Länder wie die Volksrepublik China, Indien, Saudi-Arabien und die Vereinigten Emirate mittlerweile dazu übergegangen, sich riesige Flächen in Australien, auf den Philippinen und vor allem in Afrika zu sichern, und zwar durch Kauf oder langfristige Pachtverträge.

In Afrika sind die Folgen des *Landgrabbing*, wie diese neue Form von Kolonialismus auch genannt wird, besonders schwerwiegend. Denn die Eigentumsrechte sind oft nicht festgeschrieben. Nomaden und Kleinbauern nutzen das Land seit Generationen. Beim Erwerb der Flächen durch ausländische Investoren ist häufig Korruption im Spiel. Während einige wenige kassieren, verlieren Teile der Bevölkerung ihre Lebensgrundlage.

Patente auf Saatgut

Bei der Zerstörung von Lebensgrundlagen spielen Konzerne wie das US-Unternehmen *Monsanto* oft eine entscheidende Rolle. Sie sichern sich mit Hilfe einer Heerschar von Anwälten weltweit Patente auf Saatgut und zwingen damit Farmer und Millionen von Kleinbauern in die Abhängigkeit.

Protestschild gegen Genmais von Monsanto

Beim Streit um die Zulassung genmanipulierter Mais- und Getreidesorten geht es um die Frage, wer in Zukunft die Agrarmärkte der Erde beherrschen wird, in erster Linie Landwirte wie bisher oder eine Handvoll internationaler Konzerne.

Hinter den Kulissen üben Lobbyisten auf nationale Parlamente und Regierungen, auf das Europäische Parlament und die Brüsseler Kommission massiven Druck aus. Das Wohl und die Gesundheit der Verbraucher spielen dabei höchstens eine untergeordnete Rolle. So sind die Risiken, die durch eine Veränderung der pflanzlichen Gene mittel- und langfristig entstehen können, gänzlich unerforscht.

Der Hunger der Millionen hat viele Ursachen. Eine davon hat offenkundig mit der unersättlichen Geldgier von Spekulanten und Aktionären zu tun, die mit Reis, Mais, Weizen und anderen Getreidearten an den Börsen spekulieren.

Lebensmittelskandale und Tierseuchen

In Europa hat die Bevölkerung, wenn es um Fragen der Ernährung geht, nicht die existenziellen Probleme wie die Menschen in den Hungergebieten der Erde. Hier haben Lebensmittelskandale das Vertrauen in die Hersteller tief erschüttert. So gelangte Ekelfleisch tonnenweise in den Handel. Dioxin, ein längst verbotenes Schädlingsbekämpfungsmittel, tauchte in gefährlichen Dosierungen in Eiern auf und wurde in dem Futtermittel entdeckt, das Mastbetriebe verwenden.

In keinem Bereich der Landwirtschaft ist die Industrialisierung so weit fortgeschritten wie bei der Aufzucht von Geflügel. Die „Turbomast" von Geflügel löste vor allem in Norddeutschland einen jahrelangen, erbitterten Streit aus zwischen den Betreibern der Mastanlagen und Schlachtfabriken einerseits sowie Tierschützern und betroffenen Einwohnern andererseits. Allein im Emsland im westlichen Niedersachsen wurden 30 Millionen Mastplätze für Hähnchen und Puten geschaffen – die größte Dichte an Mastbetrieben in ganz Deutschland. Die Bevölkerung wehrte sich heftig, aber gegen das enge Bündnis zwischen Schlachtindustrie und regionaler Politik war sie am Ende machtlos. Anfangs wurden die Großbetriebe wegen der erhofften Arbeitsplätze noch als Glücksfälle für ganze Regionen gefeiert – bis sich herausstellte, dass eine einzige Person ausreicht, um zum Beispiel einen riesigen Stall mit 36 000 Küken vollautomatisch steuern und überwachen zu können.

Massentierhaltung ist Tierquälerei

Umwelt- und Tierschützer brachten Videoaufnahmen von Mastställen in Umlauf, in denen Hühner und Puten im eigenen Dreck vegetierten, von Krankheiten befallen waren oder sich gegenseitig verletzten. Tierärzte stellten an den Masthähnchen Kratzspuren, Blutergüsse und entzündete Fußballen fest. Ihre Skelette waren verformt, der gesundheitliche Zustand der Tiere insgesamt erbärmlich. Der Anblick von Puten war ähnlich bemitleidenswert. Bei ihrer Aufzucht setzten sie so viel Brustfleisch an, dass sie nicht mehr laufen konnten. Jeder Versuch aufzustehen, endete damit, dass die Tiere nach vorn fielen.

Tierquälerei

Auch in der Schweinemast und bei der Rinderzucht hat die Massenproduktion von Fleisch beängstigende Ausmaße angenommen. Bevor ein Schwein geschlachtet wird, hat es meistens einen langen Leidensweg hinter sich. Die Tiere werden kastriert, ihre Schwänze abgeschnitten, die Zähne geschliffen – ohne Betäubung. In den engen Mastanlagen selbst herrscht Dauerstress für die Tiere. Ihr natürlicher Bewegungsdrang schlägt in Aggression um. Mit Keimen belastete Luft, fehlende Hygiene im Stall und unsaubere Tränken führen häufig zu Erkrankungen, vor allem der Atemwege.

Die Schweine stehen auf Spaltenböden, unter denen Kot und Urin abfließen; sie atmen Krankheitserreger ein, die Lunge, Leber und andere Organe schädigen. Der flächendeckende Einsatz von Antibiotika wurde zwar verboten. Eine wirksame Kontrolle ist allerdings nur durch unabhängige Tierärzte gegeben.

Die Tiermediziner stehen unter einem doppelten Druck: Agrarunternehmer wollen den Mastbetrieb mit möglichst geringen Verlusten durchziehen, und die Pharmaindustrie versucht den Absatz ihrer Produkte zu steigern.

Im internationalen Vergleich kann sich die Bundesrepublik, was Auflagen und Kontrollen für die Tierzucht angeht, halbwegs sehen lassen. Einzelne Bundesländer räumten Tierschutzverbänden und Umweltschutzorganisationen ein Klagerecht ein, um staatliche Vorgaben und Auflagen überprüfen zu können. Auch der Einbau von Luftfiltern in den Mastbetrieben wurde verfügt. Allerdings hat sich herausgestellt, dass die Kontrollen oft unzureichend sind.

Selbst wenn deutsche Veterinäre weniger Antibiotika einsetzen als ausländische, bedeutet das angesichts der weltweiten Warenströme nicht automatisch einen höheren Schutz für die Verbraucher. Zum Beispiel kann durch die Einfuhr von Geflügel aus China die Vogelgrippe durchaus auf andere Weltregionen übergreifen und eines Tages das Ausmaß einer Pandemie erreichen, also einer Länder und Kontinente übergreifenden Welle von Infektionen. In den entwickelten westlichen Ländern steht die Bekämpfung von Hunger und Unterernährung nicht im Vordergrund. Vielmehr geht es in der Landwirtschaft um Leistungssteigerungen, die mehr Gewinn abwerfen, zum Beispiel bei der Milchproduktion.

Folgen für die Natur

Die steigende Nachfrage nach Fleischwaren ist überall auf der Welt mit enormen Konsequenzen verbunden. Zahlen sprechen in diesem Zusammenhang eine deutliche Sprache: Um ein Kilogramm Rindfleisch herzustellen, werden beispielsweise etwa zehn Kilogramm Getreide verfüttert. Dazu kommen, wiederum pro Kilogramm, ungefähr 15 000 Liter Wasser. Rinder stoßen bei der Verdauung Methan aus, ein Treibhausgas, das den Klimawandel beschleunigt. Rinderzucht ist darüber hinaus auf Energie angewiesen.

Nimmt man den Verbrauch an Energie und den Ausstoß von Methangas hinzu, entsteht pro Kilogramm Rindfleisch ein ökologischer Schaden, der einer Autofahrt von 250 Kilometern gleich kommt. Bei einer Freilandhaltung von Rindern und dem Verfüttern von Gras anstelle von Kraftfutter sieht die ökologische Bilanz erheblich günstiger aus.

Während eine Kuh vor wenigen Jahrzehnten maximal zehn Liter Milch pro Tag gab, sind es heute bis zu 20 Liter und mehr. Mit Hilfe von chemischen Cocktails und gezielten Züchtungen soll der Milchertrag der „Turbokühe" noch weiter zunehmen. Ob die Tiere dann mit ihren übergro-

„Turbokuh"

ßen Eutern überhaupt noch laufen können, spielt offenbar keine Rolle. *„Die industrielle Landwirtschaft sieht in einem Nutztier eine Maschine, deren Leistung man hochjagen kann wie einen Formel-1-Motor"*, kritisiert der Tierarzt Walter Gränzer.

In der Reklame weiden glückliche Kühe auf grünen Wiesen und Schweine tummeln sich in der freien Natur. Es sind Trugbilder, die darüber hinwegtäuschen sollen, dass Masttiere von Geburt an unter dem Einfluss von Medikamenten stehen, damit das Fleischangebot noch weiter steigt. Die meisten Kühe, Schweine und Hühner kommen nie ans Tageslicht.

Die Essensvernichter

Lebensmittel, also Mittel zum Leben und Überleben, gibt es in den entwickelten Gesellschaften Europas und der USA in Hülle und Fülle. Zwischen der Überproduktion und dem Hunger besteht ein Zusammenhang. Die Satten bedienen sich bei der Herstellung von Nahrungsmitteln der Ressourcen armer Länder, die vielfach nicht in der Lage sind, die eigene Bevölkerung ausreichend zu ernähren.

Die Verschwendung von Nahrungsmitteln in den westlichen Ländern hat ungeheuerliche Ausmaße angenommen. Die beiden Autoren Stefan Kreutzberger und Valentin Thurn sind in ihrem Buch *Die Essensvernichter* der Frage nachgegangen, *„warum die Hälfte aller Lebensmittel im Müll landet und wer dafür verantwortlich ist"*.

In einer Buchbesprechung heißt es: *„Die Verschwendung und der Hunger sind Teil eines weltweiten Systems, das Nahrungsmittel abstrakt als Produkt betrachtet und einzig den Profit im Blick hat, bis hinunter zum Verbraucher. Was zunächst nur wie Respektlosigkeit aussah, ist in letzter Konsequenz ein monströser Tötungsvorgang."*

Hunger in den USA und Europa

Wenn die amerikanische First Lady Michelle Obama im Garten des Weißen Hauses Obst und Gemüse züchtet und das Ergebnis vorzeigt, dann sind ihr schöne Fernsehbilder und attraktive Pressefotos sicher. Die Botschaft der Präsidentengattin ist dringlich: Viele Amerikaner ernähren sich falsch, verzehren zu wenige Vitamine und andere Nährstoffe, aber zu viele Kalorien.

Michelle Obama könnte allerdings auch ihren Mann bitten, dafür zu sorgen, dass künftig nicht mehr Mais und Soja mit staatlichen Mitteln vorrangig gefördert werden – das sind die wichtigsten Futtermittel in der Massentierhaltung –, sondern der Anbau von Obst und Gemüse, der erheblich weniger von Steuermitteln profitiert.

Diese ungerechte Zuteilung von Subventionen ist ein Grund für die „Nahrungsunsicherheit", wie der Hunger inzwischen von den US-Behörden genannt wird, aber nicht der einzige. Unter Hunger leiden im reichsten Land der Welt etwa 48 Millionen der insgesamt 300 Millionen Einwohner.

Armes Deutschland, reiches Deutschland

Was für den Hunger im reichen Amerika gilt, das gilt auch für die meisten Länder in Europa, wenngleich in abgeschwächter Form. Dort ist das soziale Netz noch etwas enger geknüpft. Aber es hat Risse bekommen, gerade auch in Deutschland, wo über sechs Millionen Menschen zumindest zeitweise Hunger leiden. Weitere 13 Millionen sind von Armut bedroht bei einer Gesamtbevölkerung von 82 Millionen. In keinem Staat der Eurozone ist die Ungleichheit so groß wie in Deutschland. Die Reichen werden immer reicher und sie leben auch deutlich länger als der ärmere Teil der Bevölkerung.

DER GLOBALE HUNGER – Zehn Tatsachen

Wie viele Menschen müssen weltweit hungern und wo ist der Hunger am größten? Wie wirkt sich Hunger auf den menschlichen Körper aus? Was können wir unternehmen, um zu helfen? Welche Rolle spielt der Klimawandel für arme Familien? Das *World Food Programme (WFP)*, eine Einrichtung der Vereinten Nationen gegen den globalen Hunger, gibt auf Fragen wie diese zehn Antworten.

1. Seit dem 31. Oktober 2011 leben sieben Milliarden Menschen auf der Erde. Nach aktuellen Schätzungen liegt die Zahl der unterernährten Menschen bei 805 Millionen. Einer von acht Menschen weltweit muss jeden Abend hungrig schlafen gehen.
2. Die Zahl der Hungernden ist seit 1990 um 39 Prozent zurückgegangen. Jedoch wird das Ziel, die Zahl der Hungernden bis 2015 auf die Hälfte zu reduzieren, mit großer Wahrscheinlichkeit nicht erreicht. Denn in afrikanischen Staaten mit hohen HIV-Infektionsraten und in Konfliktgebieten wie dem Irak nehmen Hungersnöte zu.
3. Die Zahl der Hungernden könnte weltweit um 100 bis 150 Millionen Menschen sinken, wenn Frauen in Entwicklungsländern dieselben Mittel für die Landwirtschaft erhalten würden wie Männer.
4. Mehr als die Hälfte aller hungernden Menschen weltweit – etwa 553 Millionen Menschen – lebt in Asien und der Pazifikregion. In Afrika lebt ein Viertel der Hungernden.
5. Jährlich sterben mehr Menschen jährlich an Hunger als an AIDS, Malaria und Tuberkulose zusammen. Mangelernährung ist das größte Gesundheitsrisiko weltweit.
6. In Entwicklungsländern stirbt ein Drittel aller Kinder unter fünf Jahren an den Folgen von Unterernährung.
7. Die richtige Ernährung in den ersten 1000 Tagen im Leben eines Kindes kann geistigen und körperlichen Beeinträchtigungen vorbeugen.
8. Es kostet nur 20 Cent am Tag, ein Kind mit lebenswichtigen Vitaminen und Nährstoffen zu versorgen.
9. Jedes Jahr werden weltweit bis zu 17 Millionen untergewichtige Kinder geboren, weil die Mütter mangelernährt sind. Diese Kinder haben ein 20 Prozent höheres Risiko, vor ihrem fünften Geburtstag zu sterben.
10. Im Jahr 2050 werden aufgrund des Klimawandels zusätzlich 24 Millionen Kinder in Armut leben.

JEAN ZIEGLER – REVOLUTIONÄR IM KAMPF GEGEN DEN HUNGER

1934	Geburt in Thun (Schweiz)
1961–1963	Aufenthalt im Kongo
1963	Professor für Soziologie in Genf
1967–1983 /	
1987–1999	Abgeordneter im Schweizer Nationalrat
2000–2008	UN-Berichterstatter für Nahrung
2008–2012	Mitglied im UN-Menschenrechtsrat

Auf der Bühne des Deutschen Theaters in Berlin steht ein einzelner Mann, der es offenkundig versteht, sein Publikum von Beginn an zu fesseln. Dabei verkündigt der 80-Jährige mit der schweren Hornbrille, dem schütteren Haar und dem braun gebrannten glatten Gesicht eine schreckliche Botschaft. Jean Ziegler, der Schweizer Soziologe, Politiker und Schriftsteller, spricht über den Hunger in der Welt – sein Thema seit langem und doch hören alle ihm gebannt zu.

„Alle fünf Sekunden verhungert ein Kind", ruft Ziegler in den Saal und fügt hinzu: *„Eine Milliarde Menschen sind permanent unterernährt!"* Als er den Hungertod eines Kleinkindes in seinen einzelnen Stadien schildert, wird es still. *„Ich habe Kinder an Hunger sterben sehen."*

Quälend langsam verlaufe der Prozess der Zerstörung eines Lebens, über Tage und Wochen. Er spricht über entstellte Gesichter, Hungerbäuche, über Skelette und Hirnschäden.

Für ein paar Momente bekommt das Grauen ein Gesicht: Ein Neugeborenes geht elend zugrunde, weil es nichts zu essen bekommt, weil die Mutter, selbst zu schwach und ausgezehrt, es nicht mehr stillen kann. Dabei gibt es auf der Erde Lebensmittel in Hülle und Fülle. Weshalb kommt die Nahrung nicht bei denen an, die sie am dringendsten brauchen? Die Ursachen sind zwar vielschichtig, aber auf einen Nenner zu bringen.

Massaker des Hungers

Seit Beginn der globalen Banken- und Finanzkrise 2007/2008 sind Börsenmakler dazu übergegangen, auf Grundnahrungsmittel wie Mais, Reis und Weizen zu spekulieren. Dabei hätten sie astronomische Profite erzielt. Die dadurch verursachten Preissteigerungen gingen eindeutig zu Lasten der Menschen in Afrika, Asien und Lateinamerika, sagt Ziegler. Während die Regierungen Milliardenbeträge zur Rettung von Banken ausgaben, mussten die Programme zur Überwindung und Bekämpfung des Hungers auf der Welt drastische Kürzungen hinnehmen.

Weil der Hunger von Menschen gemacht wird, und zwar planmäßig und bewusst, spricht Jean Ziegler von *„Massaker"* und *„Mord"*. Auch wenn er in seiner Rede keine Namen nennt, weiß jeder, wer hier gemeint ist: *„kriminelle Banker"*, die *„Räuber des globalisierten Finanzkapitals"*, die *„Paten des organisierten Verbrechens"*.

Besonders scharf verurteilt der Schweizer als weitere Ursache für den Hunger der Dritten Welt das Verbrennen von Agrarrohstoffen wie Mais und Zuckerrohr zur Herstellung von angeblich umweltfreundlichen Kraftstoffen. Regierungen der Europäischen Union und der USA unterstützten die Agrarindustrie jährlich mit Milliardensummen, um, wie Ziegler sich ausdrückt, *„Autotanks mit Essen zu füllen"*.

Der *„mörderische Sprit"* vergrößere den Hunger in der Welt, denn Mais, Raps, Weizen, Soja und Ölpalmen würden viel dringender für die Ernährung der rasch wachsenden Weltbevölkerung gebraucht.

Der neue Kolonialismus

Der Boom beim Anbau von Agrarrohstoffen habe zudem eine verstärkte Nachfrage nach Land in Gang gesetzt. Hunderttausende von Kleinbauern würden durch die Rücksichtslosigkeit von Spekulanten und Agrarenergie-Konzernen verjagt. *Landgrabbing* bedeutet: Die neuen Herren der Dritten Welt reißen sich das Land einfach unter den Nagel. Entwurzelung und Hunger sind die Folgen.

Die ökologische Bilanz der Herstellung von Agrarkraftstoff sieht ebenfalls verheerend aus. Laut Ziegler verschlingt die Produktion

von einem Liter Agrosprit etwa 2 500 Liter Wasser. Um immer neue
Flächen zu gewinnen, werden Regenwälder zerstört und Grünflä-
chen in Ackerland verwandelt. Das Roden von Wäldern setzt große
Mengen des Klimakillers Kohlenstoffdioxid frei. Das Gebiet des
Amazonas etwa, das wie andere Waldregionen der Erde solche
Schadstoffe bindet und somit der Menschheit als grüne Lunge dient,
ist davon besonders betroffen.

Ziegler verlangt, den *„Agrosprit-Wahnsinn"* zu stoppen, der nur
einigen internationalen Konzernen gewaltige Profite ermögliche,
wogegen er auf der anderen Seite Umweltzerstörung und Millionen
unschuldiger Opfer verursache.

Die Industrienationen des Nordens sitzen in fast jeder Hinsicht
am längeren Hebel, wenn es darum geht, die Länder des Südens
immer tiefer in die Abhängigkeit zu treiben.

Bei seinen Reisen durch afrikanische Staaten hat Ziegler festgestellt, dass auf vielen Märkten Geflügel und Gemüse aus Frankreich, Spanien und Deutschland verkauft werden. Wegen der hohen
Subventionen in Europa sind die Lebensmittel zu niedrigen Preisen
erhältlich, die einheimische Hersteller nicht unterbieten können. Dadurch bleiben sie auf ihren Waren sitzen oder verzichten ganz auf
deren Produktion.

Riesiges Sojafeld in Monokultur

Wir brauchen einen Aufstand des Gewissens.
Wenn der nicht kommt, geht die Demokratie vor die Hunde.

JEAN ZIEGLER | 25. JULI 2011

Ein Landesverräter?

Kein Wunder, dass Jean Ziegler in der Schweiz seit langem als *„Nestbeschmutzer"* und *„Landesverräter"* verschrien ist. Zahlreiche Schadensersatzklagen haben ihn in die Zahlungsunfähigkeit getrieben. Unternehmer, Politiker, Banker und Finanzmakler, die sich zu Unrecht angegriffen fühlten, verklagten ihn. Die Summe soll sich auf mehrere Millionen Euro belaufen.

Seinem Heimatland hat er sich immer wieder mit Ironie, Sarkasmus und beißender Kritik in den Weg gestellt. Der Sozialdemokrat, der als Genfer Abgeordneter mehrfach in den Schweizer Nationalrat gewählt wurde, fühlte sich von Steuerbetrügern, Geldwäschern und gewissenlosen Bankern, die in ihren Depots das Geld korrupter Diktatoren verwahren, umzingelt.

Schon die Titel seiner Bücher verraten einiges von der Wut, die er seinem Land entgegenbringt: *Eine Schweiz, über jeden Verdacht erhaben; Das Schweizer Imperium; Die Schweiz wäscht weißer – Die Finanzdrehscheibe des internationalen Verbrechens; Wie herrlich, ein Schweizer zu sein* und *Die Schweiz, das Gold und die Toten.*

Jean Ziegler ist für die meisten international tätigen Großunternehmen ein rotes Tuch, weil er sie in erster Linie für den Hunger in der Welt verantwortlich macht. Im Juli 2011 sollte er bei den 91. Salzburger Festspielen die Eröffnungsrede halten. Auf Druck von Sponsoren, darunter der Schweizer Nestlé-Konzern und die Bank *Credit Suisse,* wurde er zwei Monate vorher wieder ausgeladen.

Was Ziegler nicht davon abhielt, seine Rede trotzdem zu schreiben. Zeitungen druckten sie ab. Im Internet war seine Ansprache zu hören und zu sehen. Die Empörung über die Entscheidung der Festspielleitung war groß. Und Ziegler erreichte ein öffentliches Echo, das er in Salzburg kaum hervorgerufen hätte. Joachim Gauck, der spätere deutsche Bundespräsident, der in Salzburg als Ersatzredner auftrat, wurde jedenfalls nicht so viel Aufmerksamkeit zuteil.

Der zornige alte Mann

Wer ist dieser zornige alte Mann, der es versteht, sich immer wieder Gehör zu verschaffen und die Menschen wachzurütteln? 1934 wurde er in der Schweizer Kleinstadt Thun geboren. Der Vater war Amtsrichter, und so lag es nahe, dass der Sohn zunächst ebenfalls Jura studierte. Ein zweijähriger Aufenthalt im Kongo, unmittelbar nach der Ermordung von Staatschef Patrice Lumumba im Jahre 1961, veränderte Ziegler: Das soziale Elend, das Sterben der Kinder vor seinen Augen, das packte ihn und ließ ihn nie wieder los. Er stellte sich auf die Seite der Unterdrückten und Verfolgten und machte sich zu ihrem Fürsprecher – und zwar ganz unabhängig davon, ob ihm das Beifall oder Kritik einbrachte, ob er seinen Mitmenschen damit aus der Seele sprach oder ihnen gehörig auf die Nerven ging.

Gestorben wird überall gleich

Auszug aus der Rede Jean Zieglers, die er bei der Eröffnung der Salzburger Festspiele 2011 nicht halten durfte

Gestorben wird überall gleich. Ob in den somalischen Flüchtlingslagern, den Elendsvierteln von Karachi oder in den Slums von Dhaka, der Todeskampf erfolgt immer in denselben Etappen. Bei unterernährten Kindern setzt der Zerfall nach wenigen Tagen ein. Der Körper braucht erst die Zucker-, dann die Fettreserven auf. Die Kinder werden lethargisch, dann immer dünner. Das Immunsystem bricht zusammen. Durchfälle beschleunigen die Auszehrung. Mundparasiten und Infektionen der Atemwege verursachen schreckliche Schmerzen. In den Savannen, Wüsten, Bergen von Äthiopien, Djibouti, Somalia und Tarkana (Nordkenia) sind 12 Millionen Menschen auf der Flucht. Seit fünf Jahren gibt es keine ausreichende Ernte mehr. Der Boden ist hart wie Beton. Neben den trockenen Wasserlöchern liegen die verdursteten Zebu-Rinder, Ziegen, Esel und Kamele. Wer von den Frauen, Kindern, Männern noch Kraft hat, macht sich auf den Weg in eines der vom UNO-Hochkommissariat für Flüchtlinge und vertriebene Personen eingerichteten Lager.

Neben der engen Freundschaft mit den französischen Schriftstellern Jean-Paul Sartre und Simone de Beauvoir prägte ihn die Begegnung mit dem kubanischen Revolutionär Che Guevara. 1964 chauffierte er ihn anlässlich der ersten Weltzuckerkonferenz der Vereinten Nationen vier Tage lang durch Genf. Dabei beeindruckte der Kubaner ihn so sehr, dass Ziegler sich in Havanna der Revolution anschließen wollte. Doch Che habe dieses Ansinnen zurückgewiesen und gesagt: *„Hier bist du geboren, hier ist das Gehirn des Monsters. Hier musst du kämpfen."*

Che Guevara, 1928–1967; eigentlich Ernesto Guevara Serna, argentinisch-kubanischer Arzt und Vorkämpfer der Revolution in Lateinamerika. Organisierte zusammen mit Fidel Castro 1955 den Umsturz auf Kuba. Anschließend wurde er Chef der kubanischen Nationalbank und Industrieminister. In Bolivien erschossen.

So widmete er sich im Auftrag der Vereinten Nationen mit aller Kraft und großer Leidenschaft der Bekämpfung des Hungers. Sein Hauptanliegen lautet: Die wirtschaftlichen, sozialen und kulturellen Menschenrechte müssen endlich in nationalen wie internationalen Verträgen verankert werden. Dazu gehört für jeden Menschen das Recht auf Nahrung. Früher hätten die Menschen gehungert, weil es nicht genug zu essen gab. Heute seien Nahrungsmittel in ausreichenden Mengen vorhanden. Sie müssten nur gerecht verteilt werden. Ziegler ist überzeugt, dass es eines Tages möglich sein wird, zwölf Milliarden Menschen zu ernähren.

Es gibt keine Ohnmacht in der Demokratie

„Deutschland ist die lebendigste Demokratie dieses Kontinents", sagt Ziegler und fügt hinzu: *„Wir haben alle Waffen in der Hand. Denn es gibt keine Ohnmacht in der Demokratie!"*

Es sei doch vergleichsweise einfach, eine Bewegung zu organisieren, um den Deutschen Bundestag zu veranlassen, das Börsengesetz zu ändern und die Spekulation auf Grundnahrungsmittel zu verbieten. *„Man kann in Deutschland, Westeuropa und den USA verlangen, dass nicht mehr Millionen von Tonnen Mais und Getreide verbrannt werden, um Agrartreibstoffe herzustellen. Das ist ein Verbrechen gegen die Menschlichkeit, was immer auch das Klimaargument sein mag."*

Ich habe, mit anderen zusammen, wenigstens so viel verändert, dass mehr Sinn in diese Welt gekommen ist. Mehr Brüderlichkeit und mehr Liebe.

JEAN ZIEGLER | 14. APRIL 2014

Attac und Amnesty

Auf die Frage, was Jugendliche tun können, damit es auf der Erde gerechter und menschlicher zugeht, antwortet Ziegler: *„In Deutschland wie auch in anderen Ländern gibt es kompetente zivilgesellschaftliche Organisationen: Attac, Amnesty International, Greenpeace usw. Ein junger Mensch, der sich da engagiert, ist eingebunden in eine kollektive Strategie und weltweite Solidarität. Die Mitglieder von Amnesty sind im Durchschnitt 28 Jahre alt. Das heißt, es sind ganz junge Menschen, die sich für politische Gefangene einsetzen, für Häftlinge, die gefoltert und zum Tode verurteilt wurden. Wenn ein junges Mädchen einen Brief an eine Regierung richtet, die Gefangene misshandelt, dann ist das genau die Solidarität, die ich meine."*

Schließlich hat der alte Mann noch eine Überraschung parat, als er erläutert, warum er im Alter von 80 Jahren noch immer rastlos in der Welt unterwegs ist, statt sich Ruhe zu gönnen:

„Ein Intellektueller kann ja nicht einfach in den Ruhestand gehen. Che Guevara hat gesagt: ‚Für Revolutionäre ist der Ruhestand der Friedhof!' Für einen Intellektuellen würde Ruhestand bedeuten, dass er aufhört zu denken und dass er blind wird für die Welt. Und das geht nicht! Und dann glaube ich an Gott, wirklich! Das Leben hat einen Sinn. Geschichte hat einen Sinn. Die Unendlichkeit ist in uns. Was ich vorhin in meinem Vortrag gesagt habe: Gott hat keine anderen Hände als die unseren."

VANDANA SHIVA – SAAT DES WIDERSTANDES

1952	Geburt in Dehradun (Indien)
1991	Gründung der Organisation Navdanya
1993	Alternativer Nobelpreis
2010	Sydney Peace Prize

Vandana Shiva kämpft gegen Riesen. Multinationale Agrar- und Biotechnologie-Unternehmen wie *Monsanto* sind dabei, die Kontrolle über das Saatgut – die Lebensgrundlage für Millionen von bäuerlichen Familien – an sich zu reißen. Die Inderin und ihre Anhänger sind in einem Wettlauf mit der Zeit, denn *Monsanto* kontrolliert bereits ein Viertel des globalen Saatgutmarkts.

Es ist ein energischer und zugleich friedlicher Widerstand, den die Wissenschaftlerin und Aktivistin auf ihre Fahnen geschrieben hat, und zwar ganz in der Tradition Mahatma Gandhis, der neben Albert Einstein zu ihren Vorbildern gehört. Aufsehen erregte sie mit ihrer Organisation *Navdanya* (Neun Samen), die 1984 gegründet wurde. *Navdanya* setzt sich dafür ein, in den Dörfern die Vielfalt des traditionellen Saatgutes zu erhalten und bestimmte Sorten von Pflanzen vor dem Aussterben zu bewahren.

„Wir werden uns keinem Gesetz beugen, das das Sammeln und Teilen von Saatgut illegal macht", sagt die Aktivistin. Damit stellt sie sich direkt gegen internationale Biotechnologie-Unternehmen, die mit allen Mitteln versuchen, Saatgut patentieren zu lassen, und dadurch Bauern in die Abhängigkeit treiben.

Vandana Shiva wuchs in einem ländlich geprägten Teil Nordindiens auf. Die Liebe zur Natur und den Respekt vor der Umwelt verdankt sie ihren Eltern. Ihr Vater war Forstbeamter und ihre Mutter,

eine Lehrerin, widmete sich der Landwirtschaft. Mithilfe eines Be-
gabtenstipendiums studierte die Tochter Physik und promovierte
1978 mit einer Untersuchung zur Quantentheorie.

In den 1970er Jahren beteiligte Vandana Shiva sich an der *Chipko*-Bewegung im Norden Indiens: Frauen stellten sich schützend vor
Bäume, umarmten sie oder ketteten sich daran, um das Abholzen zu
verhindern. Trotz Beschimpfungen und Androhung von Gewalt hielten die Frauen oft tagelang den Holzfirmen stand und retteten so den
zum Teil uralten Baumbestand. *Chipko*-Anhängerinnen wehrten sich
außerdem mit Erfolg gegen Bergwerksunternehmen, die Bergkup-
pen und Hügel abtragen wollten, um Bodenschätze zu fördern.

Biopiraterie

Doch der Kampf um die Erhaltung der Biodiversität, der biologi-
schen Vielfalt, hat eine neue Dimension bekommen. Heute ist es
mithilfe der Gentechnik möglich, die DNA von Organismen zu ent-
schlüsseln und ihre Abfolge zu verändern, wodurch sich auch Eigenschaften der Organismen verändern können. Bestimmte Eigenschaften anderer Arten lassen sich so in den genetischen Code einbauen.
In der Natur würden sich zum Beispiel Reis und Mais nicht kreuzen.
Die Gentechnik macht dies allerdings möglich.

Daraus leiten die Unternehmen ein Recht auf Patentierung
pflanzlicher, tierischer und sogar menschlicher Erbbausteine ab. Ihr
Argument: Es handle sich um eine Entdeckung, die unter den Schutz
geistigen Eigentums gestellt werden müsse. Dies beziehen sie auch
auf Arten, die durch konventionelle Züchtung entstehen und deren
DNA lediglich entschlüsselt wurde.

Kritiker wie Vandana Shiva sprechen von *„Biopiraterie"*, die die
traditionelle und kostenfreie Nutzung von Saatgut verhindere. Tatsächlich kann bereits das Sammeln und Tauschen von patentiertem
Saatgut als Verstoß gegen das Patentrecht strafrechtlich verfolgt
werden.

In Deutschland ist die Patentierung der DNA von Tieren und
Pflanzen aus konventioneller Zucht seit 2013 verboten. Doch es bleiben Schlupflöcher. So hat das Europäische Patentamt bislang schon

2400 Patente auf Pflanzen vergeben, darunter auch Pflanzen aus herkömmlicher Zucht. Die Patentierung bedeutet auch, dass es für den Verbraucher künftig eine geringere Auswahl geben wird, denn durch das Patent ist nicht nur der Vertrieb der Pflanzen begrenzt, sondern auch die weitere Züchtung mit der patentierten Sorte.

Der Agrarriese *Monsanto* kauft nicht nur Patente, sondern auch Züchtungsfirmen auf und gewinnt so immer mehr eine Monopolstellung. Zudem lässt die Firma die Bauern Knebelverträge unterschreiben, die ihnen verbieten, Saatgut für die nächste Aussaat zu ernten und aufzubewahren. Die Landwirte sind also verpflichtet, jedes Jahr neues Saatgut zu kaufen, und füllen damit die Kassen des Konzerns, der 2013 einen Umsatz von knapp 15 Milliarden US-Dollar erwirtschaftete. Zur Unternehmensstrategie gehört der Einsatz hervorragend geschulter Anwälte, die den Anspruch auf Patentierung von Saatgut durchsetzen sollen.

Die Verheißungen der Gentechnik

Die Aktivistin wendet sich entschieden gegen die Verheißungen der Gentechnik, die zunächst verlockend klingen: Der Ertrag der Pflanzen werde gesteigert. Angeblich sind sie immun gegen bestimmte Schädlinge und überstehen Dürren und Hochwasser besser als herkömmliche Pflanzen. Die neuen Sorten produzieren eigenständig Giftstoffe, die Schädlinge töten. Dies soll den Einsatz von Pestiziden verringern. Diese Gifte töten jedoch zum Teil auch andere Insekten, zum Beispiel Schmetterlinge.

Vandana Shiva und andere Gegner der Gentechnik verweisen auf den Teufelskreis der Pflanzengiftstoffe: Schädlinge werden gegenüber den Giftstoffen genmanipulierter Pflanzen zunehmend resistent. Weil ihnen die Gifte nichts mehr anhaben können, müssen immer neue und noch stärkere Pflanzengifte entwickelt werden. Ein gutes Geschäft für die Biotechnologiefirmen. Eine andere Gefahr liegt in der Verbreitung genveränderter Pflanzen in die Wildnis, etwa durch Pollenflug. Die Folgen für die Ökosysteme sind nicht abschätzbar. Negative Auswirkungen auf den Menschen durch den Verzehr gentechnisch veränderter Pflanzen wurden bisher nicht festgestellt.

„Ich habe mein Leben der Rettung von Saatgut gewidmet", sagt Vandana Shiva. Ihre Organisation *Navdanya* betreibt mit Unterstützung internationaler Nichtregierungsorganisationen wie *Greenpeace* in Indien 54 Saatgutbanken, in denen Pflanzensamen gelagert werden. Zudem organisierte sie eine *Samen-Satyagraha*, einen gewaltfreien Widerstand gegen den patentrechtlichen Schutz von Saatgut. Damit stellt die Aktivistin sich wiederum in die Tradition von Mahatma Gandhi, der sich gegen das Verbot der britischen Kolonialmacht aufgelehnt hatte, wonach Inder kein Salz gewinnen durften.

Bereits in mehreren Fällen konnte *Navdanya* die Patentierung von Saatgut verhindern. In den 1990er Jahren sammelte die Organisation eine Million Unterschriften gegen ein Patent auf die indische Heilpflanze *Neem*, das vom Europäischen Patentamt ausgestellt worden war, und reichte Klage ein, mit Erfolg. Die Heilpflanze wird seit Jahrhunderten in Indien genutzt und das Wissen über ihren Anbau von Generation zu Generation weitergegeben. Ähnlich erfolgreich ging *Navdanya* gegen die Patentierung bestimmter Reis- und Weizensorten vor. Der Klageweg ist allerdings langwierig und schwierig, denn Unternehmen wie *Monsanto* verfügen über beträchtliche Mittel, um ihre Interessen durchzusetzen.

Hungrige Bauern

Vandana Shiva adressiert eine zentrale Frage des Welthungerproblems: Warum leiden so viele Kleinbauern, die selber Nahrungsmittel herstellen, unter Hunger? Viele der Kleinbauern besitzen kein eigenes Land, sondern müssen Flächen pachten und verschulden sich häufig bei den Landbesitzern. Wetterbedingt können sie nur einen Teil des Jahres auf den Feldern arbeiten und sind auf Kredite für Nahrung und Unterkunft angewiesen, um in den verbleibenden Monaten zu überleben. Die Preise für Saatgut, Düngemittel oder Pestizide treiben viele in den Ruin, zumal der Erlös aus dem Verkauf ihrer Produkte vom Weltmarkt abhängig ist und damit Schwankungen unterliegt. Die Folgen der industriellen Landwirtschaft für die Umwelt sind katastrophal: Pestizide und Düngemittel gelangen in den Wasserkreislauf, belasten Trinkwasser und sogar die Weltmeere.

Zukunft ohne Gentechnik

Aber geht es in Zukunft ohne die industrielle Landwirtschaft? Ist eine Steigerung der weltweiten Erträge ohne Gentechnik überhaupt denkbar? Können vielleicht bald zehn Milliarden Menschen ohne den Einsatz von Kunstdünger und Pestiziden ernährt werden? Letztendlich müssen angesichts der Dimension der gegenwärtigen Probleme sozial und ökologisch nachhaltige Lösungen gefunden werden.

„Unsere Saat ist die Saat des Widerstandes. Lasst sie uns gemeinsam säen." Vandana Shiva stellt radikal und kompromisslos das gesamte System der industriellen Agrarwirtschaft infrage und setzt ganz auf traditionelle Formen der Landwirtschaft.

Im Gegensatz zum bisherigen Stand der Forschung sieht sie durchaus Gefahren für den menschlichen Organismus durch den Verzehr genmanipulierter Pflanzen. Die rücksichtslose Ausbeutung der Erde ist für sie die Grundursache für Ungerechtigkeit und Hunger. Deshalb lautet ihre Forderung: *„Wir müssen uns unsere Identität als Erdenbürger wieder zu eigen machen."*

Ihr Rat für junge Menschen, die einen Beitrag zum Erhalt der Biodiversität, der Vielfalt der Natur, leisten wollen: *„Züchtet eure Lieblingspflanze und schützt damit ihre Samen!"*

Der britische Thronfolger Prinz Charles unterstützt *Navdanya* | 2013

7

EINE ZUKUNFT OHNE KRISEN, KRIEGE UND KATASTROPHEN?

HOFFNUNG GIBT ES NUR, WENN MENSCHEN SIE ERGREIFEN

Die tägliche Flut der schrecklichen Nachrichten ist schwer zu bewältigen: Krieg in der Ostukraine, Bürgerkrieg in Syrien, Vormarsch der Islamisten in Nordirak, Enthauptungen vor laufender Videokamera, Entführung ganzer Schulklassen durch Dschihadisten in Nigeria, Selbstmordattentate in Afghanistan, Flüchtlingsströme über das Mittelmeer, Umwelt- und Lebensmittelskandale, Finanz- und Bankenkrise, Armut und Hunger, Jugendarbeitslosigkeit …

Wie im Kino rasen die Bilder an uns vorbei. Wir sind Zuschauer, Unbeteiligte, Ohnmächtige und doch mitten im Geschehen.

Noch haben wir die bewegenden Bilder vom *Arabischen Frühling* 2010/2011 in Ägypten, Tunesien und Libyen nicht ganz verdrängt. Und was ist daraus geworden? So beeindruckend die Protestdemonstrationen gegen Diktatur, Korruption und Verfolgung auch waren, den Durchbruch haben sie nicht gebracht. Denn Freiheit, Demokratie und Rechtsstaatlichkeit sind im Nahen Osten nicht auf dem Vormarsch. Eher das Gegenteil ist der Fall. In Ägypten herrschen wieder autoritäre Machtstrukturen. In Libyen drohen die staatlichen Strukturen zu zerbrechen. Und im Osten der Ukraine bekämpfen sich prorussische Separatisten und ukrainische Einheiten.

Krieg in der Ostukraine

Krisen und Kriege haben fast immer eine längere Vorgeschichte. Probleme lassen sich nicht allein durch Proteste und Aufmärsche aus der Welt schaffen.

Zur Vorgeschichte des Krieges in der Ostukraine 2013/2014 gehört zum Beispiel der *Kalte Krieg*, der fast vier Jahrzehnte gedauert hat und erst 1989/90 zu Ende gegangen ist.

Damals standen sich Ost und West mit hochgerüsteten Armeen und gewaltigen Atomwaffenarsenalen feindselig gegenüber. Nach dem Zusammenbruch des sowjetischen Kommunismus Ende der 1980er Jahre blieben die USA als einzige Supermacht übrig, während sich die Staaten des Baltikums und Ostmitteleuropas aus der Vorherrschaft Moskaus lösten und die Sowjetunion zerfiel.

Die Siegesfanfaren der damaligen US-Regierung über das Scheitern der UdSSR, das Vorrücken der NATO nach Osteuropa, die amerikanischen Pläne für einen Raketenschild in dieser Region sowie die Osterweiterung der Europäischen Union bedeuteten für Russland neben dem Zerfall der UdSSR eine zusätzliche Demütigung und zugleich eine Herausforderung. Dass Länder wie Polen, Tschechien, Ungarn und die baltischen Staaten nach den Jahrzehnten der Unterdrückung ein besonderes Sicherheitsbedürfnis hatten, dass sie ihr Recht auf sozialen und wirtschaftlichen Fortschritt einforderten und ihre Zukunft selbst bestimmten wollten, all das interessierte den Kreml nicht.

Es war wohl nur eine Frage der Zeit, bis Russland – mit seinen gewaltigen Rohstoffvorkommen im Rücken – den Versuch unternehmen würde, die Nachkriegsgrenzen neu zu bestimmen. Wer geglaubt hatte, dass nach der Überwindung des Ost-West-Gegensatzes der Friede in Europa gesichert sei, der wurde 2014 eines Besseren belehrt.

Unter eindeutiger Verletzung des Völkerrechts besetzte Russland die Halbinsel Krim im Süden der Ukraine mit Truppen und gliederte sie der Russischen Föderation an. Der russische Präsident Wladimir Putin veränderte damit einseitig die zwischen den Staaten Europas geregelte Grenzziehung und gefährdete so eines der wichtigsten Fundamente für ein friedliches Zusammenleben der Völker.

Nicht genug damit – nach dem Anschluss der Krim an Russland unterstützte Putin eine vom Kreml initiierte
Separatisten-Bewegung aus Söldnern
und russischen Spezialisten mit
Kriegsmaterial, vor allem Panzern und
schwerer Artillerie, um den Osten der
Ukraine und Teile des Südens ebenfalls unter seine Kontrolle zu bringen.
Der Krieg um die Regionen Donbass
und Luhansk forderte viele Opfer und

Separatisten mit ukrainischen Gefangenen

trieb zahllose Menschen in die Flucht. Wohnblocks und ganze Stadt-
teile wurden zerstört, auch der monatelang umkämpfte Flughafen
von Donezk wurde zu einer Wüste aus Trümmern.

Schließlich ereignete sich eine weitere Tragödie: Beim Raketen-
abschuss einer malaysischen Linienmaschine (MH17) über dem
umkämpften Gebiet in der Ostukraine wurden am 17. Juli 2014 alle
298 Insassen getötet. Das Schicksal dieser unschuldigen Menschen
warf ein weiteres grelles Licht auf einen willkürlich herbeigeführten,
sinnlosen Krieg in Europa.

Als reguläre ukrainische Truppen und Freiwilligenverbände im
Sommer 2014 kurz davor standen, die Separatisten zurückzudrän-
gen, schickte Russland noch mehr Kriegsgerät über die Grenze in
die Ostukraine. Danach war der Krieg für die Regierung in Kiew
nicht mehr zu gewinnen.

Es kam zunächst zu einem militärischen Patt, bis sich die Ukraine
der Übermacht der Separatisten beugen musste und schließlich Ver-
handlungen über einen Waffenstillstand zustimmte. Die erste Vereinbarung – zwischen den Präsidenten Russlands, Frankreichs und
der deutschen Bundeskanzlerin in der weißrussischen Hauptstadt
Minsk ausgehandelt – änderte an den Kämpfen wenig. Die zweite
Abmachung führte zu einer Feuerpause, die allerdings mehrfach
durchbrochen wurde.

In der Bundesrepublik war die öffentliche Meinung gegenüber
der russischen Aggression gespalten. Namhafte Persönlichkeiten
äußerten Verständnis für die Haltung Putins und verwiesen auf Feh-

ler des Westens bei der Erweiterung der NATO und der Europäischen Union nach Osten. Die Krim habe schließlich immer zu Russland gehört, lautete eines der Argumente. Reporter und Kommentatoren, die gegen den Kreml Stellung bezogen, sahen sich wegen einer angeblich einseitigen Berichterstattung plötzlich einer Kanonade von Kritik und massiven Beschimpfungen gegenüber.

Bei den sogenannten „Putin-Verstehern" mag der hohe Blutzoll, den die Sowjetunion im Zweiten Weltkrieg bei der Befreiung vom NS-Regime entrichtet hatte, eine Rolle gespielt haben; ferner die Dankbarkeit gegenüber Russland, das den Weg für die friedliche Wiedervereinigung Deutschlands freigemacht hat.

In der Auseinandersetzung ging jedoch beinahe unter, dass Länder wie Polen und Tschechien und die baltischen Staaten nach dem Zusammenbruch des Sowjetimperiums, das Ostmitteleuropa jahrzehntelang unterdrückt hatte, ein berechtigtes Sicherheitsbedürfnis geltend machten und sich in freien Wahlen für den Westen entschieden. Die Welle antiwestlicher, vor allem antiamerikanischer Propaganda, in die die staatlich gelenkten russischen Medien einstimmten, machte die Position von Präsident Putin nicht gerade glaubwürdiger. Selbst wenn man die Osterweiterung der NATO als Fehler und Verletzung eines mündlich gegebenen Versprechens ansieht, rechtfertigt dies in keiner Weise die Verletzung der nach dem Krieg festgelegten europäischen Grenzen. Niemand außer Putin hat die Gefahr eines neuen Krieges in Europa heraufbeschworen.

Ein wichtiger Markt

Die Überraschung des Westens angesichts der russischen Eroberungspolitik war groß. Damit hatte offenbar kaum jemand gerechnet. Allerdings hielten sich Empörung und wirtschaftliche Strafmaßnahmen in Grenzen. Denn Russland gehört zu den wichtigen Absatzmärkten westlicher Produkte. Die russischen Neureichen schätzen zum Beispiel die in der Bundesrepublik hergestellten Luxuslimousinen. Aber auch Werkzeugmaschinen und anderes hochtechnisches Gerät, etwa zur Öl- und Gasgewinnung, sind gefragt. Zudem haben sich Deutschland und andere Länder freiwillig in eine Abhängigkeit von russischen Gaslieferungen begeben. Dabei steht schon seit längerem fest, dass Präsident Putin den Rohstoff Gas immer wieder rücksichtslos als politisches Druckmittel einsetzt. Wohlverhalten gegenüber Moskau wird mit einem günstigen Gaspreis und üppigen Lieferungen belohnt. Umgekehrt zögert der staatliche russische Konzern *Gazprom* nicht, den Preis hochzuschrauben oder den Gashahn ganz abzudrehen, sobald ein Land sich quer stellt. Das mussten Länder wie die Ukraine und Weißrussland bereits in den 1990er Jahren leidvoll erleben.

Die Expansionspläne von Präsident Putin waren ebenfalls nicht neu. Die gewaltsame Abtrennung Abchasiens und Südossetiens von Georgien 2008 lieferte die Vorlage für das Vorgehen auf der Krim und in der Ostukraine. Und seit 1990 sind in Transnistrien, das von der Republik Moldau abgespaltene Gebiet an der Grenze zur Ukraine, vertragswidrig russische Truppen stationiert. Die selbsternannte prorussische Republik hält sich durch Geldwäsche, Drogen- und Waffenschmuggel über Wasser.

Wie andere Gebiete des ehemaligen Ostblocks könnte eines Tages auch Transnistrien eine Rolle spielen, wenn es in einem größeren Rahmen um die Wiederherstellung des Sowjetimperiums geht. Denn das ist das eigentliche Ziel des russischen Präsidenten.

Felseninseln im Südchinesischen Meer

Neben Russland verfolgt auch die Volksrepublik China das Ziel, das eigene Staatsgebiet zu erweitern. Nach wie vor betrachtet Peking die Insel Taiwan (Republik China) als abtrünnige Provinz, die es einzugliedern gilt, während der Anschluss der früheren britischen Kronkolonie Hongkong bereits seit 1997 geregelt ist. In den letzten Jahren hat sich nun der Konflikt um mehrere Inselgruppen im Südchinesischen Meer wieder verschärft. Dabei handelt es sich um unbewohnte Felsregionen, allerdings mitten in einem rohstoff- und fischreichen Seegebiet.

Chinesisches Manöver im südchinesischen Meer | 2013

Länder wie Japan, die Philippinen, Malaysia und Vietnam erheben ebenfalls Anspruch auf diese Inseln. Nach mehreren bedrohlichen Zusammenstößen in dem Seegebiet sieht sich auch die Supermacht USA mit ihren eigenen Interessen in Ostasien und im Pazifik von der Volksrepublik herausgefordert. Das Vorpreschen Chinas im Südchinesischen Meer bedeutet keine Kriegsgefahr. Aber es verschiebt die militärischen Gewichte.

Japan rüstet auf, und die Philippinen räumen den USA wieder Marinestützpunkte ein. Denn in einer Hinsicht bestehen keine Zweifel: China sichert sich weltweit alle erdenklichen Ressourcen für seinen angestrebten Aufstieg zur wirtschaftlichen, technologischen und politischen Weltmacht. Dazu gehören vor allem Rohstoffe wie Gas und Öl sowie Land zur Ernährung der Milliarden-Bevölkerung. Ein Bündnis auf Zeit mit dem Nachbarland Russland ist dabei nicht ausgeschlossen. Trotz mancher Gegensätze zwischen beiden Staaten ist es denkbar, dass sie den Versuch unternehmen, gemeinsam den Westen zu überflügeln.

Islamisten auf dem Vormarsch

Eine ganz andere Strömung könnte jedoch eine solche Entwicklung durchkreuzen. Extreme, gewaltbereite und zu allem entschlossene islamistische Kräfte sind in Asien, Afrika und im Nahen Osten auf dem Vormarsch. In moslemischen Staaten wie Afghanistan, Pakistan, Indonesien und Bangladesch stauen sich soziale und politische Konflikte – ein idealer Nährboden für Extremisten und Fanatiker.

Taliban in Pakistan | 2012

Mit dem Abzug der Sicherheitsunterstützungstruppen (ISAF) der NATO aus Afghanistan im Jahr 2014 öffnet sich ein Vakuum, in das die Untergrundarmee der Taliban vorstößt. Pakistans Streitkräfte konnten die „Gotteskrieger" nicht aus dem Grenzgebiet zu Afghanistan vertreiben.

Im Jahre 2012 hatten die Taliban versucht, die pakistanische Kinderrechtsaktivistin Malala Yousafzai zu erschießen, weil die damals 14-Jährige sich unter anderem für den Schulbesuch von Mädchen einsetzte. Malala überlebte schwer verletzt. Nach ihrer Genesung verzieh sie den Attentätern und rief vor den Vereinten Nationen in New York zu einer globalen Bildungsoffensive auf, um den Hasspredigern den Boden zu entziehen. Sie ist eine der eindrucksvollsten und bewegendsten Stimmen gegen die Gewalt.

Öffentliche Hinrichtungen

In Afrika droht nach dem Zerfall Somalias gleich mehreren Staaten das gleiche Schicksal: Mali, Nigeria und Kenia kämpfen gegen islamistische Gruppen, die Andersgläubige, vor allem Christen, verfolgen. Sie verbreiten durch Überfälle, Entführungen sowie öffentliche Hinrichtungen Angst und Schrecken. Der Ausbruch der lebensbedrohenden Ebola-Epidemie in Westafrika bringt dort gleich mehrere Staaten an den Rand ihrer Existenz. Die selbsternannten islamistischen Heilsbringer werden nicht zögern, aus der Ebola-Katastrophe eigenen Nutzen für ihren Untergrundkrieg zu ziehen, indem sie staatliche Strukturen zerstören.

Noch verheerender ist die Lage im Nahen Osten. Der Arabische Frühling ist längst verwelkt und einem bedrückenden Panorama aus politischer Instabilität, Zerstörung, Krieg und Grausamkeit gewichen. Nun rächen sich die Fehler der amerikanischen Nahost-Politik, insbesondere der 2003 unter falschen Voraussetzungen begonnene Krieg gegen den irakischen Diktator Saddam Hussein.

Der Irak droht zu zerfallen. Seit 2014 beherrscht die Terrororganisation Islamischer Staat (IS) weite Teile des Nordirak und auch Syriens. In Syrien sind nach mehrjährigem Bürgerkrieg Millionen von Menschen auf der Flucht, fast die Hälfte der Bevölkerung hat ihre

Heimat aufgegeben. Oft unter akuter Lebensgefahr verließen die Menschen die im Bombenhagel zerstörten Städte und Dörfer. Sie fanden Zuflucht in benachbarten Ländern wie Libanon, Irak, Jordanien und der Türkei. Allein die Türkei nahm zeitweise über eine Million Flüchtlinge auf. Viele Syrer versuchten, über das Mittelmeer nach Europa zu gelangen. Schlepperbanden ließen sich die gefährliche Passage auf maroden Booten, die für Tausende auf See mit dem Tod durch Ertrinken endete, teuer bezahlen. In Syrien selbst befanden sich nach Schätzungen bis zu zehn Millionen Menschen auf der Flucht. Internationale Hilfsorganisationen bemühten sich wegen der anhaltenden Kämpfe und der unklaren Frontlinien vielfach vergeblich, den Flüchtlingen in Syrien zu helfen.

Die Terrororganisation *Islamischer Staat* eroberte im Norden Syriens zahlreiche Dörfer und Städte, um jenseits von Ländergrenzen ein Kalifat, einen Gottesstaat nach mittelalterlichem Vorbild, zu errichten. Die Kurden, die größte nichtarabische Bevölkerungsgruppe in Syrien, griffen ebenfalls zu den Waffen, um ihr traditionelles Siedlungsgebiet im Norden zu verteidigen und die Pläne der islamistischen Extremisten zu durchkreuzen.

Neben dem Libanon ist Syrien der gefährlichste Brandherd im Nahen Osten. Internationale Organisationen haben aufgehört, die Opfer zu zählen. Ein Überblick über Kämpfe und Frontverläufe ist nicht mehr möglich. Die Gefahr, dass der Krieg auf Nachbarstaaten übergreift, wird immer größer.

Kalifat ausgerufen

Der *Islamische Staat* hat die politische Landkarte im Nahen Osten noch einmal gründlich verändert. Im Juni 2014 rief der *IS* ein Kalifat aus, ernannte ihren Anführer Bagdadi zum Kalifen, beanspruchte die Herrschaft über alle Muslime und Länder wie Irak und Syrien als eigenes Staatsgebiet, und zwar unabhängig von bestehenden Grenzen.

Um diesen Anspruch zu unterstreichen, eroberte die Terrorgruppe weite Gebiete Nordiraks, rückte bis in die Nähe der Hauptstadt Bagdad vor und setzte sich in Syrien fest. Reguläre irakische

Streitkräfte flüchteten fast kampflos aus ihren Stellungen und Kasernen und überließen den Angreifern umfangreiches Kriegsgerät. Mit der Einnahme von Städten wie Mossul fielen dem *IS* zudem beträchtliche Geldmittel in die Hände, mit denen der Kampf weiter befeuert wurde.

Mit grausamen Hinrichtungen, die gefilmt und als Video ins Netz gestellt wurden, verschaffte sich der *Islamische Staat* weltweit Aufmerksamkeit.

IS-Kämpfer in Syrien | 2014

Mit Entsetzen reagierten die Menschen weltweit auf die Enthauptungen von Journalisten, Entwicklungshelfern und anderen Geiseln.

Ein jordanischer Pilot, der mit seiner Militärmaschine über dem Kampfgebiet abgestürzt war, wurde bei lebendigem Leibe verbrannt. Islamistische Extremisten verübten auch in Europa blutige Attentate. Der kaltblütige Mord an den Illustratoren der Satirezeitschrift *Charlie Hebdo* in Paris löste weltweit Trauer und Wut aus.

Wirksame militärische Gegenwehr leisteten im Nahen Osten zunächst nur die Kurden, die trotz schlechter Ausrüstung die Terrormiliz an mehreren Stellen stoppen und die an der Grenze zur Türkei gelegene syrische Stadt Kobane nach erbitterten Kämpfen zurückerobern konnten. Die USA flankierte mit Luftangriffen den Kampf gegen die Terrorgruppe.

Trotz der umstrittenen Rechtslage entschloss sich die deutsche Bundesregierung im Jahr 2015, die Kurden mit Waffen zu unterstützen und 100 Bundeswehrsoldaten als Berater und Ausbilder in den Nordirak zu entsenden.

MALALA YOUSAFZAI – FRIEDENSNOBELPREIS FÜR DIE BILDUNG

1997	Geburt in Mingora (Westpakistan)
2011	Nationaler Kinder-Friedenspreis
	der pakistanischen Regierung
2012	Mordanschlag der Taliban
2013	Rede vor den Vereinten Nationen
	in New York
2014	Friedensnobelpreis

Wenn eine Jugendliche mit 16 Jahren ihre Lebensgeschichte veröffentlicht, dann muss ihr Außergewöhnliches widerfahren sein und es muss sich um einen außergewöhnlichen Menschen handeln. Malala Yousafzai, die junge Frau aus dem Swattal im Westen Pakistans, ist ein außergewöhnlicher Mensch. Sie ist hochintelligent, unerschrocken und auf bewundernswerte Weise mutig.

Bereits als Kind verfolgte sie ihre Mission: Sie möchte, dass alle Kinder eine Schulbildung bekommen – in ihrem Heimatland Pakistan, wo Mädchen besonders benachteiligt sind, und im Rest der Welt, wo nach Berechnungen der Vereinten Nationen 115 Millionen Kinder aufwachsen, ohne je eine Schule besucht zu haben.

Wer ist Malala?

Das Buch, das die junge Frau mithilfe einer britischen Journalistin geschrieben hat, heißt: *Ich bin Malala. Das Mädchen, das die Taliban erschießen wollten, weil es für das Recht auf Bildung kämpft.*

Der Titel des Buches erinnert an das schreckliche Ereignis vom Oktober 2012, das Malala Yousafzai um Haaresbreite das Leben gekostet hätte. Zusammen mit anderen Mädchen saß sie in einem Kleinbus, der die Kinder nach Hause bringen sollte. Zwei bewaffnete Taliban, Anhänger der radikal-islamistischen Untergrundbewegung, stoppten das Fahrzeug. Einer der beiden schlug die Plane zurück und fragte: „*Wer von euch ist Malala?*"

„*In diesem gesamten Bus hatten alle ihre Gesichter verschleiert, außer mir. Und als er gesagt hat ‚Wer ist Malala?', habe ich ihn angesehen, so wie ich Sie jetzt ansehe*", erzählte Malala ein Jahr später in einer deutschen Talkshow. „*Und alle Mädchen haben angefangen zu schreien und ich habe ihn einfach nur angeschaut. Er hat sofort gewusst, sie muss Malala sein, und dann hat er auf mich geschossen.*"

Der Taliban feuerte drei Kugeln ab; die erste traf Malala Yousafzai am Kopf und schlug über dem linken Auge ein. Zwei weitere Schulkameradinnen wurden dabei ebenfalls verletzt, jedoch nicht lebensgefährlich.

Mit diesem Attentat, das weltweite Empörung auslöste, wollten die Taliban Malala zum Schweigen bringen, weil sie das öffentliche Auspeitschen und andere Grausamkeiten der Extremisten angeprangert hatte.

Selbsternannte „Gotteskrieger"

Ganz Pakistan war zuvor durch ihre Interviews und Blogbeiträge auf der Website der BBC auf das „Wunderkind" aufmerksam geworden, das auszusprechen wagte, worüber die meisten Erwachsenen aus Angst geschwiegen hatten: Sie machte öffentlich, dass die selbsternannten „*Gotteskrieger*" einen blutrünstigen Bürgerkrieg führen, in dem sie vor nichts und niemandem zurückschrecken. „*Ungläubige*" enthaupteten sie und marschierten mit den Köpfen durch die Straßen. Die Leichen der Ermordeten hängten sie zur Abschreckung an öffentlichen Plätzen auf. All das hatte Malala in Mingora, der größten Stadt des Swattals, mit eigenen Augen gesehen.

Schweiz des Orients

Im Nordwesten Pakistans erstreckt sich das grüne Tal des Flusses Swat. Das ist Malalas Heimat, von ihr geliebt und verehrt. Wegen seiner landschaftlichen Schönheit wurde das Gebiet mit seinen üppigen Grünflächen, Nadelwäldern, Hügeln und Wasserfällen früher

„Schweiz des Orients" genannt. Die meisten Einwohner sind Paschtunen. Ihr Stammesgebiet war einst durch eine willkürlich gezogene Grenze zwischen Afghanistan und Pakistan durchtrennt worden. Die afghanischen Taliban nutzten das Tal als Rückzugsgebiet, bevor sie es 2007 schließlich ganz unter ihre Kontrolle brachten und dort ihre Schreckensherrschaft ausübten.

Bildungshunger

Malala Yousafzai wuchs dreisprachig auf: Sie lernte Paschtu, den Dialekt der Paschtunen, Urdu, die pakistanische Amtssprache, und Englisch, die Sprache der früheren Kolonialmacht Großbritannien. Ihre Mutter konnte weder lesen noch schreiben. Der Vater war Lehrer und brannte geradezu darauf, eine eigene Schule zu gründen, um vor allem Mädchen eine gute Ausbildung zu ermöglichen. 2003 konnte er mit Hilfe von Freunden und unter Aufbietung aller finanziellen Mittel endlich seinen eigenen Schulbetrieb aufnehmen. Malala wurde seine eifrigste Schülerin.

Mädchen eine gute Schulbildung zu bieten, ist im Swat alles andere als selbstverständlich. Paschtunen wünschen sich männliche Nachkommen. Bei der Geburt eines Jungen werden Gewehrsalven abgefeuert. Kommt ein Mädchen zur Welt, ernten die Eltern höchstens Mitleid. Die meisten Mädchen werden verheiratet, kaum dass sie die Pubertät erreicht haben. Die Ehen werden von den Eltern arrangiert. Der Zugang zu Schulen ist Mädchen überwiegend verschlossen.

Bei Familie Yousafzai war jedoch vieles anders. Die Eltern hatten aus Liebe geheiratet. Sie beschränkten sich auf drei Kinder, während die meisten Familien sieben oder acht Kinder haben. Unter dem Einfluss des Vaters, aber bald auch aus eigenem Antrieb, entwickelte Malala einen regelrechten Bildungshunger. Sie wollte stets die Beste in ihrer Klasse sein,

Familie Yousafzai | 2014

interessierte sich für Naturwissenschaften ebenso wie für die buddhistischen Götter, die jahrhundertelang im Swattal verehrt worden waren, bevor sich dort der Islam durchsetzte. Ihr Wissensdrang entfremdete sie jedoch keineswegs vom Islam. Im Gegenteil, sie betete regelmäßig, so wie die Eltern es ihr vorlebten. Malala durchforstete den Koran nach Hinweisen, dass Mädchen eine Ausbildung untersagt ist. Sie fand keine.

Reformideen

Von ihrem Vater konnte Malala viel lernen. Ziauddin Yousafzai schrieb Gedichte, setzte sich für den Schutz der Umwelt ein, kritisierte die pakistanische Regierung dafür, dass sie den Bau von Atombomben vorantrieb statt Schulen zu errichten, und geißelte den Ehrenkodex der Paschtunen. Sie seien von Rache besessen und könnten weder vergessen noch vergeben. Dem stellte der Vater die Philosophie der Gewaltfreiheit gegenüber, wie sie der Inder Mahatma Gandhi praktiziert hatte. Zweifelsohne hat er das Weltbild seiner Tochter geprägt. Aber er hat sie auch gelehrt, sich ihre eigenen Gedanken und Vorstellungen vom Leben zu machen.

Durch seine Reformideen und seinen Einsatz für Bildung wurde Ziauddin Yousafzai ein bekannter und bei Teilen der Bevölkerung geachteter Mann. Seit dem Anschlag islamistischer Extremisten am 11. September 2001 auf das *World Trade Center* in New York geriet sein Kurs jedoch in den Strudel eines globalen Anti-Terror-Krieges, der sich im Swattal verheerend auswirkte und Menschen wie ihn besonders gefährdete. Denn US-Bomber vertrieben das Taliban-Regime aus Kabul.

Ihr Anführer Osama Bin Laden entkam nach Pakistan, wo das Militär bald darauf eine verhängnisvolle Allianz mit radikalen Mullahs einging.

Mit Geldmitteln aus Saudi-Arabien wurde offen zu einem *Dschihad*, dem „heiligen Krieg" gegen Amerika und den Westen, aufgerufen. Extremisten verübten in Pakistan Anschläge auf Kinos, zerstörten die Schaufenster von Modegeschäften und rissen Werbeplakate von den Wänden.

Hassprediger Fazlullah

In Malalas Heimat tat sich ein Extremist besonders hervor, der über eine Radiostation verfügte und 2014 zum Taliban-Chef von Pakistan aufrückte: Mullah Maulana Fazlullah. Über *Radio Mullah*, wie seine Station in der Bevölkerung genannt wurde, verbreitete der Hassprediger seine menschenverachtenden und frauenfeindlichen Botschaften. Die Leute sollten nicht mehr ins Kino gehen, sich von ihren Fernsehgeräten trennen, keine Musik mehr hören. CD- und DVD-Läden mussten geschlossen werden.

Fazlullahs Drohungen gegen vermeintliche Ungläubige waren ernst gemeint. Bombenanschläge versetzten bald darauf die Bevölkerung in Angst und Schrecken. Die im Swattal stationierten pakistanischen Einheiten unternahmen nichts, sodass die Einwohner dem Terror schutzlos ausgeliefert waren.

In dieser schrecklichen Lage fasste Malala Yousafzai einen Entschluss. Statt Ärztin wollte sie jetzt Erfinderin werden. *„Ich wollte Wege finden, um die Taliban zu stoppen"*, schreibt sie in ihrem Buch. *„Ich wollte eine Anti-Taliban-Maschine bauen, die sie aufspürte und ihre Waffen zerstörte."*

Schulen in die Luft gesprengt

Die Taliban ließen sich von niemandem stoppen. Vielmehr gingen sie dazu über, Schulen, vor allem Mädchenschulen, in die Luft zu sprengen und Polizeistationen anzugreifen. Bei der Beisetzung eines ermordeten Polizeibeamten in Mingora nahmen Extremisten die Trauergäste unter Beschuss. Über fünfzig Menschen starben im Kugelhagel.

Malalas Vater versuchte, den Ältestenrat des Swat zu mobilisieren, damit dieser dem mörderischen Treiben Einhalt gebiete und die Bevölkerung zum Widerstand aufrufe. Das pakistanische Militär und den Geheimdienst forderte er auf, endlich zu handeln. Dem Hassprediger Fazlullah warf Yousafzai in einem Interview vor, das Leben der Menschen im Swattal, ihre Kultur und Werte mit Füßen zu treten.

An seiner Schule formierten sich Mädchen und Jungen zu einem Friedensmarsch durch die Stadt. Malalas Freundin Moniba sprach einmal offen aus, was ihre Mitschüler dachten: „*Nur wegen der Taliban denkt jetzt die ganze Welt, wir seien Terroristen. Das stimmt nicht. Wir sind friedliebende Leute. Unsere Berge, unsere Bäume, unsere Blumen – alles in diesem Tal spricht von Frieden.*"

Malala Yousafzai begleitete ihren Vater bei seinen öffentlichen Auftritten. Sie diskutierte mit ihm, auch, um ihre Angst zu überwinden. Vor allem nachts packte sie die Panik. Aber am Tage kehrte ihr Mut schnell wieder zurück. Wie ihr Vater sprach auch sie bei regionalen Radio- und Fernsehstationen über die Gewalttaten der Taliban. Das taten auch einige ihrer Freundinnen, bis ihnen weitere Auftritte von ihren Angehörigen untersagt wurden. Nur Malala machte weiter. Bald wurden ihre Interviews auch in Sendern ausgestrahlt, die ihre Programme landesweit verbreiteten.

Eine Stimme gegen den Terror

Ein Mädchen, fast noch ein Kind, das anklagend seine Stimme erhob gegen den Terror – so etwas hatte es bis dahin in Pakistan noch nicht gegeben. „*Die Fernsehleute mochten mich*", berichtet Malala. Ein Journalist habe sie eine „*hell leuchtende junge Dame*" genannt. Ein anderer meinte, sie sei stärker an Weisheit als an Jahren.

Ihr Vater unterstützte sie, wo immer er konnte. Ziauddin Yousafzai vertraute darauf, dass die Taliban, falls sie einen Anschlag planten, eher ihn töten würden als sein Kind. Als ein Journalist seine Tochter überredete, regelmäßig für einen Blog zu schreiben, der in Urdu von der BBC im Internet verbreitet wurde, stimmte er zu. Unter einem Pseudonym veröffentlichte Malala über Monate hinweg eine Chronik der schrecklichen Ereignisse im Swattal.

Doch es änderte sich nichts. Vielmehr stieg der Einfluss der Taliban im Tal und in den südwestlichen Regionen Pakistans von Jahr zu Jahr. 2007 verkündete Mullah Fazlullah im Radio die Einrichtung islamischer Gerichte, die mit grausamen Strafen die Bevölkerung weiter einzuschüchtern versuchten. Endlich wachte die pakistanische Regierung auf und schickte starke Truppenverbände ins westliche Grenzgebiet, um den Vormarsch der „*Gotteskrieger*" zu bremsen.

Ich habe Angst, zur Schule zu gehen, weil die Taliban angeordnet haben, dass alle Mädchen von den Schulen ausgeschlossen werden müssen. Nur elf von 27 Mädchen waren heute da.

MALALA YOUSAFZAI | 3. JANUAR 2009

Bevor es zur entscheidenden Schlacht kam, ließ die Armee die Stadt Mingora und weitere umkämpfte Gebiete räumen. Wie andere Bewohner durfte auch die Familie Yousafzai nur das Nötigste mitnehmen. Malala musste sogar ihre Schultasche mit den geliebten Büchern zurücklassen.

„Ich hätte nie gedacht, dass meine Schule je geschlossen würde", schreibt sie, *„doch sie wurde. Ich hatte gedacht, dass wir nie aus dem Swat weggehen würden, und nun sind wir am Aufbrechen."*

Flüchtlinge im eigenen Land

Ein langer Treck aus Lastwagen, Autos, Rikschas und Eselskarren bewegte sich nach Osten. Die Yousafzais wurden Flüchtlinge im eigenen Land. Unterwegs informierte der Vater per Handy die Medien. Er nutzte seine Kontakte zur Presse und reiste nach Peschawar und Islamabad, um die Öffentlichkeit gegen die Taliban zu mobilisieren.

Das Jahr 2009 brachte eine Reihe widersprüchlicher Ereignisse. Völlig überraschend einigte sich die pakistanische Regierung mit den Taliban auf eine Art Friedensvertrag. Der Pakt beruhte auf der Annahme, die Extremisten würden auf Gewalt verzichten. Doch schon wenige Wochen später drangen sie erneut gewaltsam ins Swattal vor und übernahmen dort die Kontrolle. Erst jetzt holte die Armee zum entscheidenden Schlag aus und trieb die Taliban in die Berge. Stolz verkündete ein Armeesprecher, das Swat sei frei von Taliban. Die Bevölkerung könne ins Tal zurückkehren.

Rückkehr

Malala freute sich, bald wieder die Schule besuchen zu können. Doch das Schulgebäude musste erst hergerichtet werden, denn dort hatten Soldaten gehaust. *Radio Mullah* war zwar verstummt, aber Fazlullah war entkommen, weil Armee und Geheimdienst sich nicht einigen konnten, wer den bereits inhaftierten Mullah in Gewahrsam behalten sollte. Malala hatte Angst vor einem Säureattentat, das ihr Gesicht zerstören würde, so wie es die Taliban mit Frauen in Afghanistan taten.

Doch allmählich stellte sich für die Kinder wieder der Alltag ein mit Schulbesuch, Hausaufgaben und regelmäßigen Prüfungen. Jetzt häuften sich für Malala die Einladungen zu Gesprächen und Workshops. Eines Tages saß sie in Islamabad dem Sprecher der pakistanischen Armee gegenüber. Die Schülerin wollte von ihm wissen, warum die Armee Mullah Fazlullah laufen ließ, statt ihn vor Gericht zu stellen und zu bestrafen. Auf diese konkrete Frage antwortete der Offizier nur ausweichend, wie Malala später berichtete.

Kinderparlament

Unter Mitwirkung von UNICEF, dem Kinderhilfswerk der Vereinten Nationen, entstand im Swat eine Art Kinderparlament, das sich um die Belange von Armen und Benachteiligten kümmerte. Malala wurde zur Vertreterin ihrer Schule gewählt. Bei den monatlichen Treffen beschloss die Versammlung eine Reihe von Forderungen, etwa das Verbot von Kinderarbeit, Unterricht für behinderte und obdachlose Kinder und den Wiederaufbau der von den Taliban gesprengten Schulgebäude.

Durch das britische *Institute for Peace and War Reporting* erlernten Malala und zwei ihrer Freundinnen die Grundlagen des Journalismus, um ihre Eindrücke und traumatischen Erlebnisse schriftlich festzuhalten.

Das Jahr 2010 begann im Swat mit neuen Herausforderungen. Nicht nur das Tal selbst, sondern ganz Pakistan wurde von einer Jahrhundertflut heimgesucht. Die Wassermassen zerstörten Brücken, Strom- und Telefonverbindungen, Wasserleitungen sowie zahlreiche Gebäude. Landesweit waren über 14 Millionen Menschen davon betroffen. Über 2000 kamen in den Fluten um. Im Swat wurde neben vielen Wohnhäusern auch die Schule von Ziauddin Yousafzai überschwemmt. In ihrem Buch spricht Malala – sie war zur Zeit des Hochwassers 13 Jahre alt – vom Swat deshalb als dem „Tal der Schmerzen".

Die Naturkatastrophe erreichte dort ein verheerendes Ausmaß, weil viele Berghänge abgeholzt worden waren und die Wassermassen dadurch ungehindert ins Tal stürzen konnten. Auf ihrem Weg rissen sie alles mit, was ihnen in die Quere kam. Am gewinnbringenden Schmuggel der wertvollen Hölzer waren die Taliban maßgeblich beteiligt gewesen.

Die Angst kehrt zurück

Kaum hatten die Einwohner die Folgen der großen Flut halbwegs beseitigt, schlugen die Extremisten im Swat zu. Sie sprengten Schulen in die Luft und Mitarbeiter christlicher Hilfsorganisationen wurden entführt und umgebracht. Schon vorher hatten sie enge Mitstreiter von Ziauddin Yousafzai aus dem Weg geräumt. Die Angst kehrte zurück.

„Langsam wurde klar, dass die Taliban nie fort gewesen waren." Inzwischen stand für Malala fest, dass sie eines Tages Politikerin werden wollte. „Nun wusste ich mehr denn je, dass dies der richtige Entschluss war", berichtet sie über diese Zeit.

Sie reiste für Reden von Veranstaltung zu Veranstaltung, sodass die Schule zwangsläufig in den Hintergrund rückte. Damit Malala über das Rednerpult schauen konnte, benötigte sie ein Podest. Sie war klein, denn mit 13 Jahren hörte ihr Körper auf zu wachsen, wie sie eines Tages feststellte.

Ein Meter zweiundfünfzig – sie flehte zu Gott und gelobte alles Mögliche, wenn sie nur etwas wachsen würde. Aber Malala blieb klein und ihre Haut trotz der chemischen Aufhellungscremes dunkel. Als sie dann aber feststellte, dass ihr Aussehen keinen Einfluss auf die Wirkung ihrer Auftritte hatte, fand sie sich endgültig mit ihrem Äußeren ab.

Morddrohungen gegen den Vater

Bald darauf erhielt ihr Vater Morddrohungen. Seit er Mullah Fazlullah erneut öffentlich angegriffen und dessen Festnahme verlangt hatte, wurde er zur Zielscheibe der
Taliban. In einem anonymen Brief hieß es,
die Mudscheddin würden ihn finden, wo
immer er sich aufhalte.

Im Dezember 2011 erhielt Malala den
Nationalen Kinder-Friedenspreis Pakistans.
Diese hohe Auszeichnung nahm sie aus der
Hand des pakistanischen Premierministers
entgegen. Die Gefühle der Eltern waren
zwiespältig: In die Freude mischte sich die
Sorge, dass jetzt außer dem Vater auch die
Tochter ins Visier der Taliban geraten könnte.

Preisverleihung an Malala | 2011

Vorbild für eine ganze Generation

Malala zu Ehren wurde der Nationale Friedenspreis in *Malala-Preis*
umbenannt. Kein Zweifel, sie war jetzt eine Berühmtheit und zum
Vorbild für eine ganze Generation geworden. Denn die meisten ihrer
Landsleute wussten, welches Risiko sie mit ihrem unerschrockenen
Auftreten auf sich nahm.

Jede Auszeichnung bedeutete neuen Ansporn. Malala dachte
über die Gründung einer Stiftung nach, die Frauen eine Berufsaus-
bildung ermöglichen sollte. Dass Frauen so gut wie nichts entscheiden durften, empörte sie immer wieder. *„Wir wollen selbst bestimmen, zur Schule oder zur Arbeit zu gehen. Im Koran steht nirgendwo,
dass die Frau von einem Mann abhängig sein soll."*

Eines ihrer Vorbilder war Benazir Bhutto, die erste Premierminis-
terin eines islamischen Staates. Dass Bhutto 2009 Opfer eines Mord-
anschlags geworden war, konnte Malala nicht davon abhalten, selbst
höchste Ämter im Staat anzustreben. Dabei handelte es sich längst
nicht mehr um einen Kindertraum. Mit ihrer Popularität war sie diesem Ziel schon ein Stück näher gekommen.

Der 12. Oktober 2012

Die Schülerinnen und Schüler der Khushal-Schule in Mingora hatten am 12. Oktober 2012 die letzten Prüfungen für die anstehenden Zeugnisse absolviert und bereiteten sich auf die Heimfahrt vor. Malala fühlte sich besonders erleichtert, weil sie neben ihren vielen Aktivitäten alles getan hatte, um Klassenbeste zu bleiben. Jetzt mussten nur noch die Zensuren abgewartet werden.

Während der Fahrt im Kleinbus sangen einige der Mädchen, andere unterhielten sich. Die Stimmung war gelöst, bis der Bus plötzlich mitten im Verkehrsgewühl der Haji Baba Road stoppte. Einer der beiden Taliban, die den Wagen angehalten hatten, feuerte aus seiner Pistole aus kurzer Distanz drei Schüsse ab. Malala sank blutüberströmt auf den Schoß ihrer Freundin.

Den Auftrag zur Ermordung von Malala Yousafzai hatte Mullah Fazlullah, der Hassprediger, erteilt. *„Jeder, der gemeinsam mit der Regierung gegen uns Stellung bezieht, wird durch unsere Hand sterben"*, hieß es in einer Erklärung der Taliban.

Mit hoher Geschwindigkeit raste der Busfahrer zum *Swat Central Hospital*, dem zentralen Krankenhaus in Mingora, wo sie und die ebenfalls verletzten beiden anderen Mädchen ärztlich versorgt wurden. Am schlimmsten hatte es Malala getroffen. Blut schoss aus der linken Stirnseite und aus dem linken Ohr.

Die Nachricht vom Anschlag verbreitete sich in Windeseile. Radiosender und Fernsehstationen änderten ihre Programme und informierten über den kritischen Zustand der populären Aktivistin. Die Armee, die in Pakistan immer noch als das Rückgrat des Landes gilt, schaltete sich ein und sorgte dafür, dass Malala per Hubschrauber nach Peschawar in ein Militärhospital gebracht wurde. Dort stellte sich heraus, dass die Verletzungen schwerer waren als zunächst angenommen.

Wettlauf mit der Zeit

Die Notoperation dauerte etwa fünf Stunden. Alle Welt verfolgte den Einsatz der Ärzte, um das Leben der 14-Jährigen zu retten. Tausende Menschen, Politiker, Generäle und Minister nahmen Anteil.

Die Terroristen dachten, sie könnten meine Ziele und meine Ambitionen ändern. Doch nichts hat sich in meinem Leben geändert, außer dies: Schwäche, Angst und Hoffnungslosigkeit starben. Stärke, Mut und Leidenschaft wurden geboren.

MALALA YOUSAFZAI | 12. JULI 2013

Die Ärzte im Militärhospital von Peschawar hatten zwar hervorragende Arbeit geleistet, doch Malala zog sich eine Blutvergiftung zu und ihr Zustand verschlechterte sich von einem Tag auf den anderen. Zwei britische Mediziner, die sich bei einem Kongress in Pakistan aufhielten und sie untersuchten, erkannten die Gefahr und rieten, die Patientin so schnell wie möglich nach Großbritannien auszufliegen. Dort wollten die beiden Ärzte sie in ihrem Krankenhaus in Birmingham weiter behandeln.

Eine Welle der Hilfsbereitschaft setzte ein. Der pakistanische Innenminister kümmerte sich persönlich um die Pässe für die Familie Yousafzai. Die Herrscherfamilie der Vereinigten Arabischen Emirate stellte eine Privatmaschine zur Verfügung.

Es war ein Wettlauf mit der Zeit, begleitet von der ständigen Sorge, die Taliban könnten sich Zugang zur Patientin verschaffen, um sie umzubringen. Das war ihnen in einem ähnlichen Fall schon einmal gelungen. Deswegen wurde das Hospital in Rawalpindi, wo sich Malala inzwischen befand, wie eine Festung gesichert. Hunderte von Soldaten bewachten die Eingänge. Auf Häusern rund um das Krankenhaus waren Scharfschützen postiert.

Schlimmste Verdächtigungen

Während hinter den Kulissen hektisch die Ausreise vorbereitet wurde, begleiteten die meisten pakistanischen Zeitungen den Überlebenskampf Malalas mit großer Anteilnahme und Bewunderung. Einzelne Blätter bezeichneten sie als *„Ikone des Friedens"*. Es gab jedoch auch andere Stimmen, vor allem im Internet. Dort kursierten schlimmste Verdächtigungen und absurde Behauptungen. Sie sei eine Agentin des US-Geheimdienstes CIA, hieß es, und das Attentat habe gar nicht stattgefunden. Deswegen wolle man sie schnell außer Landes schaffen.

Wüste Verschwörungstheorien machten die Runde. Sie waren Ausdruck einer von Extremisten geschürten Hysterie, die viele fanatische Reaktionen auslöste. Etwa eine Woche nach dem Anschlag wachte Malala aus dem künstlichen Koma auf. Sie lag auf der Intensivstation des Queen Elizabeth Krankenhauses in Birmingham.

Das Lächeln gestohlen

Nach und nach gelang es den Ärzten, sie so weit zu stabilisieren, bis sie eine weitere Operation wagen konnten. Die Öffnung in der Schädeldecke schlossen die Mediziner mit einer Titanplatte. Der von der Kugel durchtrennte Gesichtsnerv stellte eine besondere Herausforderung dar.

Als der Vater Malala zum ersten Mal im Krankenhaus sah, stieß er voller Entsetzen hervor: „*Sie* (die Taliban) *haben ihr das Lächeln gestohlen!*" Malalas Gesicht verzog sich zu einer Grimasse, sobald sie zu lächeln versuchte. Es gelang einem Neurochirurgen, den Nerv künstlich zu verlängern und ihr so das Lächeln zurückzugeben.

Die Presse verfolgte den Heilungsprozess über Tage und Wochen. Die Leitung des Krankenhauses veröffentlichte täglich eine kurze Nachricht über Malalas Zustand. Aus aller Welt trafen Briefe, Spielsachen und Süßigkeiten ein, auch Angebote, sie zu adoptieren, sogar ein Heiratsantrag. Am Ende waren es über 8000 Briefe und Postkarten.

Besucher wurden nicht zu ihr vorgelassen – mit einer Ausnahme. Ein Vertreter der pakistanischen Regierung durfte ans Krankenbett. Er brachte die Zusage mit, die Regierung werde sämtliche Krankenhauskosten übernehmen. Außerdem händigte der Beamte Ziauddin Yousafzai einen Vertrag als Bildungsattaché an der pakistanischen Botschaft in London aus.

Die Familie musste schließlich finanziell überleben. Sie bezog zunächst ein möbliertes Apartment in Birmingham und mietete dann ein Haus mit Garten, als Malala das Krankenhaus verlassen durfte.

Ich liebe meinen Gott. Ich danke meinem Allah.
Ich spreche den ganzen Tag zu ihm. Er ist der Größte.
Frieden in jedem Haus, in jeder Straße, in jedem Dorf,
in jedem Land – das ist mein Traum. Bildung für jeden
Jungen und jedes Mädchen auf der ganzen Welt.

MALALA YOUSAFZAI

Malala-Initiative

An eine Rückkehr ins geliebte Swattal war vorerst nicht zu denken.
Die Taliban hätten vermutlich alles daran gesetzt, Malala, ihren Vater
und vielleicht sogar die ganze Familie zu vernichten. Also ging sie
in Birmingham zur Schule.

Der Sondergesandte der Vereinten Nationen für Bildung, der frühere
britische Premierminister Gordon Brown, startete 2012 eine
Malala-Initiative und verkündete ein Programm, das innerhalb weniger
Jahre jedem Kind in jedem Land der Erde Zugang
zu Bildung gewähren soll.

Auch Malala Yousafzai setzt sich weiter für das
Recht auf Bildung ein. Dafür rief sie die *Malala
Education Foundation* ins Leben. Die Stiftung sammelt
Spenden für Bildungsprojekte auf der ganzen
Welt. *„Jedes Mädchen und jeder Junge hat die Macht,
die Welt zu verändern."*

In ihrem Buch schreibt Malala: *„Ich habe immer
noch das Gefühl, dass dieses Leben nicht meines ist,
sondern ein zweites, das mir geschenkt wurde."* Die
Taliban wollten ihre Stimme zum Schweigen bringen.
Aber diese Stimme klingt heute lauter denn je.

Gordon Brown und Malala

Die Welt verändern

Am 12. Juli 2013, es war ihr 16. Geburtstag, hielt Malala Yousafzai eine berühmt gewordene Rede vor den Vereinten Nationen in New York. Unter den Zuhörern waren UN-Generalsekretär Ban Ki-Moon sowie zahlreiche Politiker und Diplomaten aus aller Welt. Radio- und Fernsehstationen aus vielen Ländern der Erde waren zugeschaltet.

Die Ansprache hatte zwei bewegende Höhepunkte. Einmal war es Malalas Geste der Versöhnung gegenüber den islamistischen Extremisten, die inzwischen nicht nur in Asien, sondern auch im Nahen Osten und in Afrika operieren. *„Ich hasse den Taliban nicht, der auf mich geschossen hat"*, sagte sie. *„Selbst wenn ich ein Gewehr in der Hand hätte und er vor mir stünde: Ich würde nicht auf ihn schießen."*

Am Ende folgte der Satz, der ihre Mission, ihre von Kind an übernommene Selbstverpflichtung auf den Punkt brachte und in einer Welt voller Hass, Gewalt und Intoleranz das einzig wirksame Gegenmittel sein dürfte: *„Ein Kind, eine Lehrkraft, ein Buch und ein Stift können die Welt verändern."* Über ihre Rede vor den Vereinten Nationen schreibt Malala: *„Ich habe meine Rede nicht für die UN-Delegierten geschrieben, sondern für jeden Menschen, der sich engagieren will. Tief in meinem Herzen hoffte ich, jedes Kind zu erreichen, das aus meinen Worten Kraft und Mut ziehen konnte, um sich für seine Rechte einzusetzen."*

Rede vor den Vereinten Nationen | 2013

Das tapferste Mädchen der Welt

Am 10. Oktober 2014 wurde Malala Yousafzai gemeinsam mit dem indischen Kinderrechtsaktivisten Kailash Satyarthi Friedensnobelpreisträgerin. Im Jahr 2013 hatte *„das tapferste Mädchen der Welt"* bereits den Sacharow-Preis der Europäischen Union erhalten. Das *Time Magazine* hatte sie zuvor zur zweitwichtigsten Person des Jahres 2012 gewählt.

Am 13. Oktober 2013 empfing US-Präsident Barack Obama Malala Yousafzai im Weißen Haus in Washington.

Das Nobelkomitee würdigte mit dieser Auszeichnung Malala Yousafzais Kampf gegen die Unterdrückung von Kindern und Jugendlichen, besonders ihren Einsatz für das Recht aller Kinder auf Bildung. Sie habe trotz ihrer Jugend gezeigt, dass Kinder einen Beitrag zur Verbesserung ihrer Lage leisten könnten. *„Es ist eine Voraussetzung für eine friedliche, weltweite Entwicklung, dass die Rechte von Kindern und jungen Menschen respektiert werden."*

Malala widmete ihren Friedensnobelpreis den Kindern der Welt. *„Alle Kinder bekommen ihn mit mir"*, sagte die 17-Jährige. *„Der Preis soll ihnen Mut machen."*

NACHWORT

Können wir angesichts der internationalen Krisen noch auf Frieden, Ausgleich und Annäherung zwischen verfeindeten Staaten und Gruppen hoffen? Der Weltfriede ist brüchig geworden. Die globale Umweltzerstörung, Armut, Hunger, die neuen Wege der Überwachung, Kontrolle und Steuerung durch Big Data, die weltweite Banken- und Finanzkrise und vieles mehr prägen ein düsteres Bild der Zukunft.

Vor dem Hintergrund einer von Krisen und Kriegen erschütterten Welt wirken manche Regierungen hilflos und ratlos. Daher überrascht es nicht, wenn sich Menschen abwenden und sagen: Das alles ertrage ich nicht mehr. Ich will damit nichts mehr zu tun haben. Was gehen mich Flüchtlinge aus anderen Regionen an? Ich kümmere mich nur noch um mich selbst.

Andere folgen denen, die einfache, radikale Lösungen anbieten oder die freiheitliche Grundordnung in Frage stellen. Hassprediger, Rattenfänger und Demagogen haben Zulauf.

Zwischen beiden Polen – der Resignation und der Radikalisierung – bewegen sich in vielen Ländern Menschen, die sich zur Wehr setzen, die für Recht und Freiheit eintreten, die Irrwege und Fehlentwicklungen aufzeigen, den Hunger bekämpfen und Mitmenschlichkeit in überzeugender Weise vorleben.

Hoffnungsträger

In unserem Buch werden einige Hoffnungsträger vorgestellt, darunter der nigerianische Aktivist, Schriftsteller und Dichter Nnimmo Bassey, der mit dem Mut der Verzweiflung mächtigen Ölkonzernen entgegentritt, dessen Gedicht *Wir dachten, es sei Öl, aber es war Blut* wir am Ende vorstellen; ferner die junge Friedensnobelpreisträgerin Malala Yousafzai, die allen Kindern den Zugang zu Bildung verschaffen will. Sie stehen stellvertretend für die vielen anderen Vorbilder und Vorkämpfer, die wir nicht erwähnen konnten.

Es fehlt beispielsweise die Journalistin Tawakkul Karman, ebenfalls Friedensnobelpreisträgerin, die im Jemen die Protestbewegung gegen ein korruptes Regime anführte und 2011 für ihren mutigen Einsatz ausgezeichnet wurde. In diese Reihe gehören auch:

- Die in der Türkei geborene Mevlüde Genc, die 1993 beim Brandanschlag von Rechtsextremisten in Solingen zwei Töchter, zwei Enkelinnen und zwei Nichten verloren hatte und trotz ihres Schmerzes zu einem friedlichen Miteinander in Deutschland aufrief. Nicht Hass dürfe das Zusammenleben der Menschen beherrschen, sondern Liebe und Respekt.
- Die chilenische Studentenführerin Camila Vallejo, die 2011 in der Hauptstadt Santiago Hunderttausende von Schülern und Studenten mobilisierte, um dem ärmeren Teil der Bevölkerung den Zugang zum Bildungssystem zu ebnen. „Comandante Camila", wie die Aktivistin genannt wurde, wurde heftig angefeindet und musste um ihr Leben fürchten. Erst unter der sozialistischen Präsidentin Michelle Bachelet fand sie mit ihrem Anliegen Gehör.
- Der italienische Journalist und Schriftsteller Roberto Saviano, der jahrelang verdeckt die organisierte Kriminalität von Mafiabanden recherchierte und darüber Artikel und Bücher veröffentlichte. Nach einer Reihe von Morddrohungen wurde Saviano unter Polizeischutz gestellt.
- Der französische Philosoph Michel Serres, der für einen „Naturvertrag" eintritt und fordert, Naturelementen den Status von juristischen Personen zu geben: „Es gibt *Verbrechen gegen die Menschlichkeit*, es gibt aber auch *Verbrechen gegen die Natur*, die wir ebenso verfolgen müssen."
- Die britische Verhaltensforscherin Jane Goodall, die ihr Leben dem Studium und dem Schutz von Schimpansen und anderen gefährdeten Arten gewidmet hat und über lange Zeiträume hinweg das Verhalten der Tiere im Gombe-Stream-Nationalpark von Tansania untersuchte.
- Der amerikanische Kapitän Peter Willcox, der sich der Rettung der Ozeane verschrieben hat und seit Jahrzehnten Greenpeace-Schiffe gegen Walfänger, Ölplattformen, schwimmende Fischfabriken und andere Bollwerke zur Ausplünderung und Zerstörung der Meere steuert. Dutzende Male wurde er festgenommen. Mehrfach riskierte er sein Leben.
- Der in Deutschland lebende Pianist und Dirigent Daniel Barenboim mit argentinischen, israelischen, spanischen und palästinensischen Wurzeln, der seine Musik bewusst zur Versöhnung unter den Völkern einsetzt. Er gründete das Orchester „Westöstlicher Divan" mit Musikern aus Israel und Palästina.

Zukunft mit Hoffnung?

Sie alle sind Vorbilder, Vordenker und Vorkämpfer für eine gerechte Zukunft. Manche haben ihren Einsatz mit jahrelanger Haft oder gar mit ihrem Leben bezahlt: zum Beispiel die mutige Kriegsfotografin Anja Niedringhaus, die im April 2014 in Afghanistan erschossen wurde, die 2006 ermordete russische Journalistin Anna Politkowskaja, die mit ihren kritischen Reportagen über den Krieg gegen Tschetschenien die autoritäre Herrschaft von Präsident Wladimir Putin angeprangert hatte oder der im Februar 2014 auf offener Straße in Moskau hinterrücks erschossene Oppositionspolitiker Boris Nemzow, der kurz zuvor die aggressive Politik des russischen Präsidenten gegenüber der Ukraine kritisiert hatte.

Trotz dieser Gewalttaten muss der Kampf für Frieden, Toleranz, für eine Welt ohne Hunger, Ausbeutung und Unterdrückung fortgesetzt werden. Denn das sind die Voraussetzungen für eine Zukunft mit Hoffnung, für ein Fortbestehen der menschlichen Zivilisation überhaupt.

Danksagung

Die Liste der Vorbilder, der Vorkämpferinnen und Vorkämpfer, die für unser 21. Jahrhundert wegweisend sein können, ist unvollständig. Sie ließe sich mühelos erweitern. In unserem Buch haben wir uns auf eine Auswahl beschränkt. Die Begegnungen mit mutigen und ungewöhnlichen Menschen, die vielen Kontakte, der intensive Telefon-, E-Mail- und Briefaustausch – das alles hat nicht nur unseren Horizont erweitert, sondern uns auch persönlich bereichert.

Wir bedanken uns für die Gespräche und Interviews sowie für die vielfältige Unterstützung bei unseren Recherchen. Unser besonderer Dank gilt der Lektorin Sabine Zürn, die die Entstehung dieses Buches von Beginn an in jeder Phase begleitete. Trotz ständig wechselnder Personen und Themen wahrte sie souverän den Überblick.

Hermann Vinke und Kira Vinke

Wir dachten es sei Öl,
aber es war Blut

Neulich
Tanzten wir auf der Straße
Voller Freude im Herzen
Wir dachten wir seien frei
Drei junge Leute fielen zu unserer Rechten
Noch viel mehr zu unserer Linken
Wir schauten hoch
Weit hinter der Menge
Erblickten wir
Rotglühende Gewehre
Wir dachten es sei Öl
Aber es war Blut

We thought it was oil,
but it was blood

The other day
We danced on the street
Joy in our hearts
We thought we were free
Three young folks fell to our right
Countless more fell to our left
Looking up
Far from the crowd
We beheld
Red hot guns
We thought it was oil
But it was blood

AUSZUG AUS EINEM GEDICHT
VON NNIMMO BASSEY

Ateş, Seyran: Große Reise ins Feuer – Geschichte einer deutschen Türkin, Reinbek 2006
Ateş, Seyran: Der Islam braucht eine sexuelle Revolution – Eine Streitschrift, Berlin 2009
Bassey, Nnimmo: To Cook a Continent: Destructive Extraction and Climate Crisis in Africa, Fahamu / Pambazuka 2012
Earle, Sylvia: The World is Blue: How Our Fate and the Ocean's are One, National Geographic 2010
Earle, Sylvia: See Change: A Massage of the Oceans, Fawcett Columbine 1996
Ernst, Sonja: Mumbai – Dossier Megastädte, Bonn 2007
Eggers, Dave: Zeitoun, Köln 2011
Forouhar, Parastou: Das Land, in dem meine Eltern umgebracht wurden – Eine Liebeserklärung an den Iran, Freiburg i. B. 2011
Forouhar, Parastou, Issa, Rose: Parastou Forouhar: Art, Life and Death in Iran, London 2010
Goetz, Bernhard: Albert Schweitzer – Ein Mann der guten Tat, Göttingen 1955
Greenwald, Glenn: Die globale Überwachung – Der Fall Snowden, die amerikanischen Geheimdienste und die Folgen, München 2014
Hessel, Stéphane: Empört Euch!, Berlin 2011
Hessel, Stéphane: Engagiert Euch!, Berlin 2011
Klein, Naomi: Die Schock Strategie – Der Aufstieg des Katastrophen-Kapitalismus, Frankfurt a. M. 2008
Klein, Naomi: This Changes Everything – Capitalism vs. the Climate, 2014
Kreutzberger, Stefan, Thurn, Valentin: Die Essensvernichter – Warum die Hälfte aller Lebensmittel im Müll landet und wer dafür verantwortlich ist, Köln 2011
Lanier, Jaron: Wem gehört die Zukunft? Du bist nicht der Kunde der Internetkonzerne. Du bist ihr Produkt, Hamburg 2014
Morozov, Evgeny: The Net Delusion: The Dark Side of Internet Freedom, Philadelphia 2011
Morozov, Evgeny: Smarte neue Welt: digitale Technik und die Freiheit des Menschen, München 2013
Neudeck, Rupert: Abenteuer Menschlichkeit – Mein Leben für eine gerechte Welt, München 2009
Neudeck, Rupert (Hg.): Wie helfen wir Asien oder „Ein Schiff für Vietnam", Reinbek 1980
Neudeck, Rupert: Es gibt ein Leben nach Assad – Syrisches Tagebuch, München 2013
Neudeck, Christel, Neudeck, Rupert: Zwei Leben für die Menschlichkeit, Gütersloh 2009
Prantl, Heribert: Wir sind viele – Eine Anklage gegen den Finanzkapitalismus, München 2011
Rahmsdorf, Stefan, Schellnhuber, Hans Joachim: Der Klimawandel: Diagnose, Prognose, Therapie, München 2012
Rauprich, Nina, Vinke, Hermann: Ich heiße Sokhom, Ravensburg 1981
Saro-Wiwa, Ken: Silence Would be Treason, Dakar 2012
Schwarzacher, Lukas, Vinke, Hermann: Philippinen – Die unvollendete Revolution, Bornheim-Merten 1987
Shiva, Vandana: Jenseits des Wachstums – Warum wir mit der Erde Frieden schließen müssen, Zürich 2014
Vinke, Hermann: Wir sind wie die Fische im Meer – Mikronesien: Verseucht, verplant, verdorben, Zürich 1984
Vinke, Hermann: Metallerporträts – Reportagen über Gewerkschafterinnen und Gewerkschafter in den USA, Brasilien, in der Sowjetunion, in Südafrika, Japan und Indien, hrsg. von Franz Steinkühler, Köln 1992
WBGU. Wissenschaftlicher Beirat der Bundesregierung Globale Umweltveränderungen – Klimaschutz als Bürgerbewegung, Berlin 2014

White, Wallace: Her Deepness, *The New Yorker* 1989
Yousafzai, Malala (mit Christina Lamb): Ich bin Malala – Das Mädchen, das die Taliban erschießen wollten, weil es für das Recht auf Bildung kämpft, München 2013
Yunus, Muhammad: Banker To The Poor, Gurgaon/Haryana 1998
Ziegler, Jean: Wir lassen sie verhungern – Die Massenvernichtung in der Dritten Welt, München 2011
Ziegler, Jean: Die neuen Herrscher der Welt und ihre globalen Widersacher, München 2003
Ziegler, Jean: Eine Schweiz – über jeden Verdacht erhaben, Darmstadt und Neuwied 1976
Zuboff, Shoshana: In the Age of the Smart Machine: The Future of Work and Power, New York 1988

Quellenhinweis

Längere Zitate aus Zeitungen und Zeitschriften werden im Text gekennzeichnet. Die meisten Zitate stammen aus Gesprächen und Interviews. Für die Recherche wurden die Privatarchive der Autoren genutzt. Außerdem haben die Gesprächspartner Informationen zur Verfügung gestellt.